本书由河北省教育厅人文社科研究重大课题攻关项目（项目编号：ZD202014）、河北省高等学校人文社会科学重点研究基地河北经贸大学长城文化经济带绿色发展研究中心资助

文 旅 融 合 视 角 下

长城文化旅游发展
模式创新研究

程瑞芳　姚丽芬 ◉ 著

Wenlü Ronghe Shijiaoxia
Changcheng Wenhualüyou Fazhan
Moshi Chuangxin Yanjiu

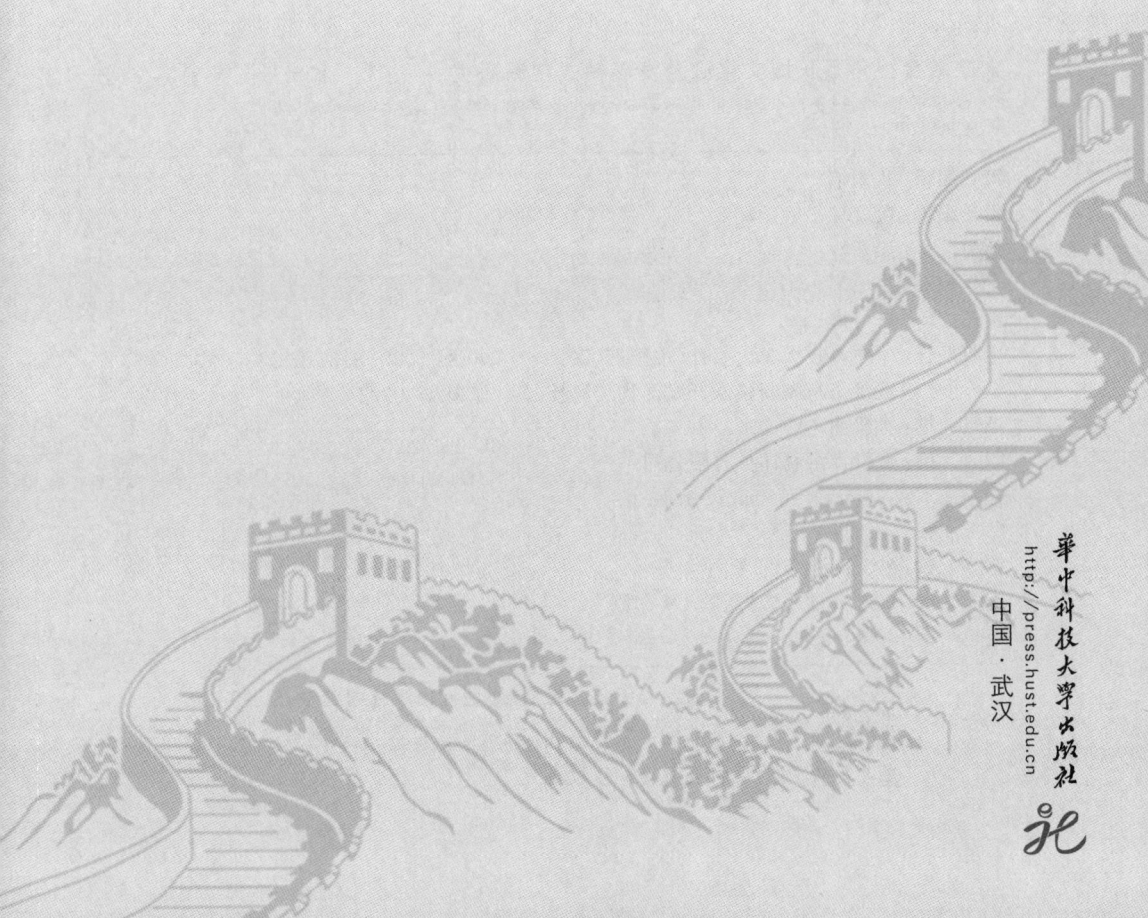

华中科技大学出版社
http://press.hust.edu.cn
中国·武汉

内 容 提 要

长城是具有世界影响力的大型线性文化遗产,是中华民族精神的象征和中华文化的标志性符号,凝聚着中华民族自强不息的奋斗精神和众志成城、坚韧不屈的爱国情怀。本研究在新时代大力推进中国式现代化建设进程背景下,以服务长城沿线地区产业结构绿色低碳转型和乡村振兴发展为目的,探讨文旅融合视域下长城文化旅游发展模式创新问题。坚持长城文化遗产及周边资源的整体性保护和利用,在加强长城文化遗产保护的基础上,深化长城文化—旅游—生态深度融合与共生协调发展,构建长城文化旅游产业带,促进长城文化旅游由传统的景区发展模式向多业态融合产业发展模式转型升级,形成长城文化旅游绿色协调发展机制,发挥长城文化旅游的文化、经济、生态等多元价值功能,带动长城沿线地区经济绿色发展和乡村振兴,更好地满足人民群众的美好生活需求。

图书在版编目(CIP)数据

文旅融合视角下长城文化旅游发展模式创新研究/程瑞芳,姚丽芬著. -- 武汉:华中科技大学出版社,2025.6. -- ISBN 978-7-5772-1855-7

Ⅰ. F592.3

中国国家版本馆CIP数据核字第2025TQ3432号

文旅融合视角下长城文化旅游发展模式创新研究　　　　程瑞芳　　姚丽芬　著
Wenlü Ronghe Shijiao Xia Changcheng Wenhua Lüyou Fazhan Moshi
Chuangxin Yanjiu

策划编辑:魏雨楠

责任编辑:阮晓琼　魏雨楠

封面设计:廖亚萍

责任校对:李　琴

责任监印:曾　婷

出版发行:华中科技大学出版社(中国·武汉)　　电话:(027)81321913
　　　　　武汉市东湖新技术开发区华工科技园　　邮编:430223

录　　排:孙雅丽

印　　刷:武汉市洪林印务有限公司

开　　本:710mm×1000mm　1/16

印　　张:16.75

字　　数:273千字

版　　次:2025年6月第1版第1次印刷

定　　价:79.80元

前　言

　　本书系河北省教育厅人文社科研究重大课题攻关项目"文旅融合视域下长城文化旅游发展模式创新研究"（项目编号：ZD202014）研究成果，由河北经贸大学科研团队完成。

　　长城是具有世界影响力的大型线性文化遗产，是中华民族精神的象征和中华文化的标志性符号，凝聚着中华民族自强不息的奋斗精神和众志成城、坚韧不屈的爱国情怀。长城的修筑始于中国古代封建社会的初步形成时期，历经春秋战国、秦、汉、南北朝、隋、唐、五代、宋、辽、金、西夏、明等朝代，拥有两千多年的修建史。现存中国长城资源，分布于北京、天津、河北、山西、内蒙古、辽宁、吉林、黑龙江、山东、河南、陕西、甘肃、宁夏、青海、新疆15个省（自治区、直辖市），97个地级市，404个县（区），长城墙体壕堑遗存总长度21196.18千米，各类长城遗存资源总数为43721处（段/座），自东向西横亘在中国的北方，贯穿了中原与大漠，屹立于高山深谷和戈壁草原，伴随并见证了中华民族多元一体格局的形成与发展过程，成为人类历史上宏伟壮丽的建筑奇迹和无与伦比的文化景观，承载着厚重的历史信息和中华文明的突出特征。深入系统研究并阐释长城文化，推进长城文化与旅游的融合发展，讲好新时代长城故事，对于传承中华文化、弘扬长城精神、铸牢中华民族共同体意识具有深远的意义。

　　党的二十大报告提出，坚持以文塑旅、以旅彰文，推进文化和旅游深度融合发展，加大文物和文化遗产保护力度，加强城乡建设中历史文化保护传承，建好用好国家文化公园。长城国家文化公园建设是新时代推进的重大文化建设工程之一，将长城文化遗产的整体性、系统性保护和传承利用作为首要任务，强调以长城及其沿线具有突出影响力的文物和文化资源为主干，构建管控保护、主题展示、文旅融合、传统利用等重点功能区，系统阐释长城文化内涵，深入发掘长城文化的时代价值，生动呈现长城文化的独特创造、价值理念和鲜明特色，促进科学保护、世代传承、合理利用。加强长城遗产保护传承利用，推进长城文化遗产整体性、系统性保护，促进长城文化、旅游、生态协调发展，发挥长城大型文化遗产串并整合能力，打造长城文化旅游产业带，对推动区域高质量发展和乡村振兴意义重大。

本研究在新时代大力推进中国式现代化建设进程背景下，以服务长城沿线地区产业结构绿色低碳转型和乡村振兴发展为目的，探讨文旅融合视域下长城文化旅游发展模式创新问题。坚持长城文化遗产及周边资源整体性保护利用，在加强长城文化遗产保护的基础上，深化长城文化—旅游—生态深度融合与共生协调发展，构建长城文化旅游产业带，促进长城文化旅游由传统的景区发展模式向多业态融合产业发展模式转型升级，形成长城文化旅游绿色协调发展机制，发挥长城文化旅游的文化、经济、生态等多元价值功能，带动长城沿线地区经济绿色发展和乡村振兴，更好地满足人民群众的美好生活需求。

全书内容共分八章，第一章和第四章由程瑞芳教授、杨增需撰写；第五章和第七章由姚丽芬副教授撰写；第二章由宋文丽讲师撰写；第三章由吴英博士撰写；第六章由李瑞霞博士撰写；第八章由王苏珊博士、程瑞芳教授撰写。全书统稿工作由程瑞芳、姚丽芬负责。河北经贸大学旅游管理专业硕士研究生杨增需、胡颖、章叶童参加研究工作。鉴于本课题组成员研究水平和资料获取方式有限，书中难免存在错误和纰漏，恳请读者批评指正。

本书的调研工作得到河北省、山西省、甘肃省等地文旅部门及有关文旅企业的大力帮助。本书的出版得到河北省教育厅人文社科研究重大课题攻关项目（项目编号：ZD202014）、河北省高等学校人文社会科学重点研究基地河北经贸大学长城文化经济带绿色发展研究中心的资助。书中参考了许多学者的相关研究文献，华中科技大学出版社为本书的出版给予了大力支持，相关编辑付出了艰辛劳动，在此一并表示衷心感谢！

程瑞芳

2025 年 2 月 10 日

目　录

第一章 导　论

第一节　研究背景和研究意义

一、选题背景

（一）长城是世界文化遗产，发展长城文化旅游内涵深厚

长城是中国现存体量最大、分布最广的大型线性文化遗产，是中华民族的精神象征和标志性文化符号。长城的修筑始于中国古代封建社会的初步形成时期，历经春秋战国、秦、汉、南北朝、隋、唐、五代、宋、辽、金、西夏、明等朝代，拥有两千多年的修建史。根据2012年国家文物局公布的长城资源认定数据，现存中国长城资源，分布于北京、天津、河北、山西、内蒙古、辽宁、吉林、黑龙江、山东、河南、陕西、甘肃、宁夏、青海、新疆15个省（自治区、直辖市），97个地级市，404个县（区），长城墙体壕堑遗存总长度21196.18千米，各类长城遗存资源总数为43721处（段/座），自东向西横亘在中国的北方，贯穿了中原与大漠，屹立于高山深谷和戈壁草原，成为人类历史上宏伟壮丽的建筑奇迹和无与伦比的文化景观。

长城作为一项重大的古代军事综合防御工程，是由多种遗存及其所处的自然环境共同构成的、具有独特审美价值的、文化景观突出的历史文化遗产。长城在总体布局上不是一条孤立的线，而是一个综合的防御网络系统。这个系统涵盖了墙体、壕堑（界壕）、关隘、城堡、敌台、烽燧等多种防御设施，同时还包括与这些防御设施相关联的其他构筑物，以及体现长城防御理念的自然与人文环境。长城的建筑形象高大雄伟，其沿线途经海滨、森林、草原、戈壁、沙漠、山地、丘陵、平原等不同地质类型，是中国古代高超的军事防御建造技术和建筑艺术水平的杰出范例，反映了中国

古代农耕文明和游牧文明的相互碰撞与交流，承载着中华民族坚韧自强、崇尚和平的民族精神价值；长城具有巨大的影响力和号召力，为全世界人民所熟知，已成为中华民族的标志性文化符号，是向世界展示中华文明的重要窗口，具有坚定中华民族文化自信的历史文化价值；长城与沿线广袤的自然环境浑然一体，承载着人与自然相和谐的生态哲学思想与文化景观价值；长城沿线数量庞大的关口、城堡在军事防御功能衰退后已发展成为当代的城镇或村庄，与当代生活融为一体，体现着多民族文化交流与融合发展的时代特征和铸牢中华民族共同体意识的理念。发展长城文化旅游成为保护长城遗产、传承长城文化、厚植爱国情怀、提升美好生活品质的重要途径，具有特殊意义的长城资源赋予长城文化旅游深厚的文化内涵和人文底蕴。

（二）长城国家文化公园建设，促进长城文化旅游发展模式创新

2019 年 7 月 24 日，习近平总书记主持召开中央全面深化改革委员会会议，审议通过了《长城、大运河、长征国家文化公园建设方案》（以下简称《方案》）。2019 年 12 月 5 日，中共中央办公厅、国务院办公厅印发《方案》，强调以长城、大运河、长征沿线一系列主题明确、内涵清晰、影响突出的文物和文化资源为主干，坚持保护优先、强化传承、文化引领、彰显特色，生动呈现中华文化的独特创造、价值理念和鲜明特色，促进科学保护、世代传承、合理利用。根据文物和文化资源的整体布局、禀赋差异及周边人居环境、自然条件、配套设施等情况，重点建设管控保护、主题展示、文旅融合、传统利用 4 类主体功能区[①]。长城是具有突出意义和重要影响的大型文化遗产，长城国家文化公园建设旨在整合长城遗产及文化资源，实施公园化管理运营，形成具有特定开放空间的公共文化载体，实现保护传承、文化教育、旅游休闲、科学研究等功能，集中打造中华文化重要标志。

文化和旅游深度融合发展，在国家文化公园建设 4 类主体功能区都有充分体现。国家文化公园的管控保护区，是建设保护第一、传承优先的样板区，由文物保护单位保护范围、世界文化遗产区及新发现发掘文物遗存临

---

① 人民日报，《长城、大运河、长征国家文化公园建设保护规划出台》，2021。

时保护区组成，对文物本体及环境实施严格保护和管控；国家文化公园的主题展示区，是面向社会公众开放参观游览和文化体验的主体区，包括核心展示园、集中展示带、特色展示点等形态，对国家级文物和文化资源及周边区域文化资源进行系统性展示宣传和教育传承；国家文化公园的文旅融合区，是利用国家级文物和文化资源外溢辐射效应而建设的文化旅游深度融合发展示范区，对主题展示区及其周边的历史文化、自然生态、特色产业等各类资源进行整体性保护利用和传承，发展现代文旅产业新业态；国家文化公园的传统利用区，是利用城乡居民传统的生活生产社区，在合理保存传统社区样态和文化生态的基础上，创新发展文化旅游和特色生态产业，带动传统社区宜居宜业转型升级。发挥长城线性文化遗产的串联能力和资源统筹能力，对长城文化遗产及周边资源进行整体性保护与创新性转化利用，推动长城文化旅游由传统的景区模式向国家文化公园模式、文化旅游产业带模式转型发展，成为长城文化和旅游深度融合发展的重要途径，对促进长城遗产保护和文化传承、长城沿线绿色发展和乡村振兴意义重大。

（三）长城大尺度空间分布特征，有利于长城文化旅游带发展

长城分布于我国北方农牧交错地带，是建筑融入自然景观的完美范例。在古代中国历史上，因农业和游牧两大文明之间的冲突，促成了秦汉时期和明代两次最大规模的长城修筑活动。其间，又伴随我国各历史时期的疆域变迁和功能更替，发生过数次小规模修筑、改建或增建，最终形成人类历史上罕见的大型线性军事防御体系遗产。第一道万里长城与第一个中央集权封建制王朝——秦王朝同时出现。秦朝统一后，为防御北方游牧民族南下侵扰，着手修筑长城。他们"因地形，用险制塞"，将战国时期燕、赵、秦三国的北部长城连接起来，从临洮起始，一直延伸至辽东，绵延万里。汉王朝设置了汉塞并修筑长城，该长城东起现今朝鲜北部，经辽宁、内蒙古、河北、宁夏、甘肃至新疆，总长度超过1万千米，是历史上修筑长城长度最长的朝代之一。明朝是长城修筑发展的巅峰期，明长城修筑工程浩大，技术水平显著提升，完成了东起辽东虎山、西至嘉峪关的长城修筑工程，并沿长城建立了"九边十一镇"的军事防御体系。

长城的修筑并没有阻断长城内外各民族之间的交流互动，而是为长城

外游牧民族和长城内农耕民族之间的文化交流和互通有无提供了场所和边界，起到了调节两种经济方式、促进民族融合的作用。在长城沿线形成的多元文化繁荣发展的局面，促进了我国多民族国家的形成。长城横跨多种地貌类型，其设施点段纵横交错，营建技术形制多样。长城的线性格局在区域上呈现连片特征，与其所处地域的生态资源交相辉映，共同构成了长城文化遗产廊道。这一廊道集文化价值、生态价值、经济价值于一体，为发展长城文化旅游带提供了得天独厚的资源条件和要素支撑。

二、研究目标、研究意义和价值

（一）研究目标

坚持长城文化遗产及周边资源整体性保护利用，在加强长城文化遗产保护的基础上，深化长城文化—旅游—生态深度融合与共生协调发展，构建长城文化旅游产业带，促进长城文化旅游由传统的景区发展模式向多业态融合产业发展模式转型升级，形成长城文化旅游绿色协调发展机制，发挥长城文化旅游的文化、经济、生态等多元价值功能，带动长城沿线地区经济绿色发展和乡村振兴，更好地满足人民群众的美好生活需求。

（二）研究意义

长城所分布的主要区域，同时也是长城历史文化、革命红色文化、地方民俗文化高度集聚的区域，这些区域还拥有丰富的生态资源与特色产业资源。如今的长城已不再局限于其原有的军事防御功能，进入了文化遗产保护、利用与传承的新阶段。加强对长城文化的研究与阐释，并有效应用文化和旅游融合的成果，对提升长城文化旅游的文化底蕴和教育价值具有深远意义。

对长城及其沿线的文化资源、生态资源、特色产业资源进行调查与评价，构建长城文化旅游带空间结构，提出长城文化旅游多业态融合产业带发展模式，推进长城文化—旅游—生态共生协调发展。此举有利于促进长城文化遗产及周边资源的整体性保护和创新性转化利用，对集中打造长城文化标识、加强长城生态保护、促进长城文化传承有重大意义。

长城沿线多是经济欠发达的山区和农牧区乡村地区，地质地貌、生态系统、山地农业等资源密集，发挥长城遗产品牌效应和文化资源的外溢效应，促进文旅农融合，有利于带动长城沿线山区特色产业发展、基础设施建设和乡村环境改善，对乡村旅游提质增效和乡村振兴发展意义重大。

（三）研究价值

1.学术价值

本课题综合运用旅游学、生态学、产业经济学等多学科理论，以长城文化与旅游融合发展为研究对象，在调查分析长城文旅资源和长城文化旅游发展现状的基础上，从新质生产力发展视角构建评价指标体系，对长城文化旅游发展绩效、文旅融合协调发展水平、资源配置结构进行测评，对存在的主要问题进行分析，提出长城文化旅游多业态融合发展的理念，优化长城文化旅游发展的空间结构和产品结构，发展长城文化旅游绿色产业带，构建长城文化—旅游—生态协调发展的机制。这种机制是一种新型的产业组织安排和资源配置形式，对深化文旅融合发展、创新产业组织理论应用具有积极的意义，也对促进大型文化遗产地的文化、旅游、生态协调发展具有理论指导作用和决策参考价值。

2.应用价值

本课题针对长城沿线的文化资源、旅游资源以及生态资源展开调查与评价工作，旨在揭示长城沿线文旅资源的特征及其开发优势，从而为地方政府部门制定城乡建设规划、推动文旅产业发展，以及开展相关研究提供数据参考依据。此外，本课题从发展新质生产力视角构建评价指标体系，对长城文化旅游发展绩效、共生协调发展水平、资源配置结构进行测评分析，评价指标体系的构建具有一定的拓展性和新颖性，评价结果可以为长城沿线发展文旅产业提供经营管理决策参考，评价方法可以为其他大型文化遗产地开展文旅融合协调发展评价提供借鉴。更进一步的，本课题提出了构建长城文化旅游带，优化长城文化旅游空间结构和产品结构。这将有助于长城沿线地区发展文化旅游，促进长城文化价值、产业价值、生态价值、社会价值的综合提升，实现文化旅游的多元价值功能。

第二节 研究区域概况

一、研究区域范围和特点

（一）研究区域的范围

《长城、大运河、长征国家文化公园建设方案》中，关于长城国家文化公园的建设范围，涵盖了从战国、秦、汉时期的长城，到北魏、北齐、隋、唐、五代、宋、西夏、辽等朝代具备长城特征的防御体系，以及金代的界壕和明长城，涉及北京、天津、河北、山西、内蒙古、辽宁、吉林、黑龙江、山东、河南、陕西、甘肃、青海、宁夏、新疆15个省区市。本研究在长城国家文化公园建设范围的基础上，遵循长城本体及沿线区域资源环境整体性保护和统筹利用原则，结合长城资源赋存、长城历史文化影响、长城旅游发展基础、长城沿线自然地理环境等因素，特将中国古代历史上明朝九边重镇所在地区确定为研究区域范围①，具体包括现在的北京、天津、河北、辽宁、山西、陕西、宁夏、甘肃8个省（自治区、直辖市），并将这些地区称为长城文化旅游研究区。

长城文化旅游研究区范围，东起渤海海滨，西至祁连山北麓，覆盖的主要地貌单元包括燕山、太行山、贺兰山等主要山脉，坝上高原、黄土高原，辽河平原、河北平原以及河西走廊地区，在空间结构上地域相连、文脉融通、经济互补，呈带状结构分布，横跨农牧交错地带、贯通东北华北和西北，总面积超过122万平方千米，2023年常住人口达25737万人，是中国北方重要的生态屏障和农牧生产生活聚集区。

---

① 在中国古代历史上，明朝自建立起就高度重视北方边境军事防务，大规模持续修筑长城，东起辽东虎山、西至甘肃嘉峪关，相继设立辽东镇、蓟镇、宣府镇、大同镇、山西镇、延绥镇、宁夏镇、固原镇、甘肃镇九个军事重镇，为加强都城北京的军事防御力量，后又分设昌镇、真保镇，由此构成明朝"九边十一镇"军事防务体系。

（二）研究区域的特点

1. 长城修筑重点区域

长城文化旅游研究区是中国古代秦汉长城和明长城修筑的重点地区，长城遗产时空跨度大，遗存数量多，观赏价值高。在中国历史上，农业和游牧两大文明之间的冲突，促成了秦汉时期和明代两次最大规模的长城修筑活动。秦统一后，为防御北方游牧民族南下侵扰，将原燕、赵、秦三国长城连为一体，修筑万里长城，西起临洮、东至辽东；汉代长城较之秦长城更有所发展，加强河西长城的修筑，汉代长城东起今朝鲜北部，经辽宁、河北、内蒙古、山西、宁夏、甘肃至新疆，绵延1万余千米，汉代是历史上修筑长城长度最长的朝代。秦汉长城现存墙壕2143段，单体建筑2575座，关、堡271座，相关遗存10处，总长度3680.26千米。明朝长城修筑发展至巅峰，修筑工程浩大，技术水平极大发展，其主线东起辽宁虎山，西至甘肃嘉峪关，主要分布区域包括北京、天津、河北、山西、内蒙古、辽宁、陕西、甘肃、青海、宁夏10个省（自治区、直辖市）。明长城资源保存相对完整、形制类型丰富，现存墙壕5209段，单体建筑17449座，关、堡1272座，相关遗存142处，总长度8851.8千米①。秦汉时期，陕西咸阳、西安一带是当时的政治经济中心，明代全国的政治经济中心转移至北京，秦汉长城和明长城的修筑，都是以守护当时的都城为中心，在北部边境地带向东、西两个方向延伸，形成跨区域的、大规模的线性军事防御网络体系。

2. 历史文化名城名镇名村聚集区

长城文化旅游研究区涵盖了中国古代秦汉王朝和明朝沿长城一带分布的重要军事防御区域，这些地区地理位置相连，汇聚了众多历史文化名城、名镇和名村。秦统一后，设立郡县制，在北部边境沿长城一带设置陇西、北地、上郡、九原、云中、雁门、代郡、上谷、渔阳、右北平、辽西、辽东十二郡②，采取移民实边政策，对这些郡进行统一管辖，并致力于当地的生产发展。汉代加强了河西长城的修筑和河西走廊的开发，先后设置武威、酒泉、张掖、敦煌四郡，实施屯田实边政策，军事防御和发展生产同行并

---

① 国家文物局网站，《长城保护报告》，2016。
② 河北省地方志编纂委员会编，《河北省志》（第81卷 长城志），2011。

举，促进西部地区人口再增长和农业生产，保障丝绸之路的安全畅通。明王朝在北部边防长城沿线实行镇守制，为加强长城防务和指挥调遣长城沿线的兵力，把长城沿线划分为九个防守区段，称之"九边"，每边设镇守（总兵官）管辖，分别是辽东镇、蓟镇、宣府镇、大同镇、山西镇、延绥镇、宁夏镇、固原镇、甘肃镇，形成"九边重镇"[①]，后又在北京的西北部增设昌镇和真保镇，从蓟镇中分出，管辖京畿内长城防务，形成明王朝北部边防"九边十一镇"长城防御体系。随着长城的修筑和边疆的开发，长城沿线地带经济社会得到发展，人口不断增长，村落、城镇逐步发展起来。特别是在长城的军事防御功能衰退后，长城沿线大量的关口、城堡等逐渐发展成为村庄、城镇，与当地百姓的生产生活融为一体。截至2024年底，长城文化旅游研究区内分布着国家级历史文化名城名镇名村214个，全国重点文物保护单位1596处，中国重要农业文化遗产37项，文化遗产资源丰富。

3. 长城资源旅游开发利用起步早

长城文化旅游研究区是长城资源旅游开发利用较早的区域，已成功打造出一批知名度高且被游客熟知的长城旅游景区。中华人民共和国成立伊始，国家便着手进行长城的调查与保护工作。1952—1958年，先后对八达岭长城、居庸关长城、山海关长城的墙体、关城关楼进行修缮和加固，并对游客开放[②]；1961年起，一批长城重要点段被陆续公布为全国重点文物保护单位；1984年7月，新闻媒体发起了"爱我中华，修我长城"的社会募捐活动，习仲勋和邓小平同志先后为这次活动题词，1987年长城被联合国教科文组织列入《世界遗产名录》。这些举措共同推动了20世纪80年代至90年代长城保护工作进入高潮。在这次保护活动中，国家对山海关老龙头长城、角山长城、黄崖关长城、虎山长城、居庸关长城、九门口长城、嘉峪关长城等大量长城墙体和关城进行了大规模的修缮和复建工作，并建设了一系列长城景区，有力推动了长城文化旅游业的发展。这些努力使得一些长城景区广为人知，包括北京的八达岭长城、慕田峪长城、古北口长城、箭扣长城、居庸关长城，天津的黄崖关长城，河北的山海关长城、金山岭

---

① 河北省地方志编纂委员会编，《河北省志》（第81卷 长城志），2011。
② 中国文化遗产研究院编，《爱我中华 护我长城（长城保护2006—2016）》，2017。

长城、大境门长城，山西的雁门关长城，甘肃的嘉峪关长城、玉门关长城，宁夏的水洞沟长城，陕西的镇北长城，辽宁的九门口长城、虎山长城等。长城旅游不仅为长城的保护注入了新的活力，还成为当地经济社会发展的支柱产业，有效扩大了公共文化产品的供给。同时，长城也成为世界了解中国文化的窗口与名片。

4. 旅游中心地体系较为成熟

长城文化旅游研究区拥有北京、天津、西安这三个国际大都市的辐射带动，石家庄、太原、银川、兰州、沈阳五个省会城市的服务支撑，还有秦皇岛、张家口、大同、榆林、固原、张掖、敦煌等若干区域旅游中心城市的旅游承接。该区域航空、高铁、高速公路等现代交通体系发达，旅游中心地体系较为成熟，旅游目的地的通达性和便捷性较好。

二、研究区域发展状况

（一）经济发展

长城文化旅游研究区涵盖北京、天津、河北、辽宁、山西、陕西、宁夏、甘肃8个省（自治区、直辖市），总面积超过122万平方千米，2023年，常住人口25737万人，占全国总人口比重为18.26%，地区生产总值211314.6亿元，占全国地区生产总值的比重为16.76%。

据《中国统计年鉴》计算整理出2009—2023年长城文化旅游研究区地区生产总值和人均地区生产总值情况（见图1-1、图1-2）。

从地区生产总值来看（见图1-1），2009—2023年，长城文化旅游研究区8个省（自治区、直辖市）地区生产总值均呈不断提高的发展态势，但是8个省（自治区、直辖市）地区生产总值占全国地区生产总值的比重下降明显。2009—2012年，长城文化旅游研究区8个省（自治区、直辖市）地区生产总值占全国地区生产总值的比重维持在近19%的水平。自2013年起持续下降，2023年降至16.76%，反映出长城文化旅游研究区经济发展水平整体相对落后，经济发展速度低于全国平均水平，特别是2013年以后与全国发展差距进一步扩大。

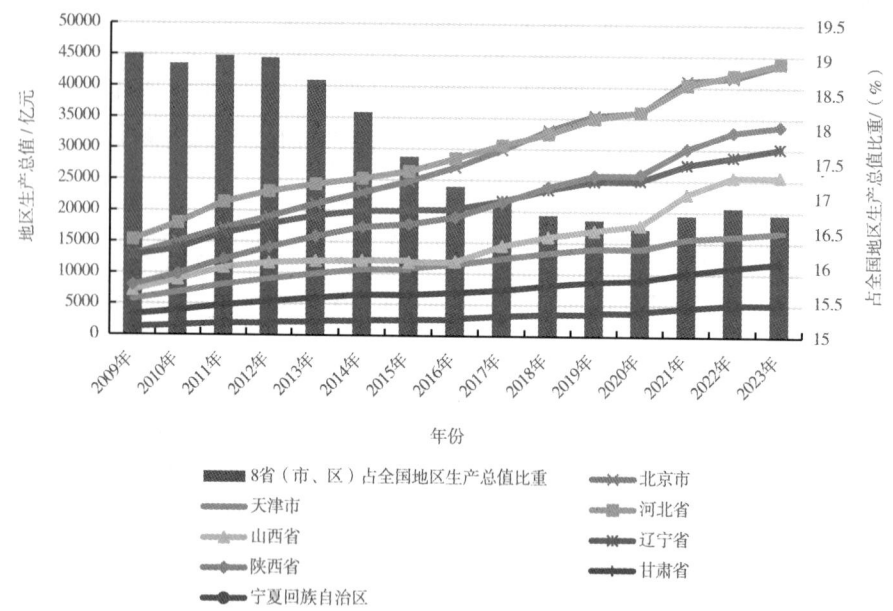

图1-1 2009—2023年长城文化旅游研究区地区生产总值情况

从图1-1可以看出，长城文化旅游研究区8个省（自治区、直辖市）经济发展不平衡，北京市、河北省、陕西省和山西省地区生产总值增长速度较快，辽宁省、天津市、甘肃省和宁夏回族自治区地区生产总值增长缓慢。

从人均地区生产总值来看（见图1-2），2009—2023年长城文化旅游研究区8个省（自治区、直辖市）人均地区生产总值均呈增长趋势，北京、天津两市人均地区生产总值明显高于全国人均生产总值，河北、辽宁、山西、陕西、宁夏、甘肃6个省（自治区）人均地区生产总值均明显低于全国人均生产总值，尤其是河北省和甘肃省远远低于全国平均水平，反映出长城文化旅游研究区经济发展水平极不平衡，北京、天津领先于全国平均水平，而河北、辽宁、山西、陕西、宁夏、甘肃6个省（自治区）落后于全国平均水平。因此，大力发展长城文化旅游带主要在于带动河北、辽宁、山西、陕西、宁夏、甘肃等地区经济快速发展，并助力长城沿线乡村的振兴。

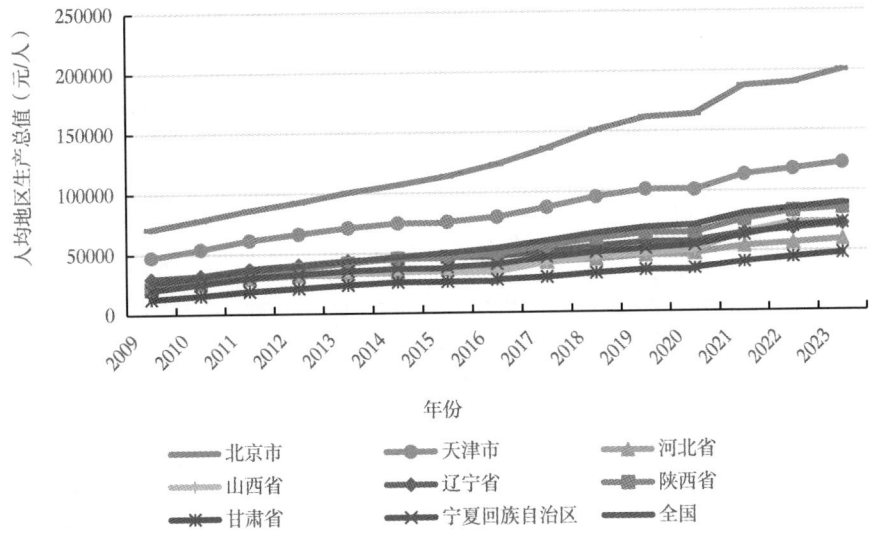

图 1-2　2009—2023 年长城文化旅游研究区人均地区生产总值情况

（二）产业结构

根据中国统计年鉴数据计算整理出 2009—2023 年长城文化旅游研究区，以及全国第一、二、三产业增加值占地区生产总值的比重（见表 1-1）。从全国来看，2009 年全国的第一、二、三产业增加值占地区生产总值的比重分别为 9.64％、45.96％、44.41％，2023 年发展提升为 7.12％、38.28％、54.60％，产业结构由第二产业占主导地位转变为第三产业占主导地位，结构水平不断优化。

从表 1-1 可以看出，2009—2023 年长城文化旅游研究区 8 个省（自治区、直辖市）一二三产业结构发展变化总体向好，但极不平衡。2023 年，北京市第三产业增加值占比达到 84.85％，天津市达到 62.65％，远高于全国第三产业增加值占比 54.60％。河北、辽宁和甘肃第三产业增加值占比均在 52％左右，陕西、山西和宁夏第三产业增加值占比分别为 44.60％、42.73％和 45.15％，均低于 50％。大力发展长城文化旅游带，推进文旅农融合协同发展，有助于促进长城文化旅游研究区现代服务业的发展和产业结构的优化升级。

表 1-1　长城文化旅游研究区以及全国的第一、二、三产业增加值占地区生产总值的比重

省（自治区、直辖市）	产业占比/(%)	年份 2009	2010	2011	2012	2013	2014	2015	2016	2017	2018	2019	2020	2021	2022	2023
北京	第一产业	0.91	0.82	0.78	0.78	0.76	0.69	0.57	0.48	0.41	0.36	0.32	0.30	0.27	0.27	0.24
	第二产业	21.21	21.61	20.73	20.27	19.72	19.34	17.84	17.25	16.90	16.55	15.99	15.97	18.00	15.97	14.91
	第三产业	77.88	77.57	78.49	78.95	79.52	79.97	81.60	82.27	82.69	83.09	83.69	83.73	81.73	83.76	84.85
天津	第一产业	2.09	1.93	1.74	1.64	1.56	1.49	1.49	1.47	1.36	1.31	1.32	1.50	1.70	1.69	1.60
	第二产业	49.19	47.72	46.30	45.71	44.31	43.38	41.27	38.06	36.66	36.18	35.20	35.06	36.17	37.08	35.74
	第三产业	48.71	50.35	51.96	52.65	54.13	55.13	57.24	60.47	61.98	62.50	63.48	63.43	62.14	61.22	62.65
河北	第一产业	13.86	13.74	12.64	12.63	12.95	12.55	11.75	10.83	10.22	10.27	10.06	10.77	9.98	10.50	10.16
	第二产业	46.81	47.05	48.05	47.32	46.08	45.53	43.64	43.31	41.70	39.71	38.29	38.22	40.49	38.41	37.40
	第三产业	39.33	39.21	39.31	40.06	40.97	41.92	44.62	45.86	48.08	50.01	51.65	51.00	49.54	51.09	52.44
山西	第一产业	6.20	5.73	5.38	5.50	5.82	6.09	6.14	6.06	4.97	4.64	4.87	6.54	5.63	5.22	5.40
	第二产业	57.24	60.08	61.96	58.65	55.76	52.73	44.10	42.80	45.81	44.33	44.02	43.19	50.62	54.13	51.87
	第三产业	36.56	34.19	32.66	35.85	38.42	41.18	49.77	51.13	49.22	51.03	51.12	50.27	43.75	40.65	42.73
辽宁	第一产业	10.12	10.57	10.35	10.47	10.27	10.00	10.16	9.03	8.77	8.59	8.76	9.14	8.93	9.01	8.78
	第二产业	51.03	51.68	51.84	49.79	47.92	45.14	41.29	38.57	38.39	38.49	38.12	37.41	39.48	39.42	38.84

续表

省（自治区、直辖市）	产业占比/（%）	年份														
		2009	2010	2011	2012	2013	2014	2015	2016	2017	2018	2019	2020	2021	2022	2023
辽宁	第三产业	38.85	37.75	37.80	39.74	41.81	44.87	48.55	52.40	52.84	52.92	53.11	53.45	51.59	51.57	52.38
	第一产业	9.40	9.62	9.75	9.30	9.20	9.00	8.94	8.91	8.11	7.64	7.72	8.72	8.00	7.84	7.84
陕西	第二产业	50.23	51.51	53.26	53.83	52.93	51.98	48.41	46.76	47.10	46.84	45.67	43.14	46.54	48.53	47.56
	第三产业	40.37	38.87	36.99	36.88	37.87	39.02	42.65	44.33	44.79	45.51	46.61	48.14	45.46	43.63	44.60
	第一产业	12.80	11.98	10.91	10.96	10.94	10.67	11.19	11.59	11.72	11.43	12.15	13.23	13.35	13.48	13.83
甘肃	第二产业	45.08	48.44	47.51	46.23	44.46	43.31	38.21	35.95	34.29	34.08	32.83	31.46	33.75	35.32	34.40
	第三产业	42.12	39.58	41.58	42.81	44.60	46.01	50.60	52.46	53.99	54.50	55.02	55.31	52.90	51.19	51.77
	第一产业	9.51	9.63	9.06	8.87	9.05	8.77	9.18	8.66	7.83	7.96	7.47	8.55	7.95	7.98	8.05
宁夏	第二产业	46.81	46.66	47.61	46.57	45.52	45.02	43.30	42.41	43.93	42.39	42.34	41.18	45.75	47.78	46.80
	第三产业	43.67	43.70	43.33	44.56	45.43	46.22	47.52	48.92	48.24	49.65	50.19	50.27	46.30	44.23	45.15
	第一产业	9.64	9.33	9.18	9.11	8.94	8.64	8.39	8.06	7.46	7.04	7.14	7.70	7.24	7.32	7.12
全国	第二产业	45.96	46.50	46.53	45.42	44.18	43.09	40.84	39.58	39.85	39.69	38.59	37.84	39.29	39.33	38.28
	第三产业	44.41	44.18	44.29	45.46	46.88	48.27	50.77	52.36	52.68	53.27	54.27	54.46	53.47	53.35	54.60

（三）消费水平

据《中国统计年鉴》整理出2009—2023年长城文化旅游研究区和全国居民人均消费支出、城镇居民人均消费支出、农村居民人均消费支出情况（见图1-3、图1-4、图1-5）。

从居民人均消费支出来看（见图1-3），2009—2023年长城文化旅游研究区居民人均消费支出呈上升趋势，北京市和天津市居民人均消费支出长期远远高于全国平均水平，辽宁省居民人均消费支出在全国平均水平附近波动，河北、陕西、宁夏、山西和甘肃省居民人均消费支出长期低于全国平均水平，尤其是山西和甘肃省一直处于较低水平。

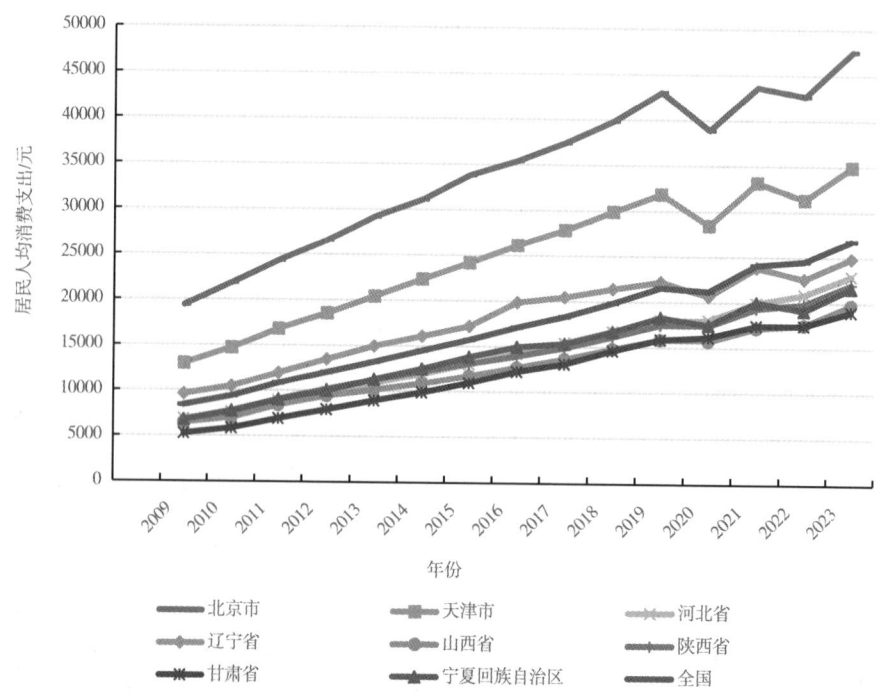

图1-3　2009—2023年长城文化旅游研究区和全国居民人均消费支出情况

从城镇居民人均消费支出来看（见图1-4），2009—2023年长城文化旅游研究区城镇居民人均消费支出呈上升趋势，北京和天津城镇居民人均消费支出长期远远高于全国平均水平，辽宁省城镇居民人均消费支出在全国平均水平附近波动，河北、陕西、宁夏、甘肃和山西城镇居民人均消费支出长期低于全国平均水平，尤其是山西省一直处于最低水平。

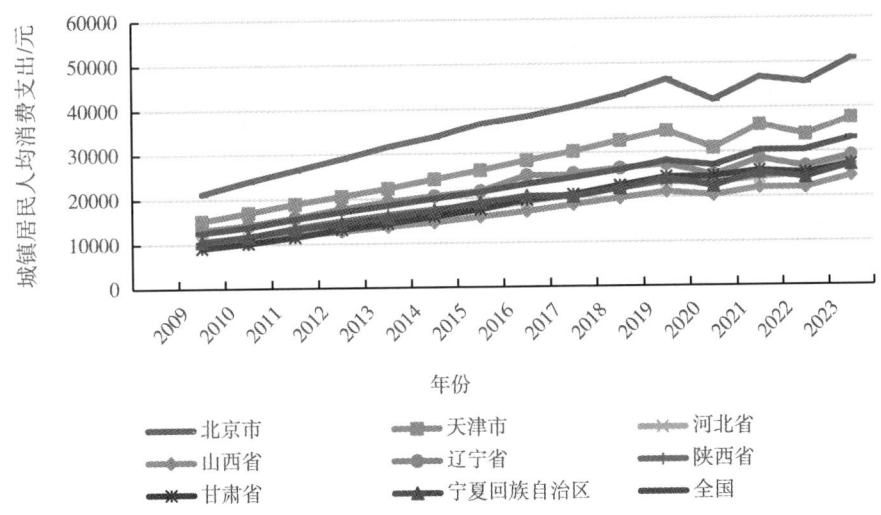

图 1-4 2009—2023 年长城文化旅游研究区和全国城镇居民人均消费支出情况

从农村居民人均消费支出来看（见图 1-5），2009—2023 年长城文化旅游研究区农村居民人均消费支出呈上升趋势，北京、天津农村居民人均消费支出长期远远高于全国平均水平，河北、辽宁、陕西、宁夏、山西和甘肃农村居民人均消费支出长期低于全国平均水平，尤其是甘肃一直处于最低水平。

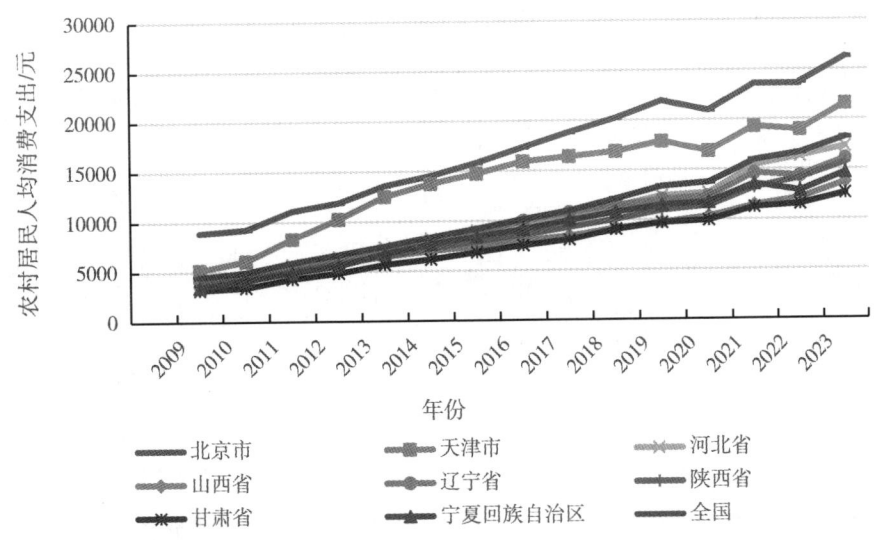

图 1-5 2009—2023 年长城文化旅游研究区及全国农村居民人均消费支出情况

由此可以发现，在长城文化旅游研究区，除北京和天津居民消费水平长期保持较高水平外，河北、山西、辽宁、陕西、宁夏、甘肃长期处于较低水平，反映出该地区经济发展不平衡、不充分，居民消费水平差距较大。大力发展长城文化旅游带有利于促进当地经济发展，增加居民收入，提高居民消费水平和生活质量。

（四）生态环境

1.生态资源赋存较为丰富

据《中国统计年鉴》及官方网站公布的数据整理，截至2024年底，长城文化旅游研究区拥有高级别自然生态资源541处，包括国家级自然保护区101处，国家级自然公园440处（见表1-2）。

表1-2　长城文化旅游研究区自然生态资源统计

地区	国家级自然保护区数量（处）	国家级自然公园数量（处）								合计
		国家地质公园	国家森林公园	国家湿地公园	国家风景名胜区	国家沙漠公园	国家草原公园	国家海洋公园	小计	
北京	2	5	15	2	2	0	0	0	24	26
天津	3	1	1	4	1	0	0	0	7	10
河北	13	11	31	22	10	3	2	1	80	93
山西	8	8	25	19	6	12	2	0	72	80
辽宁	19	5	32	18	9	3	0	9	76	95
宁夏	9	1	4	14	2	4	2	0	27	36
陕西	26	7	37	43	6	2	0	0	95	121
甘肃	21	7	22	12	4	12	2	0	59	80
合计	101	45	167	134	40	36	8	10	440	541

2.地区绿化水平稳步向好

根据中国统计年鉴、各省（自治区、直辖市）统计年鉴数据整理出2009—2023年长城文化旅游研究区的森林覆盖率和城市建成区绿化覆盖率情况（见图1-6、图1-7）。

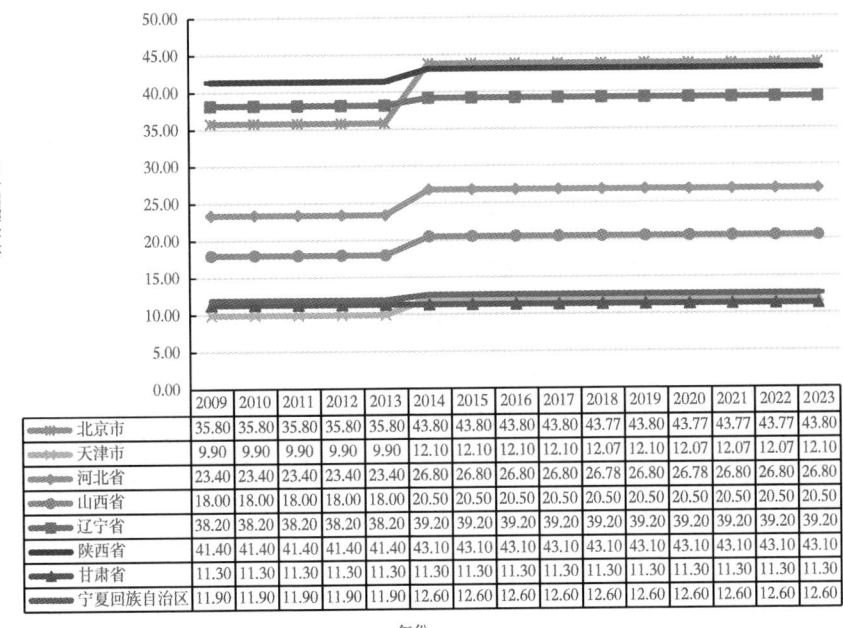

	2009	2010	2011	2012	2013	2014	2015	2016	2017	2018	2019	2020	2021	2022	2023
北京市	35.80	35.80	35.80	35.80	35.80	43.80	43.80	43.80	43.80	43.77	43.77	43.77	43.77	43.77	43.80
天津市	9.90	9.90	9.90	9.90	9.90	12.10	12.10	12.10	12.10	12.10	12.10	12.07	12.07	12.07	12.10
河北省	23.40	23.40	23.40	23.40	23.40	26.80	26.80	26.80	26.80	26.78	26.80	26.78	26.80	26.80	26.80
山西省	18.00	18.00	18.00	18.00	18.00	20.50	20.50	20.50	20.50	20.50	20.50	20.50	20.50	20.50	20.50
辽宁省	38.20	38.20	38.20	38.20	38.20	39.20	39.20	39.20	39.20	39.20	39.20	39.20	39.20	39.20	39.20
陕西省	41.40	41.40	41.40	41.40	41.40	43.10	43.10	43.10	43.10	43.10	43.10	43.10	43.10	43.10	43.10
甘肃省	11.30	11.30	11.30	11.30	11.30	11.30	11.30	11.30	11.30	11.30	11.30	11.30	11.30	11.30	11.30
宁夏回族自治区	11.90	11.90	11.90	11.90	11.90	12.60	12.60	12.60	12.60	12.60	12.60	12.60	12.60	12.60	12.60

年份

图 1-6　2009—2023年长城文化旅游研究区8个省(自治区、直辖市)森林覆盖率情况

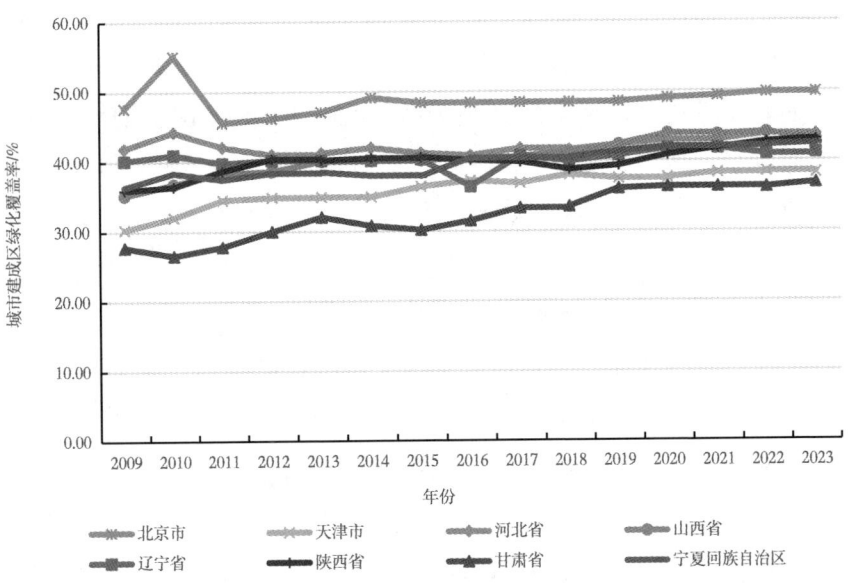

年份

图 1-7　2009—2023年长城文化旅游研究区城市建成区绿化覆盖率变化图

从图1-6可以看出，2009—2023年长城文化旅游研究区8个省（自治区、直辖市）的森林覆盖率均呈现出稳定增长的趋势。2014年，北京和陕西森林覆盖率较高，森林覆盖率均超过43%，辽宁达到39.20%，河北和山西分别增长到26.8%和20.5%，宁夏、天津和甘肃森林覆盖率在15%以下，由此可以看出这一区域生态环境压力依然很大。

从图1-7可以看出，2009—2023年长城文化旅游研究区8个省（自治区、直辖市）城市建成区绿化覆盖率总体呈增长趋势。北京的绿化水平遥遥领先，城市建成区绿化覆盖率约50%；河北、山西、陕西、宁夏和辽宁城市绿化水平态势良好，建成区绿化覆盖率在40%左右；天津和甘肃的城市绿化水平虽有显著提高，但是发展基础较差，建成区绿化覆盖率仍处在不足40%的较低水平。

3. 大气环境质量逐渐变好

根据各省（自治区、直辖市）生态环境厅发布的生态环境状况公报，整理出2009—2023年长城文化旅游研究区8个省（自治区、直辖市）空气优良天数占比和细颗粒物（PM2.5）年均浓度变化情况（见图1-8、图1-9）。

从图1-8可以看出，2009—2011年长城文化旅游研究区空气优良天数占比处于高位，只有北京市低于80%，其他省（自治区、直辖市）都在80%以上，整体空气质量优良。2012—2019年整个研究区的空气优良天数占比处于低位，空气质量严重恶化。2020年以后空气质量有了明显改善，2023年甘肃省和辽宁省空气优良天数占比超过90%，宁夏回族自治区为80.5%，陕西省、山西省和北京市在70%以上，河北省和天津市处于70%以下，京津冀地区大气环境治理任务重。

从图1-9可以看出，2009—2023年长城文化旅游研究区PM2.5年均浓度呈现出明显下降趋势，尽管在2022年京津冀地区和陕西、山西出现小幅度反弹，但总体上下降幅度较大。特别是京津冀地区PM2.5年均浓度下降幅度最大，由2013年70%以上，下降至2023年的40%左右（天津41%，河北38.6%，北京37%），空气质量明显改善。2023年，甘肃省和宁夏回族自治区PM2.5年均浓度分别下降至26%和29%，空气质量优良。

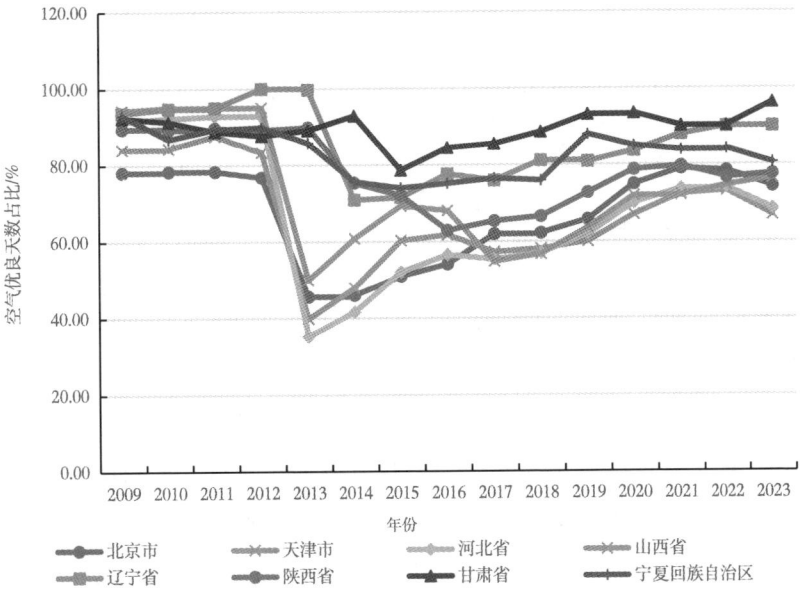

图 1-8　2009—2023年长城文化旅游研究区空气优良天数占比变化图

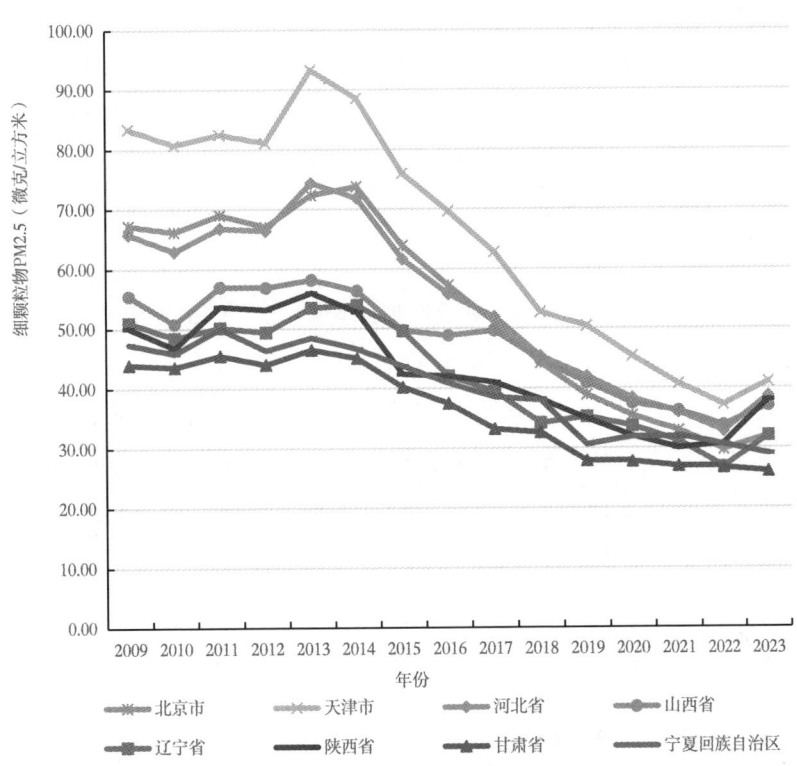

图 1-9　2009—2023年长城文化旅游研究区细颗粒物（PM2.5）年均浓度变化图

第三节　研究的主要内容、研究方法和创新点

一、研究的主要内容

本研究内容主要分为四部分，共八章，具体如下。

第一部分为研究导论，即第一章，主要分析研究背景、研究意义以及长城文化旅游研究区概况。

第二部分为长城文化旅游发展现状分析，包括第二章和第三章。第二章长城文旅资源构成与调查，重点分析长城文旅资源类型、赋存状况、空间分布以及文旅资源特征和开发优势；第三章长城文化旅游发展历程与态势，在回顾总结长城文化旅游发展历程的基础上，对长城文化旅游发展模式及文旅融合新业态进行系统分析。

第三部分为长城文化旅游融合发展效果评价分析，包括第四至第六章。聚焦长城文化旅游发展绩效、长城文化—旅游—生态融合协调发展、长城文化旅游要素资源配置结构等问题，探究其形成发展机理，通过建立相应的评价指标体系并进行测评，分析长城文化旅游发展效果、影响因素及存在的主要问题。

第四部分为长城文化旅游创新发展策略研究，包括第七章和第八章。第七章长城文化旅游发展模式创新与结构优化，提出长城文化旅游产业带发展模式，推动长城文化旅游由传统的旅游景区布局发展模式向文旅融合旅游产业带布局发展模式转型升级，优化长城文化旅游产品结构和空间结构，促进长城文化旅游与一二三产业融合协调高质量发展；第八章提出研究结论和长城文化旅游产业带融合协调绿色发展的建议。

二、研究方法

1. 综合借鉴多学科的研究方法

综合运用旅游学、生态学、区域经济学、人文地理学等学科方法，研

究文旅融合视域下长城文化旅游发展问题。长城文旅资源调查、长城文旅融合新业态、长城文化旅游发展绩效等内容的研究主要采用旅游学、人文地理学的分析方法；长城文化旅游要素资源配置、长城文化—旅游—生态共生协调机制的研究主要采用区域经济学、生态学、人文地理学等学科的分析方法；长城文化旅游产品结构优化、长城文化旅游产业带空间结构优化，综合运用旅游学、区域经济学、人文地理学等学科的分析方法。

2. 理论分析和实地调研相结合的研究方法

本研究是应用性研究，理论分析和实践调研相结合十分必要。长城沿线文化资源、生态资源、产业资源以及区域要素禀赋的保护利用、应用开发状况如何，现实中存在哪些问题，如何设计有效可行的解决方案等，这些问题既需要理论层面的分析，也需要深入实际调查研究。因此，本课题对长城遗址及周边的文化、生态、产业、村镇社区开展实地调研，阐释长城文化旅游发展绩效形成机制以及长城文化—旅游—生态共生耦合协调发展机制，构建评价指标体系，理论研究与实地调研、产业实践相互印证，使本课题的应用性研究更加符合实际、科学可行。

3. 定量分析研究方法

应用性研究通常需要进行大量的数据测算与分析。本研究运用新质生产力理论，结合长城文化旅游业发展实际，运用super-SBM-undesirable模型、障碍度模型、共生关系评价模型、耦合协调度模型、地理探测器模型、空间错位模型等定量分析方法，对长城文化旅游发展绩效、长城文化—旅游—生态共生协调度、长城文化旅游要素资源空间配置效果进行测评，为促进长城文化旅游发展模式创新、推动长城文化旅游产业带绿色低碳融合协调发展提供数据支撑。

三、创新点

1. 研究视角创新

本研究从文旅融合的视角，坚持可持续性，通过长城文旅资源调查、长城文化旅游发展历程分析，构建长城文化旅游"发展绩效—资源配置—融合协调—发展模式创新"分析框架，研究长城文化遗产及周边资源整体性保护传承利用，发展长城文化旅游产业带，体系新颖。

2. 研究内容创新

本研究将中国古代历史上明朝九边重镇所在地区确定为研究区域范围，调查文旅资源，总结分析长城文化旅游发展历程、发展模式及文旅融合新业态；构建评价指标体系，建立定量分析模型，对长城文化旅游发展绩效、要素资源配置、长城文化—旅游—生态融合协调发展进行深入探讨和测评，评价指标体系的构建具有开拓性和应用推广性，评价结果较为客观地反映了长城文化旅游发展成效；提出长城文化旅游产业带发展新模式，以长城文化为主线、中心城市为节点、交通干线为连线，构建长城文化旅游产业带及产品结构和空间结构优化策略，具有决策参考价值和政策意义，研究内容理论与实践相结合，具有一定的开拓性。

3. 学术观点的创新

长城文化旅游产业带是新型的经济形态，是长城大型线性文化遗产地整体性保护利用的一种产业组织安排和提高资源配置效率的制度创新，是以绿色产业体系发展为重点、注重产业关联与融合的一种新型发展模式，有利于推进长城文化旅游由传统的旅游景区发展模式向绿色产业体系发展模式转型，理念新颖。

第二章　长城文旅资源构成与调查

文旅资源是发展旅游产业的重要基础。长城文化旅游研究区空间范围广阔，文旅资源丰富多样。本章在厘清文旅资源内涵及类型的基础上，对长城文化旅游研究区8个省（自治区、直辖市）的文旅资源进行调查研究，并分析其资源特征及开发利用优势。

第一节　文旅资源含义及类型

一、文旅资源含义

探究文化和旅游的关系本质、文旅融合的内在逻辑是理解文旅资源内涵的前提。文化与旅游天然联系紧密，二者融合交织、耦合共生地随经济社会的发展而演进[1]。国内外学者关于文化和旅游关系的观点有：文化是旅游资源[2][3]，是旅游吸引物的重要组成部分[4]，旅游是传播、宣传文化的载体和媒介[5]，（旅游）文化是旅游的灵魂[6]等，这些观点在文献中被不断引用并得到发展。

2009年，《文化部 国家旅游局关于促进文化与旅游结合发展的指导意见》中明确提出文化是旅游的灵魂，旅游是文化的重要载体。加强文化和旅游的深度融合，有助于加快文化产业发展，促进旅游产业转型升级；有助于推动中华文化遗产的传承保护，扩大中华文化的影响。有学者将其看作"文

---

① 张晓丹，《文旅融合视域下文化资源的再认识》，2023。

② Hughes HL，《Culture as a tourist resource: a theoretical consideration》，1987。

③ 于光远，《旅游与文化》，1986。

④ Greg R，《Tourism attraction systems: exploring cultural behavior》，2002。

⑤ 周盼，李明德，《旅游文化是旅游理论研究的重要课题——旅游文化座谈会纪要》，1991。

⑥ 章采烈，《论旅游文化是旅游业发展的灵魂》，1994。

旅融合"概念萌芽的标志①。同年12月,《国务院关于加快发展旅游业的意见》提出,把旅游业培育成国民经济的战略性支柱产业和人民群众更加满意的现代服务业,丰富旅游文化内涵,把提升文化内涵贯穿到吃住行游购娱各环节和旅游业发展全过程。2018年,文化和旅游部组建,从组织和管理上为进一步推进文化和旅游融合发展建立了制度保障,并确定了"宜融则融、能融尽融""以文促旅、以旅彰文"的工作思路②。自此,文化和旅游统筹发展、融合发展进入新阶段③,文旅融合也随之上升到国家战略层面。《中华人民共和国国民经济和社会发展第十四个五年规划和2035年远景目标纲要》进一步明确文化和旅游融合发展的内在要求,对推动文化和旅游在更广范围、更深层次、更高水平上融合发展做出了专门部署④。党的二十大报告明确提出"坚持以文塑旅、以旅彰文,推进文化和旅游深度融合发展"。文旅融合成为丰富旅游内涵、提升游客体验、增强文化自信、推动产业发展和服务美好生活的重要抓手。

资源是产业发展的基石。文化资源和旅游资源内涵丰富、构成复杂。2017年,中共中央办公厅、国务院办公厅印发《关于实施中华优秀传统文化传承发展工程的意见》,提出"实施中华文化资源普查工程,构建准确权威、开放共享的中华文化资源公共数据平台"。2018年,《公共文化资源分类》(GB/T 36309—2018)规定了公共文化资源的分类原则、编码方法及代码。2019年,文化和旅游部制定《中华文化资源普查工程实施方案》,协调推进文物、非物质文化遗产、古籍、美术馆藏品、地方戏曲剧种、传统器乐乐种的全国普查。《旅游资源分类、调查与评价》(GB/T 18972-2017)将旅游资源界定为"自然界和人类社会凡能对旅游者产生吸引力,可以为旅游业开发利用,并可产生经济效益、社会效益和环境效益的各种事物和现象",在具体分类中包括了文化资源中的文物、非物质文化遗产等类型。

2019年,文化和旅游部印发《旅游资源普查工作技术规程》,先期启动7个省(自治区、直辖市)的旅游资源普查试点工作,并于2022年全面启动

---

① 金海龙,章辉,《我国文化产业与旅游产业融合研究综述》,2015。

② 戴斌,《文旅融合时代:大数据、商业化与美好生活》,2019。

③ 宋子千,《从国家政策看文化和旅游的关系》,2019。

④ 王镜,邱爽,张又萍,等,《基于要素、效应、环境的区域文旅融合发展评价与类型划分——以河南省为例》,2024。

全国性的旅游资源普查工作[①]，要求各省级文化和旅游主管部门在开展旅游资源普查工作时采用《旅游资源分类、调查与评价》（GB/T 18972-2017）中"旅游资源分类"的分类标准或者以此为依据制定本省（自治区、直辖市）的旅游资源普查创新方案。在文旅融合背景下，各省（自治区、直辖市）在进行文化和旅游资源普查的过程中，应尽可能统筹开展文化资源和旅游资源普查，强化文旅融合。例如，浙江省在制定资源普查标准体系时开展了一系列探索创新，将文物资源、非物质文化遗产、公共文化资源的调查评价体系整合进旅游资源普查标准当中[②]；江苏省将文化资源与人文旅游资源进行充分合并、优化、整合，形成了《文化和旅游资源普查规范》（DB32/T 4523—2023），该标准凸显了文化资源的地位，将"物质文化遗产"和"非物质文化遗产"两个类型提升为主类，实现了文化和旅游资源分类"一张表"[③]，具有积极的探索意义。

综上所述，"文旅资源"是在我国文化和旅游融合发展背景下应运而生的一个概念，目前已被业界和学界广泛应用。"文旅"是文化和旅游的简称，文旅资源即指文化和旅游资源，具有多样性和时代延展性的特点。随着文旅创意创新的加强以及文化和旅游的深度融合，文旅资源类型将日趋多样、内涵将更加多元，外延也将得到不断扩展和延伸。

二、文旅资源类型

本研究在借鉴相关研究成果[④][⑤][⑥]及我国各省（自治区、直辖市）文化和旅游资源普查实践经验的基础上，根据文化和旅游资源的基本属性及存在形态，结合长城文化旅游研究区域特点，特将文旅资源划分为物质文化遗

---

① 中华人民共和国文化和旅游部，《文化和旅游部办公厅关于开展旅游资源普查工作的通知》，2022。

② 中华人民共和国文化和旅游部，《浙江文化和旅游资源普查工作全面铺开》，2021。

③ 《江苏省文化和旅游资源普查规范》（DB32/T 4523-2023），2023。

④ 向勇，《特色文化资源的价值评估与开发模式研究》，2015。

⑤ 林存文，吕庆华，《文化资源禀赋对文化产业发展的影响——基于资源异质的研究视角》，2020。

⑥ 牛淑萍，《文化资源学》，2012。

产资源、非物质文化遗产资源、文化设施资源和自然生态资源四种主要类型。

（一）物质文化遗产资源

物质文化遗产主要是指具有历史、艺术和科学价值的文物，包括可移动文物、不可移动文物和历史文化名城（街区、村镇）[①]。《中华人民共和国文物保护法》[②]指出，不可移动文物分为文物保护单位和未定级不可移动文物。根据不可移动文物的历史、艺术、科学价值，文物保护单位分为全国重点文物保护单位，省级文物保护单位，设区的市级、县级文物保护单位。保存文物特别丰富并且具有重大历史价值或者革命纪念意义的城市、城镇、街道、村庄，分别由国务院核定公布为历史文化名城，由省（自治区、直辖市）人民政府核定公布为历史文化街区、村镇，并报国务院备案。可移动文物主要包括馆藏文物（博物馆、图书馆和其他文物收藏单位收藏的文物）和民间收藏文物（文物收藏单位以外的公民、组织收藏的文物）。农业文化遗产是中华优秀文化的重要组成部分，是宝贵的"文化基因库"[③]，承载着我国历史悠久的农耕文明，展现了独具特色的美学景观，系统性保存着重要农业生物、技术和文化多样性基因库。2002年，联合国粮农组织发起"全球重要农业文化遗产保护倡议"，提出了农业文化遗产的概念。2012年，我国的国家级农业文化遗产评选活动正式开始[④]。农业文化遗产拥有独特的农牧业景观，具有突出的社会价值、文化价值和生态价值。随着国家乡村振兴战略的深入推进，其旅游价值日益凸显。因可移动文物的保护单位以博物馆、纪念馆、图书馆或民间收藏为主，本研究重点调查的物质文化遗产资源主要包括分布在长城文化旅游研究区的文物保护单位、历史文化名城名镇名村以及农业文化遗产。

---

① 《国务院关于加强文化遗产保护的通知》（国发〔2005〕42号），2008。
② 《中华人民共和国文物保护法》颁布于1982年，至今历经五次修正、两次修订，最新修订时间为2024年11月8日。
③ 闵庆文，《更好认识农业文化遗产的价值和保护意义》，2023。
④ 张星星，陈国生，《农业文化产的基本特征、旅游价值及其逻辑结构研究》，2024。

（二）非物质文化遗产资源

非物质文化遗产是指各族人民世代相传并视为其文化遗产组成部分的各种传统文化表现形式，以及与传统文化表现形式相关的实物和场所①。按照国家法定分类，非物质文化遗产涵盖传统口头文学、传统美术、书法、音乐、舞蹈、戏剧、曲艺和杂技、传统技艺、医药、历法、传统礼仪、节庆民俗、传统体育和游艺等多种类型。《中华人民共和国非物质文化遗产法》提出将体现中华民族优秀传统文化，具有重大历史、文学、艺术、科学价值的非物质文化遗产项目列入国家级非物质文化遗产代表性项目名录予以保护，要求省、自治区、直辖市人民政府建立地方非物质文化遗产代表性项目名录，我国目前已形成国家、省、市、县四级非遗保护体系。对非物质文化遗产代表性项目集中、特色鲜明、形式和内涵保持完整的特定区域，当地文化主管部门可以制定专项保护规划，报经本级人民政府批准后，实行区域性整体保护。本研究重点调查的非物质文化遗产资源主要包括分布在长城文化旅游研究区的非物质文化遗产项目。

（三）文化设施资源

文化设施是指用于提供公共文化服务的建筑物、场地和设备，主要包括图书馆、博物馆、文化馆（站）、美术馆、科技馆、纪念馆等②，类型十分丰富。其中，博物馆作为文化遗产保护与保存的重要载体，也是遗产价值诠释与展示的重要传播场所，日益成为展示传播中华文明、凝聚国家认同、增强文化自信、促进多元文明交流互鉴的重要平台和文旅融合的重要载体。随着社会经济、文化及科学技术的发展，博物馆的数量和种类越来越多③。我国在开展文化文物和旅游统计时，按照博物馆收藏和展示的内容将博物馆分为综合性、历史类、艺术类、自然科技类和其他五大类型④，文化设施中的美术馆为艺术类博物馆，科技馆为自然科技类博物馆。全国博物馆年度报告信息系统将纪念馆、文化馆、科技馆、美术馆等公共文化资源统一纳入统计范畴。本研究选取包含了多种公共文化设施的博物馆作为

---

① 《中华人民共和国非物质文化遗产法》，2011。

② 《中华人民共和国公共文化服务保障法》，2016。

③ 中国博物馆协会，《长城沿线博物馆建设与长城文化传播》，2024。

④ 中华人民共和国文化和旅游部编，《中国文化文物和旅游统计年鉴（2020）》，2020。

文化设施的调查与分析内容，重点调查的文化设施资源主要包括分布在长城文化旅游研究区的博物馆。

（四）自然生态资源

自然生态资源主要指对旅游者能够产生吸引力的具有自然环境生态属性的各种资源。中共中央办公厅、国务院办公厅印发的《关于建立以国家公园为主体的自然保护地体系的指导意见》，按照自然生态系统的内在规律，将自然保护地按生态价值和保护强度高低依次分为国家公园、自然保护区和自然公园三类。国家公园是指以保护具有国家代表性的自然生态系统为主要目的，实现自然资源科学保护和合理利用的特定陆域或海域；自然保护区是指保护典型的自然生态系统、珍稀濒危野生动植物种的天然集中分布区、有特殊意义的自然遗迹的区域；自然公园是指保护重要的自然生态系统、自然遗迹和自然景观，具有生态、观赏、文化和科学价值，可持续利用的区域。《国家级自然公园管理办法（试行）》明确了国家级自然公园的类型，包括国家级风景名胜区、国家级森林公园、国家级地质公园、国家级海洋公园、国家级湿地公园、国家级沙漠（石漠）公园和国家级草原公园。本研究重点调查的自然生态资源主要包括分布在长城文化旅游研究区的国家公园、自然保护区和自然公园。

第二节　长城文旅资源调查与分析

一、长城文旅资源调查

长城文化旅游研究区域的8个省（自治区、直辖市），自然地理条件和历史人文环境的不同，决定了省际间文旅资源禀赋的差异。现有研究[1][2][3]在进行省际比较分析时，倾向于选取高级别的资源类型作为丰度评价要素。

---

① 王凯,《中国主要旅游资源赋存的省际差异分析》,1999。

② 黄成林,《中国主要旅游资源的省际比较研究》,2001。

③ 罗浩,颜钰荛,杨旸,《中国各省的旅游增长方式"因地制宜"吗？——中国省际旅游增长要素贡献与旅游资源比较优势研究》,2016。

为便于开展长城文旅资源省域层面的评价分析，本研究遵循高品质和典型性原则，物质文化遗产资源调查选取全国重点文物保护单位、国家级历史文化名城名镇名村、中国重要农业文化遗产项目；非物质文化遗产资源调查选取国家级非物质文化遗产代表性项目；文化设施资源调查选取已纳入全国博物馆信息统计系统且已定级的博物馆项目；自然生态资源调查选取国家自然保护区、国家自然公园项目。

（一）物质文化遗产资源调查

截至2024年5月，全国共有物质文化遗产6179处（项），其中，全国重点文物保护单位（以下简称国保单位）5058处，国家级历史文化名城名镇名村933处，中国重要农业文化遗产188项。长城文化旅游研究区共有物质文化遗产1847处，占全国总量的29.89％。其中，国保单位共有1596处，占全国总量的31.55％；国家级历史文化名城名镇名村共有214处，占全国总量的22.94％；中国重要农业文化遗产总计37项，占全国总量的19.68％。整体来看，国保单位占比最高（见表2-1）。

表2-1　长城文化旅游研究区物质文化遗产资源调查统计　　单位:处(项)

地区	全国重点文物保护单位		国家级历史文化名城名镇名村		中国重要农业文化遗产		总计	
	数量	占全国的比重/（％）	数量	占全国的比重/（％）	数量	占全国的比重/（％）	数量	占全国的比重/（％）
全国	5058	100	933	100	188	100	6179	100
研究区	1596	31.55	214	22.94	37	19.68	1847	29.89
北京	135	2.67	7	0.75	4	2.13	146	2.36
天津	34	0.67	3	0.32	2	1.06	39	0.63
河北	291	5.75	46	4.93	8	4.26	345	5.58
山西	530	10.48	117	12.54	4	2.13	651	10.54
辽宁	147	2.91	6	0.64	5	2.66	158	2.56
宁夏	37	0.73	2	0.21	4	2.13	43	0.70

地区	全国重点文物保护单位		国家级历史文化名城名镇名村		中国重要农业文化遗产		总计	
	数量	占全国的比重/（%）	数量	占全国的比重/（%）	数量	占全国的比重/（%）	数量	占全国的比重/（%）
陕西	270	5.34	16	1.71	6	3.19	292	4.73
甘肃	152	3.01	17	1.82	4	2.13	173	2.80

注：数据根据国家文物局官网、八省（自治区、直辖市）文物局官网和中华人民共和国农业农村部官网资料整理而成。

图 2-1 呈现了长城文化旅游研究区 8 个省（自治区、直辖市）物质文化遗产数量分别占全国总量和研究区总量的比重。山西、河北和陕西的物质文化遗产资源最为丰富，山西占全国的比重达 10.54%，河北和陕西占全国的比重分别为 5.58% 和 4.73%；山西省占研究区的比重高达 35.25%，河北和陕西占研究区的比重分别为 18.68% 和 15.81%。甘肃、辽宁和北京的物质文化遗产资源数量占全国的比重均不到 3%，占研究区的比重分别为 9.37%、8.55% 和 7.90%；宁夏和天津的物质文化遗产资源数量偏少，占全国的比重分别为 0.70% 和 0.63%，占研究区的比重分别为 2.33% 和 2.11%。可见，长城文化旅游研究区的物质文化遗产资源赋存主要集中在山西、河北、陕西三省，占据研究区总量的 69.74%。

（二）非物质文化遗产资源调查

截至 2024 年 5 月，全国共有国家级非物质文化遗产代表性项目 3610 项。长城文化旅游研究区共有国家级非物质文化遗产代表性项目 789 项，占全国总量的 21.86%。从各省域来看，山西和河北非物质文化遗产资源赋存丰富，占研究区总量的比重分别为 23.07% 和 20.53%，二者之和接近研究区总量的一半。北京、陕西和甘肃三地的占比均超过 10%，辽宁、天津和宁夏的占比均低于 10%，其中宁夏最低，仅占 3.55%（见表 2-2）。

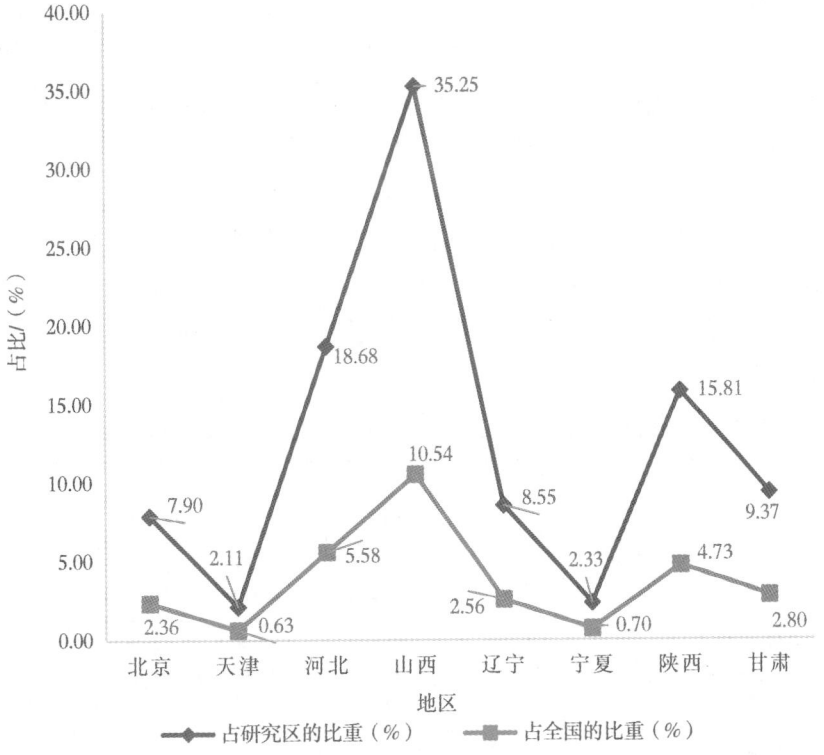

图 2-1　长城文化旅游研究区各省(自治区、直辖市)物质文化遗产资源比重

表 2-2　长城文化旅游研究区国家级非物质文化遗产资源数量统计　单位:项

地区	数量	占全国的比重/(％)	占研究区的比重/(％)
全国	3610	100	—
研究区	789	21.86	100
北京	120	3.32	15.21
天津	47	1.30	5.96
河北	162	4.49	20.53
山西	182	5.04	23.07
辽宁	76	2.11	9.63
宁夏	28	0.78	3.55
陕西	91	2.52	11.53
甘肃	83	2.30	10.52

从国家级非物质文化遗产资源的类型来看（见表2-3），传统技艺类资源数量最多，共140项，北京（41项）、山西（35项）、河北（21项），三地占研究区该类型资源总量的比重达69.29%；其次是传统戏剧类，山西（38项）、河北（36项），两地占研究区该类型资源总量的比重达60.16%。此外，河北省传统体育、游艺与杂技（24项）和传统音乐（23项）资源也较为丰富，分别占研究区域内相应类型总量的43.64%和25.84%；山西省传统音乐类资源数量也较多（18项），占研究区域内该类型总量的20.22%；民俗类则以山西（23项）、河北（14项）和甘肃（12项）较为突出，三地的数量共占研究区域内该类型总量的61.25%。

表2-3　长城文化旅游研究区国家级非物质文化遗产资源类型统计　　单位:项

类型	地区								
	北京	天津	河北	山西	辽宁	宁夏	陕西	甘肃	合计
民间文学	8	1	5	10	6	1	7	7	45
传统音乐	4	5	23	18	9	3	15	12	89
传统舞蹈	9	1	11	14	9	1	6	11	62
传统戏剧	5	4	36	38	10	1	18	11	123
曲艺	7	7	9	11	12	1	8	7	62
传统体育、游艺与杂技	12	8	24	6	2	0	2	1	55
传统美术	18	3	15	19	14	5	12	8	94
传统技艺	41	8	21	35	4	7	12	12	140
传统医药	9	8	4	8	2	4	2	2	39
民俗	7	2	14	23	8	5	9	12	80
合计	120	47	162	182	76	28	91	83	789

（三）文化设施资源调查

截至2024年5月，全国共有已定级博物馆（包括一、二、三级）1243家，长城文化旅游研究区共有已定级的博物馆257家，占全国已定级博物馆总量的20.68%。其中，陕西最多（48家），其次是北京（45家）、河北（43家）、山西（40家）和甘肃（38家）；其他相对较少，分别为辽宁24家、宁夏11家、天津8家（见表2-4）。

表 2-4　长城文化旅游研究区博物馆数量统计　　　　　　单位:家

区域	一级		已定级	
	数量	占全国的比重/(%)	数量	占全国的比重/(%)
全国	327	100	1243	100
研究区	86	26.30	257	20.68
北京	28	8.56	45	3.62
天津	4	1.22	8	0.64
河北	8	2.45	43	3.46
山西	9	2.75	40	3.22
辽宁	9	2.75	24	1.93
宁夏	3	0.92	11	0.88
陕西	15	4.59	48	3.86
甘肃	10	3.06	38	3.06

数据来源:根据国家文物局于2023年2月公布的2021年全国国家级博物馆名录[1],以及2024年5月公布的第五批国家一级博物馆名单[2]整理而成。

　　一级博物馆是我国博物馆体系的中坚力量,展示着中国博物馆的精彩风貌,代表着中国博物馆的最高水平[3]。截至2024年底,长城文化旅游研究区的一级博物馆共有86家(其中2024年新晋级34家),占全国一级博物馆总量的26.30%。其中,北京的一级博物馆最多(28家),占全国一级博物馆总量的8.56%,占研究区一级博物馆总量的32.56%;其次是陕西和甘肃,分别有15家和10家;山西和辽宁各有9家,河北有8家;天津和宁夏较少,分别为4家和3家(见表2-4)。

（四）自然生态资源调查

　　截至2025年,我国有国家公园5处(三江源、大熊猫、东北虎豹、海南热带雨林、武夷山国家公园)[4],其中大熊猫国家公园涉及本研究区域的陕西和甘肃两省。因国家公园整体数量较少,本研究的自然生态资源调查主要对长城文化旅游研究区的国家自然保护区和国家自然公园进行了调查,详见表2-5。

---

[1]　国家文物局,《国家文物局关于公布2021年度全国博物馆名录的通知》,2023。
[2]　中国博物馆协会,《第五批全国博物馆定级评估一级博物馆评估结果公布》,2024。
[3]　国家文物局,《中国博物馆协会负责人就第五批全国博物馆定级评估工作答记者问》,2024。
[4]　中华人民共和国中央人民政府,《我国正式设立首批国家公园》,2021。

表 2-5　长城文化旅游研究区自然生态资源数量统计　　　　　单位：处

地区	国家自然保护区	国家地质公园	国家森林公园	国家湿地公园	国家风景名胜区	国家沙漠公园	国家草原公园	国家海洋公园	合计	占全国的比重/（%）
全国	474	219	906	898	244	128	39	42	2950	100
研究区	101	45	167	134	40	36	8	10	541	18.34
北京	2	5	15	2	2	0	0	0	26	0.88
天津	3	1	1	4	1	0	0	0	10	0.34
河北	13	11	31	22	10	3	2	1	93	3.15
山西	8	8	25	19	6	12	0	0	80	2.71
辽宁	19	5	32	18	9	3	0	9	95	3.22
宁夏	9	1	4	14	2	4	2	0	36	1.22
陕西	26	7	37	43	6	2	0	0	121	4.10
甘肃	21	7	22	12	4	12	2	0	80	2.71

　　截至 2024 年 5 月，我国共有国家级的自然生态资源 2950 处，长城文化旅游研究区共有 541 处，占全国总量的 18.34%。从长城文化旅游研究区各省（自治区、直辖市）的生态资源总量来看，陕西最多，占全国的比重为 4.10%；辽宁和河北，占全国的比重分别为 3.22% 和 3.15%；山西和甘肃属于第三梯度，各有 80 处，占全国的比重均为 2.71%；宁夏、北京和天津的绝对数量较少，占比较低。

　　从自然生态资源类型来看，国家自然保护区、国家森林公园和国家湿地公园这三种生态资源总量较大，占研究区生态资源总量的 74.31%，分布较集中。其中，国家森林公园的数量最多，主要集中在陕西、辽宁、河北、山西和甘肃五省；除京津两市外，其他六省区的国家湿地公园数量都较多，其中陕西遥遥领先；陕西和甘肃为我国国家级自然保护区大省，分别拥有 26 处和 21 处，然后是辽宁（19 处）和河北（13 处）。其他类型方面，河北省国家地质公园和国家风景名胜区的数量均位居研究区之首，国家沙漠公园以山西和甘肃最多，各有 12 处，两省的沙漠公园总量占研究区总量的 66.67%，宁夏、辽宁、河北和陕西均有少量分布。草原公园和海洋公园的数量最少，其中，国家草原公园共有 8 处，平均分布在河北、山西、宁夏和甘肃四省，国家海洋公园仅分布在辽宁和河北两省，且以辽宁为最多。以上自然生态资源的规模与分布状况不仅是长城沿线区域发展生态旅游的资源基础，也是各地长城文化资源的赋存环境与特色反映，如河北山海关的山海长城、辽宁跨河抵海的长城特色[①]，以及甘肃、宁夏、山西的沙漠长城等。

（五）空间分布

由表2-6可以看出，长城文化旅游研究区8省（自治区、直辖市）中，山西文旅资源最为丰富，各类国家级文旅资源总量达953处；然后是河北和陕西，文旅资源总量分别为643处和552处；甘肃、辽宁和北京，文旅资源总量分别为374处、353处和337处；宁夏和天津最少，分别为118处和104处。从整体空间分布来看，长城文化旅游研究区文旅资源分布呈现中间高、东西两头低的特点。

表2-6　长城文化旅游研究区文旅资源类型与数量统计数据　　单位：处（项）

地区	类型				
	文化类资源			生态类资源	总计
	物质文化遗产资源	非物质文化遗产资源	文化设施资源	自然生态资源	
北京	146	120	45	26	337
天津	39	47	8	10	104
河北	345	162	43	93	643
山西	651	182	40	80	953
辽宁	158	76	24	95	353
宁夏	43	28	11	36	118
陕西	292	91	48	121	552
甘肃	173	83	38	80	374

长城沿线文化类资源的空间分布与文旅资源总体分布呈现一致的特点，各省区市文化资源拥有量所处的梯度与文旅资源总体分布完全相同，山西为第一梯度，河北和陕西为第二梯度，北京、甘肃和辽宁为第三梯度，天津和宁夏为第四梯度。整体来看，山西、河北、陕西共同形成长城沿线的

---

① 长城国家文化公园，《辽宁长城跨河抵海独具特色》，2018。

文化资源高地。另有研究显示，从国保单位资源的城市分布来看，运城、长治、晋城、晋中、保定、西安等城市国保单位数量位居全国前十；从区县级行政单位来看，北京的西城、东城、海淀，山西的高平、泽州和平遥，河北的蔚县等位列全国区县级行政单位前十[①]。

生态类资源的分布状况与文化类资源的分布大不相同，依据长城沿线各省（自治区、直辖市）生态资源拥有量分出三个梯度，梯度间的数量差距较小。生态资源最为丰富的（第一梯度）是陕西，第二梯度包括辽宁、河北、山西和甘肃，第三梯度包括宁夏、北京和天津。

二、长城文旅资源丰度与品质分析

（一）丰度分析

丰度是反映某一地区文旅资源赋存状况的主要指标，它对区域未来的文旅发展有着重要影响。评价一个地区的文旅资源赋存程度，既要考虑其绝对量，还要考虑其相对量。根据王凯[②]、肖光明等[③]、李国兵[④]的研究，文旅资源的绝对量用绝对丰度来衡量，用某一地区（某类）文旅资源的数量占所在区域（某类）文旅资源总量的比重来表示，其计算公式如下：

$$Q = \frac{q}{a} \times 100\% \qquad (1)$$

式（1）中，Q为某一地区（某类）文旅资源的绝对丰度，q为该地区（某类）文旅资源的拥有量，a为研究整体区域（某类）文旅资源的总量。

文旅资源的相对量用相对丰度来衡量。相对丰度实际上是为排除区域间人口数量和地域面积相差悬殊的影响而设置的指标，是一个综合密度指数。相对丰度的计算公式如下：

$$r = \frac{Q}{\sqrt{Sp}} \qquad (2)$$

式（2）中，r表示某一地区（某类）文旅资源的相对丰度；Q是该地区

---

① 陈凯，《全国重点文物保护单位60年的变与不变》，2021。
② 王凯，《中国主要旅游资源赋存的省际差异分析》，1999。
③ 肖光明，郭焕成，《珠江三角洲地区旅游资源的基本特征与市域差异》，2009。
④ 李国兵，《基于旅游丰度的旅游资源竞争力评价与市域差异——以珠三角为例》，2021。

（某类）文旅资源的绝对丰度；S 为所在地区的面积（单位：万平方千米）；p 为所在地区的常住人口数（单位：千万人），即用各地区各类主要文旅资源的地均拥有量、人均拥有量来表示一个地区的文旅资源相对丰度。

在此基础上，将各地区各类文旅资源占研究整体区域的比重指数汇总成一个从总体上反映各地文旅资源绝对丰度的综合指标 F_1，同时将文旅资源的综合密度指数汇总成反映各地区文旅资源相对丰度的综合指标 F_2。F_1 和 F_2 均采用公式（3）求得：

$$C_i = \frac{mn - \sum_{j=1}^{n} d_{ij}}{mn - n} \tag{3}$$

式（3）中，C_i 为第 i 地区的文旅资源综合指数 F_1 或 F_2；m 为对比研究的区域数；n 为文旅资源种类数；$\sum_{j=1}^{n} d_{ij}$ 为第 i 个区域 n 种文旅资源的绝对丰度或相对丰度在整体区域内的名次之和。

最后计算总丰度 F，其计算公式如下：

$$F = \sqrt{F_1 F_2} \tag{4}$$

式（4）中，F_1 为某一地区文旅资源的绝对丰度综合指标，F_2 为某一地区文旅资源的相对丰度综合指标。

以长城文化旅游研究区文旅资源调查与统计数据为基础，计算得到8省（自治区、直辖市）文旅资源的绝对丰度、相对丰度和总丰度值（见表2-7）。为更深入分析长城文化旅游研究区各省（自治区、直辖市）文化类和生态类资源的丰度差异，运用同样的方法得到各地各类文旅资源的绝对丰度（F_{C1}）、相对丰度（F_{C2}）和总丰度值（F_c）（见表2-8）和生态类资源的绝对丰度（F_{e1}）、相对丰度（F_{e2}）和总丰度值（Fe）（见表2-9）。

表2-7 长城文化旅游研究区文旅资源综合丰度表

地区	F（总丰度）		F_1（绝对丰度）		F_2（相对丰度）	
	F值	位次	F_1值	位次	F_2值	位次
北京	0.52	4	0.37	6	0.74	1
天津	0.31	8	0.16	8	0.58	3
河北	0.64	2	0.84	1	0.49	6
山西	0.69	1	0.77	2	0.63	2

地区	F(总丰度)		F_1(绝对丰度)		F_2(相对丰度)	
	F值	位次	F_1值	位次	F_2值	位次
辽宁	0.49	5	0.57	5	0.43	7
宁夏	0.46	6	0.36	7	0.58	3
陕西	0.62	3	0.74	3	0.52	5
甘肃	0.41	7	0.63	4	0.27	8

表2-8 长城文化旅游研究区文化类资源综合丰度表

地区	F_C(总丰度)		F_{C1}(绝对丰度)		F_{C2}(相对丰度)	
	F值	位次	F_1值	位次	F_2值	位次
北京	0.75	1	0.57	4	0.97	1
天津	0.20	8	0.06	8	0.71	2
河北	0.66	3	0.86	1	0.51	4
山西	0.75	1	0.83	2	0.69	3
辽宁	0.24	6	0.40	6	0.14	7
宁夏	0.26	5	0.17	7	0.40	6
陕西	0.60	4	0.74	3	0.49	5
甘肃	0.22	7	0.54	5	0.09	8

表2-9 长城文化旅游研究区生态类资源综合丰度表

地区	F_e(总丰度)		F_{e1}(绝对丰度)		F_{e2}(相对丰度)	
	F值	位次	F_1值	位次	F_2值	位次
北京	0.38	7	0.25	7	0.59	3
天津	0.33	8	0.23	8	0.48	6
河北	0.63	4	0.82	1	0.48	6
山西	0.66	1	0.73	2	0.59	3
辽宁	0.64	2	0.68	4	0.61	2
宁夏	0.58	5	0.48	6	0.70	1
陕西	0.64	2	0.73	2	0.55	5
甘肃	0.52	6	0.68	4	0.39	8

由表2-7、表2-8和表2-9可以发现，山西省文旅资源总丰度、文化类资源总丰度和生态类资源总丰度均位居研究区之首；河北省文旅资源总丰度虽然位居第二，但是其绝对丰度均位居第一；陕西省文旅资源总丰度与绝对丰度都位居第三，其文化类资源和生态类资源的绝对丰度都具有相对优势（第三位和第二位），受面积和人口因素影响，其文化类资源和生态类资源的相对丰度位序有所下降（均为第五位）；北京市虽然文旅资源总丰度位居第四，但是其文化类资源具有明显的丰度优势，文化类资源的总丰度及相对丰度均位居第一；辽宁和宁夏文旅资源总丰度与绝对丰度均处于中等水平，但是两地在生态类资源丰度方面均具有一定的优势，辽宁的生态类资源的总丰度和相对丰度均位居第二，宁夏的生态类资源的相对丰度位居第一；甘肃和天津的文旅资源总丰度处于研究区较低水平，但是天津的文化类资源具有相对丰度优势，仅次于北京，位居第二，甘肃文旅资源的绝对丰度无论从综合还是分类型来看都处于中等水平（第五位），但其相对丰度排在末位，最终影响其总丰度，使其处于较低水平。

（二）品质分析

文旅资源品质是影响其开发利用的主要原因和产生经济、社会与环境效益的内在动力。因大区域文旅资源情况较为复杂，具体表现为资源数量难以穷尽，资源品质和空间组合状况也极为复杂。本研究引入资源强度效应的概念，强度效应一般以高级别资源的数量、比例作为评价依据，并考察各类文旅资源的组合状况。

为了客观比较长城文化旅游研究区8省（自治区、直辖市）文旅资源的品质，本研究参考黄成林[①]的研究成果，在分析某一地区（某种）文旅资源拥有绝对数量这一量化指标的基础上，为消除人口、面积因素对文旅资源评价所造成的误差，增加人均文旅资源密度和地均文旅资源密度两项量化指标，采用位序得分法来评价该地区高等级文旅资源的丰富程度。在此基础上，首先根据各地区每种高等级资源的绝对数量、人均密度、地均密度数值，由大到小排列出各地区每种文旅资源的绝对数量位序、人均密度位序、地均密度位序；然后根据各类资源的位序得分计算公式，计算各地区

---

① 黄成林，《中国主要旅游资源的省际比较研究》，2001。

文旅资源的位序得分。文旅资源位序得分计算公式如下：

$$S_{ij} = N + 1 - Q_{ij} \tag{5}$$

式（5）中，S_{ij} 为第 i 个地区第 j 种文旅资源的位序得分；N 为地区总数；Q_{ij} 为第 i 个地区第 j 种文旅资源的位序。

最后计算各地区每种高等级文旅资源位序总得分，以此来反映某一地区文旅资源的综合品质高低，并根据文旅资源位序总得分数值由大到小划分各地文旅资源的总体品质等级。长城文化旅游研究区8省（自治区、直辖市）文旅资源品质得分如表2-10所示。

由表2-10可知，长城文化旅游研究区文旅资源综合得分最高的是山西省，最低的是天津市。运用极大值标准化方法[①]（公式6）对各地的文旅资源品质得分进行标准化处理，并依此进行等级划分。将 $x'_{ij} \geqslant 0.9$ 的地区定为优秀等级，将 $0.8 \leqslant x'_{ij} < 0.9$ 的地区定为良好等级，将 $x'_{ij} < 0.8$ 的地区定为中等（见表2-11）。

$$x'_{ij} = \frac{x_{ij}}{\max \left| x_{ij} \right|} \quad (i = 1,\ 2,\ 3,\ \cdots,\ m; j = 1,\ 2,\ 3,\ \cdots,\ n) \tag{6}$$

表2-10　长城文化旅游研究区文旅资源品质得分

地区	资源品质得分														合计得分
	世界级遗产	国家级													
		文物保护单位	历史文化名城名镇名村	农业文化遗产	非物质文化遗产	博物馆	自然保护区	地质公园	森林公园	湿地公园	风景名胜区	沙漠公园	草原公园	海洋公园	
北京	22	18	16	20	22	23	6	20	19	6	15	6	12	18	223
天津	14	8	10	14	15	11	14	10	13	5	9	6	12	18	159
河北	14	15	18	14	14	11	10	17	13	12	15	12	19	21	205
山西	6	23	24	9	21	15	8	18	13	17	16	22	21	18	231
辽宁	12	9	7	13	8	7	17	9	11	20	20	15	12	24	184
宁夏	5	8	5	19	8	12	19	7	7	19	14	21	24	18	186
陕西	19	16	13	15	11	18	19	15	21	21	13	10	12	18	221

①　徐建华，《计量地理学》，2014。

地区	资源品质得分															合计得分
	世界级遗产	国家级														
		文物保护单位	历史文化名城名镇名村	农业文化遗产	非物质文化遗产	博物馆	自然保护区	地质公园	森林公园	湿地公园	风景名胜区	沙漠公园	草原公园	海洋公园		
甘肃	18	11	15	10	9	11	15	15	11	9	8	21	20	18		191

如表2-11所示，长城文化旅游研究区8省（自治区、直辖市）文旅资源品质等级结果为：山西、北京和陕西为优秀等级，河北、甘肃、宁夏和辽宁为良好等级，天津为中等等级。

表2-11　长城文化旅游研究区文旅资源品质得分标准化处理及等级划分

地区	极大值标准化处理后数值	等级
北京	0.97	优秀
天津	0.69	中等
河北	0.89	良好
山西	1.00	优秀
辽宁	0.80	良好
宁夏	0.81	良好
陕西	0.96	优秀
甘肃	0.83	良好

第三节　长城（河北段）文旅资源调查与分析

一、长城（河北段）文旅资源调查

（一）物质文化遗产资源调查

物质文化遗产资源的调查分析主要针对长城（河北段）9地市省级及以

上的文物保护单位、历史文化名城名镇名村和农业文化遗产三类资源，如表2-12所示。

表2-12　长城(河北段)物质文化遗产数量统计表　　　　单位:处(项)

地区	文物保护单位				历史文化名城名镇名村				中国重要农业文化遗产		合计	占比/(%)
	国家级	省级	合计	占比/(%)	国家级	省级	合计	占比/(%)	数量	占比/(%)		
河北全省	291	669	960	100	46	198	244	100	8	100	1212	100
长城沿线	270	593	863	89.90	46	195	241	98.77	7	87.5	1111	91.67
秦皇岛	11	23	34	3.54	1	1	2	0.82	0	0.00	36	2.97
唐山	15	44	59	6.15	0	6	6	2.46	1	12.50	66	5.45
张家口	48	97	145	15.10	14	47	61	25.00	2	25.00	208	17.16
承德	22	62	84	8.75	1	1	2	0.82	2	25.00	88	7.26
保定	70	80	150	15.63	2	13	15	6.15	0	0.00	165	13.61
石家庄	40	106	146	15.21	6	28	34	13.93	1	12.50	181	14.93
邢台	21	62	83	8.65	9	69	78	31.97	0	0.00	161	13.28
邯郸	40	104	144	15.00	13	28	41	16.80	1	12.50	186	15.35
廊坊	3	15	18	1.88	0	2	2	0.82	0	0.00	20	1.65

截至2024年5月，河北省物质文化遗产资源共有1212项，其中长城(河北段)沿线共有1111项，占河北省总量的91.67%。从各地市来看，张家口和邯郸在省级及以上物质文化遗产资源总量方面具有显著优势，占河北省总量的比重均超过15%；石家庄、保定和邢台，占比均在13%—15%；承德、唐山、秦皇岛和廊坊的该类资源总量都相对较低，占比分别为7.26%、5.45%、2.97%和1.65%。从具体类型来看，保定、石家庄、张家口和邯郸的文物保护单位数量较多，占河北省省级及以上文物保护单位总量的比重均达到甚至超过15%，累计占比达60.94%；邢台和张家口两市在历史文化名城名镇名村方面最为突出，占比分别为31.97%和25%，邯郸和石家庄也相对较高，占比分别为16.80%和13.93%，4地市累计占比达87.7%；农业文化遗产方面，张家口和承德两市较为典型，各有2项中国重要农业文化遗产，合计占河北省该类遗产资源总量的50%（见表2-12）。

根据长城（河北段）9地市国家级、省级物质文化遗产资源占长城（河北段）的比重数据绘制图2-2。

分析图2-2中国家级物质文化遗产占比可发现，保定、张家口、邯郸、石家庄4地市具有显著的品质优势。虽然保定的物质文化遗产资源总量位列河北长城沿线地区第四位，但是其国保单位总量有70处，占长城（河北段）国保单位总量的1/4，位居河北省首位；张家口的国保单位总量位居河北长城沿线地区第二位，国家级历史文化名城名镇名村数量位列河北省第一，占比达30％以上；邯郸和石家庄的国保单位数量均为40处，但邯郸的国家级历史文化名城名镇名村数量是石家庄的两倍多，占比达28.26％（见表2-12）。

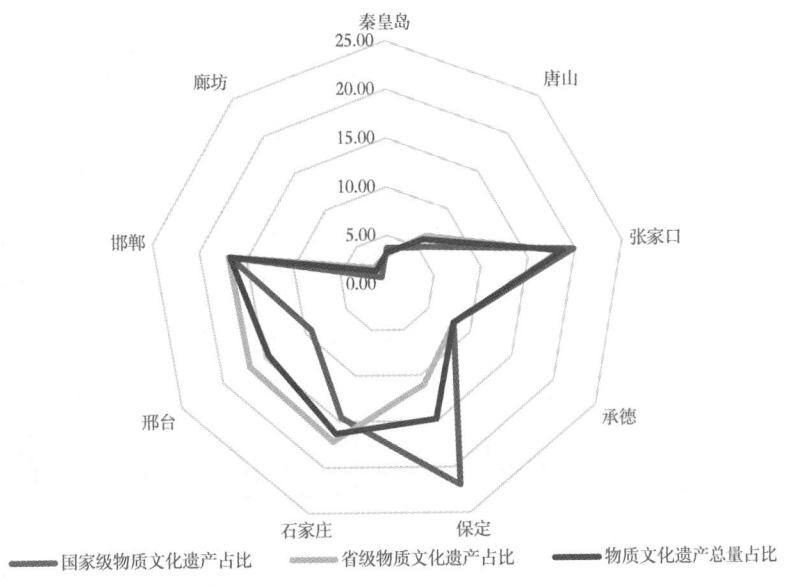

图2-2　长城（河北段）物质文化遗产资源等级占比

综合前面的分析，长城（河北段）物质文化遗产资源具有如下特征：张家口无论是在资源总量还是资源品质方面都具有绝对优势；保定的文物保护单位资源具有数量和质量优势；邯郸不管是在资源规模总量、类型占比，还是等级占比方面都具有相对优势；石家庄、邢台在资源规模总量方面都具有相对优势，但是石家庄在文物保护单位资源方面具有绝对数量优势，邢台在历史文化名城名镇名村资源方面具有绝对数量优势，两地的物质文化遗产资源在品质方面仅具有相对优势，省级物质文化遗产资源较多。

其他4个地市，承德和唐山两市无论在资源规模总量、类型占比还是类型等级占比等方面分别位列第六、第七，但是两地市均有世界物质文化遗产资源。秦皇岛的物质文化遗产资源具有少而精的特点，拥有国家级历史文化名城山海关、世界文化遗产山海关、老龙头、九门口等以及秦皇岛港口近代建筑群等国保单位资源，廊坊在物质文化遗产资源方面相较于其他地区较为匮乏。

（二）非物质文化遗产资源调查

截至2024年5月，河北省共有省级及以上非物质文化遗产代表性项目991项，其中长城（河北段）沿线825项，占河北省非物质文化遗产资源总量的83.25%（见表2-13）。

表2-13　长城（河北段）非物质文化遗产资源数量统计表　　　单位：项

地区	国家级及以上		省级		总数	占比/（%）
	数量	占比/（%）	数量	占比/（%）		
河北全省	162	100	829	100	991	100
长城沿线	136	83.95	689	83.11	825	83.25
秦皇岛	5	3.09	35	4.22	40	4.04
唐山	9	5.56	36	4.34	45	4.54
张家口	6	3.70	48	5.79	54	5.45
承德	10	6.17	63	7.60	73	7.37
保定	26	16.05	114	13.75	140	14.13
石家庄	14	8.64	141	17.01	155	15.64
邢台	16	9.88	67	8.08	83	8.38
邯郸	28	17.28	91	10.98	119	12.01
廊坊	22	13.58	94	11.34	116	11.71

从地区来看，石家庄、保定、邯郸和廊坊4地市在数量上具有较大优势，占河北省的比重均超过11%，其中石家庄占比最高，达15.64%。但是结合等级占比图（见图2-3）来看，邯郸具有绝对优势，拥有国家级及以上非物质文化遗产代表性项目28项，占河北长城沿线国家级非物质文化遗产资源总量的20.59%，其中杨氏太极拳、武式太极拳、冀南皮影戏3个项目入选联合国教科文组织人类非物质文化遗产代表作名录；保定、廊坊、邢

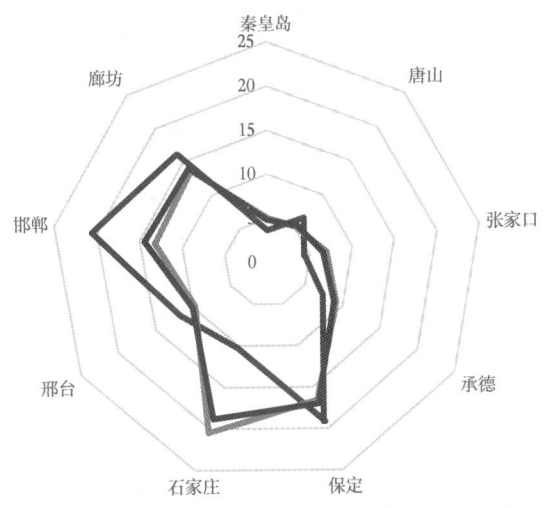

国家级非物质文化遗产数量占比 ——— 省级非物质文化遗产数量占比 ——— 非物质文化遗产总占比

图 2-3 长城(河北段)非物质文化遗产等级占比

台和石家庄的国家级及以上非物质文化遗产代表性项目分别为 26 项、22 项、16 项和 14 项，占河北长城沿线该类资源总量的比重分别为 19.12%、16.18%、11.76% 和 10.29%。承德、张家口、唐山和秦皇岛依次位列后四位，虽然在总量上不占优势，但是承德、张家口和唐山三地市均有国家级非物质文化遗产项目，如丰宁满族剪纸、蔚县剪纸和唐山皮影戏等。

(三) 文化设施资源调查

根据河北省文物局公布的最新博物馆统计数据①，河北省现有博物馆 297 家，其中 266 家分布在长城沿线。在这些长城沿线的博物馆中，国有博物馆有 167 家，非国有博物馆有 99 家，分别占河北省国有博物馆和非国有博物馆总量的 88.36% 和 91.67%（见表 2-14）。

表 2-14 长城(河北段)博物馆类型统计 单位:家

地区	国有博物馆	非国有博物馆	合计	占比/(%)
河北全省	189	108	297	—
长城沿线	167	99	266	100
秦皇岛	9	3	12	4.51

---

① 河北省文物局，《博物馆名单》，2024。

续表

地区	国有博物馆	非国有博物馆	合计	占比/(%)
唐山	13	4	17	6.39
张家口	12	4	16	6.02
承德	14	3	17	6.39
保定	42	33	75	34.19
石家庄	38	35	73	27.44
邢台	7	3	10	3.76
邯郸	21	6	27	10.15
廊坊	11	8	19	7.14

从博物馆的等级来看,河北长城沿线地区已定级的博物馆有39家,未定级的博物馆227家。其中,一级博物馆共8家,分布在石家庄(2家)、唐山(2家)、秦皇岛(1家)、承德(1家)、保定(1家)和邯郸(1家);二级博物馆14家,主要分布在石家庄、邯郸、张家口三市(各有3家),其余5家分布在保定(2家)、秦皇岛、邢台和廊坊(各1家);三级博物馆共17家,主要分布在保定、承德和邯郸三市。总体来看,已定级的博物馆主要分布在保定、邯郸、承德和石家庄。从9地市博物馆的总量占比来看,石家庄和保定居多,两地一起占河北长城沿线地区博物馆总量的一半以上(见表2-15)。

表2-15　长城(河北段)博物馆等级统计表　　　　　　　　　单位:家

地区	定级					未定级
	一级	二级	三级	合计	占比/(%)	
全省	8	16	19	43	—	254
长城沿线	8	14	17	39	100	227
秦皇岛	1	1	0	2	5.13	10
唐山	2	0	0	2	5.13	15
张家口	0	3	1	4	10.26	12
承德	1	0	5	6	15.38	11
保定	1	2	6	9	23.08	66
石家庄	2	3	0	5	12.82	68
邢台	0	1	1	2	5.13	8

地区	定级					未定级
	一级	二级	三级	合计	占比/(%)	
邯郸	1	3	4	8	20.51	19
廊坊	0	1	0	1	2.56	18

（四）自然生态资源调查

河北省自然生态资源丰富，在长城文化旅游研究区名列第三位。长城（河北段）省级及以上各类自然生态资源共计159处（见表2-16）。

表2-16　长城（河北段）自然生态资源统计　　　　单位:处

地区	自然公园							自然保护区	合计	占比/(%)
	风景名胜区	森林公园	地质公园	海洋公园	湿地公园	沙漠公园	草原公园			
长城沿线	50	31	16	1	22	3	2	34	159	100
秦皇岛	1	2	1	1	3	0	0	3	11	6.92
唐山	10	2	2	0	0	0	0	2	16	10.06
张家口	3	5	3	0	8	1	2	4	26	16.35
承德	5	9	2	0	5	2	0	14	37	23.27
保定	6	6	3	0	0	0	0	5	20	12.58
石家庄	9	3	2	0	0	0	0	4	18	11.32
邢台	10	2	2	0	0	0	0	1	17	10.69
邯郸	6	2	1	0	3	0	0	1	13	8.18
廊坊	0	0	0	0	1	0	0	0	1	1.26

如表2-16所示，承德的自然生态资源位居河北长城沿线地区首位，自然保护区和森林公园数量最多。其次是张家口，为河北省长城沿线地区自然生态资源类型最全的地市，区内湿地资源极为丰富，有8处国家级湿地公园、2处国家级草原公园。保定的生态资源总量位居区域第三，除海洋公园、湿地公园、沙漠公园和草原公园这四类特殊的生态资源外，区内其他各类生态资源数量相对均衡。石家庄、邢台和唐山分别位居区内第四、第五和第六，三地市内国家级风景名胜区在数量上具有显著优势。邯郸以

8.18%的占比位居生态资源第七，风景名胜区的数量也较多。秦皇岛虽然总量不多，但类型较全，且具有一定的品质优势。廊坊的自然生态资源较为匮乏，仅有1处国家湿地公园。

综上所述，物质文化遗产资源总量分布以张家口、邯郸、石家庄、保定和邢台5地市最为突出；非物质文化遗产资源则以石家庄、保定、邯郸、廊坊4地市最为集中；石家庄、保定两市的博物馆数量最多；自然生态资源以承德和张家口最为典型，具有类型全、数量多、品质高的特点；保定、石家庄、邢台和唐山的生态资源也相对丰富；邯郸的生态资源总量偏低，但风景名胜区数量较多；秦皇岛的生态资源虽不具有数量优势，但其类型齐全，再加上其明长城资源遗存多且保存状况好，呈现生态资源与人文资源组合良好的特点。

（五）空间分布

通过梳理河北省长城沿线文旅资源数据，得到表2-17。根据表2-17可以得出，长城（河北段）文旅资源在空间上呈现"南集聚、北分散"的形态，形成了"两带三核多中心多组团"的空间格局。"两带"指东西两个带状区域，东侧带状区域主要由以承德市区为中心的承德中南部区域、以唐山市区为中心的唐山中北部区域和以秦皇岛市区为中心的秦皇岛中南部区域构成，西侧带状区域的北部以张家口中南部区域为主体，向南沿太行山经过的保定、石家庄、邢台和邯郸4地市分布；"三核"分别是由邯郸和邢台两个市域连接而成的中南部高密度核心区、以石家庄市域为中心形成的另一个中南部高密度核心区，以及以张家口蔚县县城为中心形成的北部较小辐射范围的高密度核心区；其他次级、再次级的密度中心区分别以所在地的市域为中心向外扩散，如保定、定州、秦皇岛、承德、唐山、廊坊和张家口；此外还有以丰宁满族自治县、赤城县、廊坊大厂香河三河构成的几个小组团。

表2-17　长城（河北段）文旅资源统计　　　　　单位：处（项）

地区	物质文化遗产资源	非物质文化遗产资源	文化设施资源	自然生态资源	总计
秦皇岛	36	40	2	11	89
唐山	66	45	2	16	129

地区	物质文化遗产资源	非物质文化遗产资源	文化设施资源	自然生态资源	总计
张家口	208	54	4	26	292
承德	88	73	6	37	204
保定	165	140	9	20	334
石家庄	181	271	5	18	475
邢台	161	83	2	17	263
邯郸	186	119	8	13	326
廊坊	20	116	1	1	138

二、长城（河北段）文旅资源丰度与品质分析

运用前述长城文化旅游区8省（自治区、直辖市）文旅资源丰度与品质分析的方法，对长城（河北段）各地市文旅资源丰度、品质进行比较分析。

（一）丰度分析

以长城（河北段）9地市文旅资源调查与统计数据为基础，计算得到各地市文旅资源的绝对丰度、相对丰度和总丰度值（见表2-18）。为更深入分析9地市文化类和生态类资源的丰度差异，运用同样的方法得到各地市文化类资源的绝对丰度（F_{C1}）、相对丰度（F_{C2}）、总丰度值（F_C）（见表2-19），以及生态类资源的绝对丰度（F_{e1}）、相对丰度（F_{e2}）、总丰度值（F_e）（见表2-20）。

表2-18　河北省长城文旅资源综合丰度表

地区	F（总丰度）		F_1（绝对丰度）		F_2（相对丰度）	
	F值	位次	F_1值	位次	F_2值	位次
秦皇岛	0.527	8	0.49	8	0.57	7
唐山	0.567	7	0.60	7	0.54	8
张家口	0.726	1	0.75	3	0.70	1
承德	0.686	4	0.73	4	0.64	3
保定	0.692	3	0.82	1	0.59	6
石家庄	0.714	2	0.78	2	0.65	2

地区	F(总丰度)		F_1(绝对丰度)		F_2(相对丰度)	
	F值	位次	F_1值	位次	F_2值	位次
邢台	0.634	6	0.65	6	0.62	4
邯郸	0.643	5	0.68	5	0.61	5
廊坊	0.418	9	0.42	9	0.41	9

表2-19　河北省长城文化资源综合丰度表

地区	F_C(总丰度)		F_{C1}(绝对丰度)		F_{C2}(相对丰度)	
	F值	位次	F_1值	位次	F_2值	位次
秦皇岛	0.16	9	0.33	9	0.08	9
唐山	0.45	8	0.48	8	0.43	8
张家口	0.62	4	0.65	4	0.60	3
承德	0.50	7	0.55	6	0.45	7
保定	0.72	3	0.90	1	0.58	4
石家庄	0.82	1	0.90	1	0.75	1
邢台	0.56	5	0.60	5	0.53	5
邯郸	0.77	2	0.80	3	0.75	1
廊坊	0.51	6	0.53	7	0.50	6

表2-20　河北省长城生态资源综合丰度表

地区	F_e(总丰度)		F_{e1}(绝对丰度)		F_{e2}(相对丰度)	
	F值	位次	F_1值	位次	F_2值	位次
秦皇岛	0.72	3	0.59	8	0.88	1
唐山	0.64	7	0.67	6	0.61	5
张家口	0.79	2	0.81	2	0.77	2
承德	0.80	1	0.84	1	0.77	2
保定	0.67	5	0.77	3	0.59	6
石家庄	0.65	6	0.70	4	0.59	6
邢台	0.68	4	0.69	5	0.67	4
邯郸	0.56	8	0.61	7	0.52	8
廊坊	0.36	9	0.36	9	0.36	9

由表 2-18、表 2-19 和表 2-20 可以发现，张家口和石家庄的文旅资源总丰度值均大于 0.70，这反映出张家口和石家庄两地市的文旅资源最为丰富；其次是保定、承德、邯郸和邢台，4 地市的文旅资源总丰度值为 0.6—0.7，保定具有文旅资源绝对丰度优势，邢台和邯郸相较于保定，具有相对丰度优势。唐山、秦皇岛和廊坊 3 地市的总丰度、绝对丰度、相对丰度都排名靠后。

从文化类资源和生态类资源的丰度来看，石家庄、邯郸和保定具有明显的文化资源丰度优势，承德和张家口具有明显的生态资源丰度优势；秦皇岛的生态资源具有相对丰度优势，相对丰度值位居首位。

（二）品质分析

运用与长城文化旅游研究区 8 省（自治区、直辖市）相同的分析方法，计算出长城（河北段）文旅资源品质的综合得分，然后对文旅资源品质得分进行标准化处理，并依此进行等级划分，得到表 2-21、表 2-22。

表 2-21　河北省长城文旅资源综合得分

地区	资源得分															
	世界级遗产	国家级														合计得分
		文物保护单位	历史文化名城名镇名村	农业文化遗产	非物质文化遗产	博物馆	自然保护区	地质公园	森林公园	湿地公园	风景名胜区	沙漠公园	草原公园	海洋公园	
秦皇岛	23	11	14	12	8	15	23	21	20	23	19	21	24	27	261
唐山	15	8	6	22	8	8	12	16	11	9	9	21	24	24	193
张家口	17	21	25	23	6	14	22	6	17	25	15	24	27	24	266
承德	23	15	11	23	13	19	26	21	25	20	18	27	24	24	289
保定	20	24	12	12	20	23	12	23	23	9	14	21	24	24	261
石家庄	6	19	18	19	12	17	16	13	16	9	21	21	24	24	235
邢台	6	13	22	12	18	11	12	24	14	15	20	21	24	24	236
邯郸	16	22	25	22	25	24	19	16	12	21	22	21	24	24	293
廊坊	22	3	6	12	25	7	12	6	3	14	10	21	24	24	189

表 2-22　长城（河北段）文旅资源品质得分标准化处理及等级划分

地区	极大值标准化处理后数值	等级
秦皇岛	0.89	良好
唐山	0.66	中等
张家口	0.91	优秀
承德	0.99	优秀
保定	0.89	良好
石家庄	0.80	良好
邢台	0.81	良好
邯郸	1.00	优秀
廊坊	0.65	中等

如表 2-22 所示，长城（河北段）文旅资源综合品质等级结果为：邯郸、承德和张家口为优秀等级，秦皇岛、保定、邢台和石家庄为良好等级，唐山和廊坊为中等等级。

第四节　长城文旅资源特征及开发优势

一、长城文旅资源特征

（一）文旅资源丰富类型多样

通过对长城文化旅游研究区国家级及以上文化类和自然生态类文旅资源的调查与统计，发现长城文化旅游研究区内共有文旅资源 3434 处，占全国相应级别与类型总量（13982 处）的 24.56%。相较于自然生态类资源，文化类资源更为丰富。文化类资源共有 2893 处，占全国总量（11032 处）的 26.22%，其中，山西、河北和陕西是国保单位较为集中的省份。山西是我国的非遗资源大省，拥有 182 项非遗资源，仅次于浙江（257 项）和山东（186 项）；而河北（162 项）和北京（120 项）的非遗资源数量也相对较多。京津冀和山西 4 省市的非遗资源数量占研究区的比重累计高达 64.77%，尤以表演类（包括传统音乐、传统舞蹈、传统戏剧、曲艺及传统体育、游艺与杂技 5 类）和传统手工艺类（主要包括传统美术和传统技艺）为多。京津冀、晋陕甘地区为国内博物馆集聚区。

区域内地形地貌类型复杂多样，高山、丘陵、平原、河湖海洋是自然生态资源的重要基底。燕山、太行山、吕梁山、秦岭、大巴山、贺兰山、六盘山和祁连山等构成长城沿线 8 省（自治区、直辖市）大地的骨架，辽河、滦河、潮白河、永定河、海河、桑干河、渭河、汉水、洛河、黄河、泾河等河流水系是滋养长城沿线区域的血脉，孕育出丰富的自然生态与文化资源。本研究区共有自然生态类资源 541 处，占全国总量（2950 处）的 18.34%。陕西、辽宁、河北、山西和甘肃为自然生态资源大省，为开展生态休闲、康养旅居、自然教育等活动提供坚实的资源基础。

（二）文化特色鲜明吸引力大

长城文化旅游研究区聚集着我国 73.49% 的国家级长城重要点段。长城一直是备受中外游客青睐的旅游景观，2021 年第 44 届世界遗产大会上，长城被世界遗产委员会评为世界遗产保护管理示范案例[①]。除了长城这一中华民族的代表性符号和世界文化遗产，本研究区还分布着故宫、北京中轴线、明清皇家陵寝、承德避暑山庄、平遥古城、秦始皇陵兵马俑、敦煌莫高窟等 14 项世界文化遗产项目，涵盖 40 余处遗产点。此外，还拥有 5 项全球重要农业文化遗产。研究显示，近年来，故宫、颐和园、五台山、平遥古城、丝绸之路、秦始皇陵等世界文化遗产的旅游关注度较高，年均搜索量在百万次[②]。另外，研究区内已入选人类非物质文化遗产的代表性项目有中国剪纸、皮影戏、京剧、西安鼓乐、花儿、格萨尔、太极拳等。

整体来看，区域内的文化类资源呈现品质高、资源数量多、特色鲜明、关注度高的特点。在 2024 入境旅游高质量发展大会上，中国旅游研究院发布的三个入境旅游优选项目（入境游客喜爱的十个景区度假区、入境游客喜爱的十个名城古镇和入境旅游新线路 TOP5）中，故宫、慕田峪长城和秦始皇兵马俑位列入境游客喜爱的十个景区度假区之中，山西平遥古城为入境游客喜爱的十个名城古镇之一，"北京上海'新四大发明'之旅""北京

---

① 中华人民共和国中央人民政府，《中国长城获评世界遗产保护管理示范案例》，2021。

② 孙晓东，陈嘉玲，《我国世界文化遗产旅游关注度时空特征及营销策略研究》，2022。

最美中轴线骑行之旅"和"西安特色美食品鉴夜游"也入选了入境旅游新线路TOP5。[①]

（三）生态资源多元组合良好

长城文化旅游研究区域横跨东北、华北和西北，循自然地理界线修筑而成，与海洋、河流、山岳、森林、草原、沙漠等多种自然景观融为一体，自然景观多样，生物种类丰富。区域内不仅分布有世界自然遗产黄（渤）海候鸟栖息地项目，如辽宁大连的蛇岛—老铁山和辽宁丹东的鸭绿江口；还分布着房山世界地质公园（跨北京、河北）、延庆世界地质公园（北京）、秦岭终南山世界地质公园（陕西）、敦煌世界地质公园（甘肃）、张掖世界地质公园（甘肃）和临夏世界地质公园（甘肃）6个世界地质公园，占全国总量（47个）的12.77%。此外，陕西太白山国家级自然保护区、陕西佛坪国家级自然保护区、甘肃白水江国家级自然保护区等均是大熊猫国家公园的重要组成部分。同时，祁连山、贺兰山、六盘山、秦巴山地、太行山、燕山等地区均集中分布有国家级自然保护区、国家级风景名胜区和森林公园等生态资源，具有发展休闲度假、自然研学、康养旅游、体育旅游等资源和环境优势。

（四）空间带状分布集聚性强

从整体空间结构来看，长城文化旅游研究区以长城文化为特色，由东向西呈带状分布。从省域层面来看，文化资源分布以山西、河北和陕西三省最为集中，三省的文化资源总量占全国的比重为30%，占研究区总量的64.09%。其中，国保单位资源是文化类资源中最多的类型（天津除外）。具体到省域层面，山西是国保单位数量最多的省份，河北和陕西的国保单位数量分别位居全国第三位和第五位；市域层面，运城、长治、晋城、晋中、保定、西安等城市在全国位列Top10；区县层面，北京的西城、东城和海淀，山西的高平、泽州和平遥以及河北的蔚县等在全国区县级行政单位Top10之列[②]。

国家级历史文化名城名镇名村则以山西和河北两省最为集中，其中山

---

① 中国新闻网，《中国旅游研究院发布三个入境旅游优选项目》，2024。

② 叶鹏，王曙，陈培，等.，《中国八批5058处重点文物保护单位空间分布数据集》，2023。

西省有117处、河北省有46处，分别占全国总量的12.54%和4.93%；山西省以沁河、丹河流域的晋城市为最多，占全省的31.62%，河北省则以张家口最为集中，占河北省的30.43%。在非遗资源方面，京津冀地区为非遗表演类和传统手工艺类的高密度核心区[①]；山西为非遗资源大省，山西晋城是非遗资源与传统村落空间分布关联程度较高的城市，非遗与传统村落融合发展的潜力较大[②]；山西晋中和陕北是依托非遗资源建设而成的两个国家文化生态保护区。博物馆方面，京津冀、晋陕甘地区是国内博物馆集聚区。陕西、辽宁、河北、山西和甘肃为生态资源大省。文旅资源空间分布集聚性强，有利于区域文旅集聚区的建设与发展。

二、长城文旅资源开发利用优势

（一）具有文旅融合多业态开发的资源条件

"培育文化和旅游融合发展新业态"是我国《"十四五"文化和旅游发展规划》的一项重要内容。文旅融合具体表现在以下几个方面：第一，将传统的文化产业旅游化或旅游产业文化化，推动旅游演艺、主题公园、红色旅游、文化节庆、会展旅游等现有融合业态转型升级，着力培育新型业态；第二，推动文化、旅游与相关产业融合发展，形成"文旅+"业态，例如发展工业旅游、乡村旅游、康养旅游、体育旅游、水利旅游、生态旅游、邮轮游艇旅游、自驾车旅居车旅游等业态；第三，发挥文化在城市更新、乡村振兴中的重要作用，把美学、艺术元素广泛应用到城乡规划建设中，拓展城乡文化空间和旅游载体，形成"文旅+城乡发展"的融合业态。长城沿线各省区市文旅资源丰富，在此基础上建成的A级景区达2700多家，其中国家5A级旅游景区65家，占全国5A级旅游景区总量的19.12%。文旅融合背景下，各地通过多元化的手段活化利用文化资源，丰富文化的创新展示和当代表达，深入推进传统景区的转型升级。截至2024年底，长城文化旅游研究区各省（自治区、直辖市）依托城市历史文化街区和特色文化空间，建成国家级旅游休闲街区34个（占全国总量的20.73%）、国家级夜

---

① 张舟,王仲智,林柄全,等,《中国国家级非物质文化遗产空间分布特征与影响因素》,2023。

② 鄢继尧,赵媛,郭宇,等,《中国非物质文化遗产空间分异及与旅游融合发展研究》,2023。

间文化和旅游消费集聚区74家（占全国总量的21.45％）；依托中国传统村落以及特色乡村资源，建成全国重点旅游村、镇（乡）379家（占全国总量的23.73％）。为推动文化和旅游产业深度融合，各地通过"文旅＋"模式形成休闲旅游业态集群。北京东城区和朝阳区、天津蓟州区、河北唐山市迁安市、西安曲江新区、甘肃酒泉市敦煌市等地被列为国家文化产业和旅游产业融合发展示范区建设单位，这些地方积极运用数字化等科技手段，拓展文旅休闲的广度与深度，并丰富吃住行游购娱康体等要素的场景化内容。

长城主题文化旅游方面，除了传统的景区升级改造外，还增加了长城文化主题博物馆。截至2023年底，全国已建成和在建的长城主题博物馆达100家①。依托长城资源，开发了一系列以长城为主题的旅游项目，如长城徒步、长城摄影、长城自驾游等；沿线乡村地区利用长城资源发展乡村旅游，打造了一批以长城为主题的精品民宿，形成了独特的乡村旅游品牌。沿线各省区结合长城资源，举办了一系列体育赛事，如长城马拉松、长城越野赛等，这些赛事不仅宣传了长城文化，丰富了游客的旅游体验，也促进了当地体育产业的发展。另外，各地还依托长城资源，发展文化创意产业，推出了一系列以长城为主题的文创产品。

（二）具备构建文化与生态复合型遗产廊道的区位优势

长城文化旅游研究区由东向西分布着燕山、太行山、吕梁山、秦岭、大巴山、贺兰山、六盘山、祁连山等一系列山脉和辽河、滦河、潮白河、永定河、海河、桑干河、渭河、汉水、洛河、黄河、泾河等众多河流。我国历代长城的修筑坚持"因地制宜，用险制塞"的原则，使长城文化遗产与自然生态浑然一体，构建出典型的线性文化与自然复合型遗产廊道。

本研究区因历史时间跨度长、空间范围广，是一个融合了长城文化、大运河文化、丝绸之路文化、黄河文化、长征文化、太行山文化等多种线性文化的文化遗产网络空间。这些线性文化遗产网络是中国历史上不同时期人口迁徙、经济发展、社会进步、文化交流过程的重要见证，是一个反

---

① 中国博物馆协会，《长城沿线博物馆建设与长城文化传播》，2024。

映中华文明发展历程的"动态"与"活态"的文化遗产构成的系统网络[①]。本研究区以长城文化为纽带,具有多元文化交融、人文景观荟萃、旅游资源富集、生态环境优良的特点,廊道的构建可以有效促进文化与自然遗产的保护。以保护廊道生态和文旅资源为前提,以打造国际生态文化旅游精品廊道和世界知名旅游目的地为目标,推进文旅深度融合,塑造廊道整体形象,使其成为立体展示中国国家形象和山水人文精华的国际黄金旅游带,促进社会经济环境的协调发展,进而推进廊道的一体化建设。

(三) 具备跨区域协同发展的要素支撑

长城文化旅游研究区是新发展阶段我国加强东西部协作与经济联系的重要通道,是新发展理念下破解"胡焕庸线"两侧发展不平衡的关键区域,也是新发展格局中连通欧亚大陆桥、融入全球经贸体系的核心支撑。推动区域协同发展是贯彻落实国家区域协调发展战略、实现经济高质量发展的重要举措。区域协同发展涉及众多领域,如经济发展协同、生态环境治理协同和行政治理协同等[②]。区域间文旅产业的协同发展涉及资源、市场、产品、设施等维度。研究区内各省(自治区、直辖市)地缘关系紧密、文化相联融通、生态互补共生,文旅资源丰富且集聚性强,区域协同是长城沿线地区文旅高质量发展的必由之路。

我国《"十四五"文化和旅游发展规划》提出,依托国家综合立体交通网,促进文化、旅游与交通融合发展,串点成线、连线成面,形成互联互通、优质高效、一体协作的文化和旅游网络布局。目前该区域内交通类型齐全、通达性较好。航空交通方面,区域内不同规模的机场有40多座,其中北京、西安和大连是国际航空枢纽,分别对应我国国际航空枢纽建设中突出的"3+7+N"[③]功能体系;铁路交通方面,京兰通道、青银通道、陆桥通道是区域内的铁路大动脉;公路交通方面,京哈(G1)、京港澳(G4)、京昆(G5)、京新(G7)、青银(G20)和青兰(G22)等主要高速公路纵横交错,互联互通;同时,在我国《"十四五"文化和旅游发展规

---

① 俞孔坚,奚雪松,李迪华,等,《中国国家线性文化遗产网络构建》,2009。

② 陈建垒,王纯,《政策关注、测量与经济效益——基于区域协同发展政策文本的LDA建模》,2024。

③ 中华人民共和国中央人民政府,解读《关于推进国际航空枢纽建设的指导意见》,2024。

划》的指引以及国家文化公园建设的推动下，长城沿线各地逐步建成了以线性文化遗产为依托的风景道体系，如辽宁的"万里长城"国家风景道、河北秦皇岛的环长城旅游公路、张家口的草原天路以及承德的"丰宁一号风景大道"、山西的黄河、长城、太行三个一号旅游公路，还有宁夏的"黄河金岸"、中卫66号网红公路和77号公路，太行山旅游高速公路等，为促进长城沿线各省（自治区、直辖市）文旅协同发展奠定了重要的设施及产品基础。

"依托重点区域和城市群，培育跨区域特色功能区、精品文化带和旅游带"是《"十四五"文化和旅游发展规划》的重要内容。区域内的京张体育文化旅游带、黄河文化旅游带、大运河文化生态旅游带等均为我国"十四五"期间文化和旅游领域的重点建设内容，已有一定的发展基础。该区域内有北京和天津两个超大城市、西安和大连两个特大城市、石家庄和太原两个Ⅰ型大城市以及兰州、唐山和银川三个Ⅱ型大城市，主要涉及我国"十四五"规划中提及的京津冀、中原、关中平原、辽中南、兰西和宁夏沿黄六个城市群，其中辽中南、兰西和宁夏沿黄为"十四五"期间培育发展的城市群。充分发挥长城沿线区域中心城市和城市群的辐射带动作用，可以有效促进区域内大中小城市以及小城镇文化和旅游的联动发展。

（四）具备建设长城文化旅游产业带的发展基础

文旅发展离不开政策的扶持，多年的发展实践证明，宏观层面的规划政策对文旅产业发展具有重要指导意义[①]。建设国家文化公园是我国在"十三五"时期就确定的国家重大文化工程。2019年12月，中共中央办公厅、国务院办公厅印发《长城、大运河、长征国家文化公园建设方案》，后陆续增列了黄河、长江国家文化公园。建设长城文化旅游研究区涉及我国五大国家文化公园中除长江之外的四大项目，在《中共中央关于制定国民经济和社会发展第十四个五年规划和二〇三五年远景目标的建议》（以下简称"十四五"规划）和《"十四五"文化和旅游发展规划》中对国家文化公园建设、文旅融合以及区域协调发展都有专门部署。加快推动京津冀协同发

---

① 陈建垒，王纯，《政策关注、测量与经济效益——基于区域协同发展政策文本的LDA建模》，2024。

展、打造具有国际影响力的黄河文化旅游带、推进陕甘宁等革命老区的绿色创新发展等是我国"十四五"规划中"深入实施区域重大战略"的重要内容。2020年，国家发展改革委、文化和旅游部联合印发了《太行山旅游业发展规划（2020—2035年）》，该规划全面对接京津冀协同发展等重大国家战略，提出"彰显中华民族精神的标志性山脉旅游区""践行'两山理论'绿色协同发展的先行试验区""助推脱贫攻坚和乡村振兴的示范引领区"三个发展定位。京津冀协同发展已历经十年，京津冀文旅协同发展已取得一系列成效。《"十四五"文化和旅游发展规划》明确提出，加快京津冀三地文化和旅游协同机制和平台建设，加快建设京张体育文化旅游带。此外，打造黄河文化旅游带、大运河生态文化旅游带以及甘肃华夏文明传承创新区建设等是我国"十四五"文旅发展专项规划的重要内容，为长城沿线各省（自治区、直辖市）文旅产业带的建设与发展提供了宏观指导和政策支持。

长城沿线各省（自治区、直辖市）以上述国家层面的规划为指导，结合本地实际，分别制定了各地的"十四五"文化和旅游发展规划，并积极推动规划的落地实施。京津冀、太行山、京张体育文化旅游带、黄河文化旅游带等均取得了一定的成效，主要表现为各省区内部的文旅产业带建设基本成形，但是跨省区协同发展程度较低。未来需要坚持通道支撑、融合发展原则，通过加强合作与交流，共同挖掘和展示长城沿线的文化资源，推动文旅深度融合，加强基础设施的互联互通以及政策与制度的协同推进，促进产业要素合理流动，融通国际国内市场，将文旅资源集聚优势转化为产业协同发展优势，形成文化特色突出、多元业态融合、城乡统筹发展的跨省区长城文化旅游带。

第三章 长城文化旅游发展历程与态势

长城文化旅游历经萌芽期、成长发展期、转型升级期与高质量发展四个阶段，形成了资源主导、需求导向和创新驱动三种发展模式。深化文旅融合发展，形成长城文化遗产旅游、特色产业旅游、自然生态旅游等新业态。长城文化旅游市场规模不断扩大，市场结构呈多元发展态势。

第一节 长城文化旅游发展历程

长城拥有两千余年的修建史，其作为文化遗产被认知与保护已有百年，而真正意义上的文物保护工作始于中华人民共和国成立后。伴随着中国旅游业的发展进程，长城文化旅游经历了从最初具有宣传中华文化的展示功能，发展到提供长城主题旅游景区的观光旅游，再到如今以追求高质量旅游为目标的多元新业态格局，长城文化旅游在不断发展中持续丰富与深化。长城文化旅游的发展历程大致可划分为以下四个阶段。

一、长城文化旅游萌芽期

中华人民共和国成立后，在长期的计划经济时期，长城的游览活动并未作为旅游经济活动予以发展。1954年中国国际旅行社总社成立，作为隶属国务院的外事接待单位，其主要承担外宾接待、旅游服务、参观访问安排、翻译及沟通协调等业务。

长城作为中华民族的象征，是向世界展示中华文明的重要窗口。1950年，中央人民政府政务院发布《关于保护古文物建筑的指示》，该指示中提出修复长城的倡议，并选定八达岭、居庸关和山海关作为首批修复地点。1952年至1958年，这些段落的城墙、关口和城楼得到修复与加固，并向公众开放。1961年，国务院颁布了《文物保护管理暂行条例》，该条例将八达岭、山海关、嘉峪关、玉门关、镇北台等长城关键段落列为全国重点文物保护单位[①]。经过保护与维护，这些长城段落逐步向游客开放，主要用于接待外国元首和政府首脑。这一时期，长城的参观游览活动以外事接待活动为主，长城发挥着中国文化标识的展示功能，其文化旅游的经济功能尚未得到挖掘和利用。

二、长城文化旅游成长发展期

1978年改革开放后，旅游业从最初优先发展入境游市场，逐步发展到大力发展国内旅游市场，再到国内、入境和出境三大旅游市场同步推进，后来逐渐成长为国民经济的重要产业。此阶段，旅游业的发展主要依赖于开发传统旅游资源，以资源导向型发展模式为主，即"有什么资源就发展什么旅游"，长城文化旅游也主要围绕长城遗址遗存本体的观光活动展开。

改革开放初期，我国优先发展入境旅游。邓小平曾先后五次就发展旅游业发表专门讲话[②]，指出"要大力发展民航、旅游业"（1978年），"旅游业要变成综合性的行业"（1979年），"发展旅游事业，增加国家收入"（1979年）。1979年他考察黄山时的讲话被称作"中国旅游改革开放宣言"，明确了旅游业作为改革开放重要突破口的地位。1981年，《国务院关于加强旅游工作的决定》明确提出，中国入境旅游业的目标不仅是完成国家外宾接待任务，还要为国家经济建设赚取大量外汇，实现旅游业在政治和经济上的双重效益。与此同时，国家加大对中华文化的展示力度，加强对长城的保护与开放。1987年，长城被列入《世界文化遗产名录》，20世纪80—90年代掀起了长城保护热潮，众多长城关键段落，如居庸关、九门口、嘉峪关、山海关的老龙头、角山长城、黄崖关和虎山长城等，都经历了大规模修复。

随着改革开放的推进，国内旅游业快速发展。国民收入显著提高，国内旅游逐渐成为扩大内需、促进经济增长的重要途径。1992年，《中共中央国务院关于加快发展第三产业的决定》将旅游业定位为第三产业中的重点发展领域。1993年，国务院办公厅转发国家旅游局《关于积极发展国内旅游业的意见》，为国内旅游发展指明方向，标志着国内旅游发展序幕正式拉开。1998年，中央经济工作会议将旅游业定位为国民经济的新增长点。

① 国家文物局，《中国长城保护报告》，2016。

② 光明日报，《邓小平论旅游》，2000。

1999年，黄金周政策的实施将旅游热潮推向高峰，对扩大国内需求和刺激消费起到关键作用。2001年，《国务院关于进一步加快旅游业发展的通知》提出，进一步丰富旅游产品内涵，大力发展特色旅游、生态旅游和城市旅游等多元化旅游形态，并计划建设一批新型旅游景区。2006年，《长城保护条例》的颁布和实施，标志着中国首次为单一文物类型制定专项保护法规，在文化遗产保护领域具有划时代意义。同年，全国范围内首次长城资源调查工作启动，为长城的保护和利用奠定了坚实基础。2007年，国家旅游局认定了首批66家5A级旅游景区，其中山海关景区、嘉峪关文物景区名列其中，这些景区成为中国精品旅游产品的典范，对旅游经济发展、旅游资源开发、旅游标准化建设以及文化传承等方面产生了深远影响。

三大旅游市场共同推进。1997年，国家旅游局召开出境旅游工作会议，明确提出"大力发展入境旅游、积极发展国内旅游、适度发展出境旅游"的方针政策，港澳游、边境游以及中国公民出境旅游业务开始逐步展开。同年，国务院批准《中国公民自费出国旅游管理暂行办法》，标志着中国旅游业发展格局从"入境游、国内游"向"入境游、国内游、出境游"并存转变[1]，开启了中国旅游业全面发展的新篇章。

旅游业成为国民经济中的重要产业。2009年，《国务院关于加快发展旅游业的意见》明确提出，要将旅游业培育成国民经济的战略支柱产业和人民群众更满意的现代服务业，这为旅游业的快速发展指明了方向。该《意见》主要通过建设新的旅游景区来扩大国内旅游市场，推动旅游业迅速成长为国民经济的重要组成部分。

三、长城文化旅游转型升级期

随着经济发展和居民收入的提高，旅游消费需求逐步从单一的观光旅游向高品质、多样化旅游需求转变。随着旅游消费升级，旅游业单一的资源导向发展模式已无法满足多样化的旅游需求，需求导向型发展模式逐步兴起，形成多种旅游业态。长城文化旅游在打造旅游景区的基础上，为适应旅游需求多样化发展，开始与乡村旅游、博物馆、节庆活动、非遗表演等融合创新发展，逐步形成需求导向型发展模式。科技赋能为长城文化的

---

[1] 石培华，翟燕霞，《改革开放以来的中国旅游业：演进历程、伟大成就及经验模式——基于WSR系统方法论视角》，2022。

保护和传播提供了新动力和平台，以此为契机，长城文化旅游也逐渐呈现创新驱动型发展模式。

旅游业全面转型升级。2012年党的十八大报告提出推动经济结构战略性调整、加快转变经济发展方式，旅游业作为服务业的重要组成部分，契合推动服务业特别是现代服务业发展壮大的方向，是助力产业结构优化升级、促进消费、拉动内需等多方面的积极力量。2013年颁布的《中华人民共和国旅游法》《国民旅游休闲纲要（2013—2020年）》和《旅游质量发展纲要（2013—2020年）》共同服务于"全面建成小康社会"和"经济转型升级"的宏观目标。《中华人民共和国旅游法》的出台标志着中国旅游业从粗放式增长转向法治化、规范化发展的新阶段。这不仅解决了当时旅游市场的突出问题，而且为行业长远健康发展提供了制度保障。《国民旅游休闲纲要（2013—2020年）》首次将旅游休闲上升为国家战略，倡导旅游休闲成为国民的日常生活方式，推动社会观念从"单纯观光"向"休闲体验"转变，并且鼓励发展多元新业态，满足个性化、品质化消费需求，促进旅游业从经济功能向综合社会功能拓展。《旅游质量发展纲要（2013—2020年）》聚焦服务质量提升，提出"质量强旅"战略，推动旅游业从规模扩张转向质量效益型发展，提出将旅游业培育成人民群众更加满意的现代服务业。三者形成了法律规范、政策引导、质量提升的协同机制。

旅游业已成为国民经济战略性支柱产业。2014年，《国务院关于促进旅游业改革发展的若干意见》首次提出"旅游业是国民经济战略性支柱产业"，明确旅游业综合性强、关联度高、带动面广的特点，强调通过深化改革破解体制机制障碍，推动旅游消费升级和供给侧结构性改革。2016年，国务院首次将《"十三五"旅游业发展规划》纳入国家"十三五"重点专项规划，标志着旅游业从行业规划上升为国家战略，成为经济转型的重要抓手。《规划》提出全域旅游发展理念，要求打破景点旅游局限，推动旅游与城镇化、农业、文化等融合，构建"全要素、全行业、全过程、全时空"的旅游发展模式。2017年发布的《全域旅游示范区创建工作导则》，促进了旅游业从单一景点景区建设管理向综合目的地服务的转变，推动体制机制改革、服务品质提升、产业融合发展。

长城文化旅游多业态蓬勃兴起。国家文物局于2012年完成长城资源认定工作，明确了长城的走向、准确长度和防御系统的构成情况。国家安排了长城保护维修专项资金，构建了长城保护员制度，开展了长城保护关键领域的研究①，形成了"政府主导、社会参与"的长城保护新局面。在保护的同时，注重长城文化资源的利用，开发了大量的长城旅游景区，各项旅游活动也开始兴起。长城徒步、长城马拉松等各种旅游线路和项目开始出现，长城与乡村旅游、博物馆、民俗节庆、非遗表演等创新融合，长城文化旅游呈现出多业态并存发展的态势。政府大力投资长城文化旅游基础设施建设，保障了游客观光游览的条件。

文旅融合促进长城文化旅游升级。2017年，党的十九大报告②提出要深化供给侧结构性改革，坚定文化自信，推进绿色发展，建设美丽中国。要以旅游业高质量发展服务"人民对美好生活的向往"，助力全面建设社会主义现代化国家。2018年文化和旅游部的成立，推动文化与旅游深度融合，强化"以文塑旅、以旅彰文"的协同效应，标志着文化和旅游融合发展进入新阶段。

长城国家文化公园建设为长城文化旅游发展提供了新路径。2019年《长城、大运河、长征国家文化公园建设方案》印发，提出将国家文化公园建设成为传承中华文明的历史文化走廊、中华民族共同的精神家园，以及提升人民生活品质的文化和旅游体验空间，这是探索文物和文化资源保护的新路径。数字化和智慧化产品的应用在长城国家文化公园的建设中起到重要作用，科技赋能使得长城国家文化公园的建设更加高效，为长城文化的保护和传播提供了新动力和平台，长城文化旅游也逐渐呈现科技创新驱动型发展模式。

四、长城文化旅游高质量发展新阶段

旅游业高质量发展。2022年，党的二十大报告③提出坚持以文塑旅、以旅彰文，推进文化和旅游深度融合发展，强调旅游业作为新兴产业的重要性，发展旅游业是推动高质量发展的重要着力点，通过旅游业高质量发展推动旅游强国建设。党的二十届三中全会通过的《中共中央关于进一步全

---

① 求是网，《保护好、传承好长城这一历史文化遗产》，2024。
② 习近平在中国共产党第十九次全国代表大会上的报告。
③ 习近平在中国共产党第二十次全国代表大会上的报告

面深化改革、推进中国式现代化的决定》提出，全面深化改革要以促进社会公平正义、增进人民福祉为出发点和落脚点，健全文化和旅游深度融合发展体制机制，推动旅游业高质量发展，使旅游业发展成为增进民生福祉、提高人民幸福生活的途径。

习近平总书记高度重视长城文化价值发掘与文物遗产保护、传承和利用。他指出："长城是中华民族的代表性符号和中华文明的重要象征，凝聚着中华民族自强不息的奋斗精神和众志成城、坚韧不屈的爱国情怀"[①]，强调长城的重要文化价值，为长城文化旅游高质量发展指明方向。2024年5月14日，习近平总书记给北京市延庆区八达岭镇石峡村的乡亲们回信，提出"像守护家园一样守护长城，要弘扬长城文化，讲好长城故事，为建设社会主义文化强国、推进中国式现代化贡献力量"，进一步明确了长城文化传承与弘扬的重要意义和具体要求。2024年5月17日，习近平总书记围绕旅游业发展发表重要指示，指出"旅游业正日益成长为具有战略意义的支柱产业，并且是具有鲜明时代特色的民生和幸福产业"，为包括长城文化旅游在内的整个旅游业迈向新征程精准定向。

综上所述，长城文化旅游的发展经历了多个阶段。起初处于萌芽起步阶段，以文化展示为主要功能，形成了初始模式；随后逐步过渡到聚焦资源开发利用的资源导向型发展模式。随着市场需求的持续动态升级，长城文化旅游又转型升级为紧密贴合市场需求的需求导向型模式。步入全新发展时期，一种以新发展理念为引领、以科技赋能为支撑、以创新驱动为核心特征的发展模式正在长城文化旅游领域稳步形成，成为推动长城文化旅游高质量发展的新动力。

第二节 长城文化旅游发展模式

长城沿线文化旅游从最初承担外宾接待及外事活动的文化展示功能起步，逐步演进至以长城主题旅游景区为依托的文化观光与体验阶段，再到当下以高质量旅游为目标的多元新业态共存格局，呈现出蓬勃发展的态势，

---

① 2021年5月14日，习近平总书记给北京市延庆区八达岭镇石峡村的乡亲们回信。

并形成了资源主导型、需求导向型、创新驱动型三种发展模式。

一、长城文化旅游资源主导型发展模式

资源主导型发展模式是指以长城历史文化价值与独特景观价值为核心驱动力，围绕长城的观光和攀登活动展开，重点聚焦于长城旅游的经济功能，尤其是旅游景区的开发与管理，推动长城文化旅游发展的一种模式。该模式旨在探索如何在有限的资源条件下，最大限度地挖掘与利用好长城及其周边丰富的自然和文化资源，推动旅游景区的建设与发展。

资源主导型发展模式秉持保护与开发并重的原则，该模式的形成以长城保护为基础。20世纪80年代，国务院组织了五批调查团队深入各省市，对长城的现状展开详细调查，并于1979年和1983年分别在内蒙古呼和浩特市和河北省滦平县举办了全国性长城保护研讨会，确立了长城保护的基本方针。新闻媒体发起了"爱我中华，修我长城"的社会募捐活动，习仲勋和邓小平同志先后题词，进一步强化了长城保护意识。1982年《中华人民共和国文物保护法》颁布实施，国际保护理念如《威尼斯宪章》的引入，为长城保护提供了法律与理论支持。进入21世纪，随着长城沿线地区经济发展和人类活动增加，人为破坏长城的趋势加剧。2003年，国家文物局、国家旅游局等联合发布《关于进一步加强长城保护管理工作的通知》，明确要求加强长城保护维修工作管理，严防以"保护"或"建设"为名破坏长城的事件发生。国家文物局印发《长城保护工程（2005—2014年）总体工作方案》，提出在统一规划指导下，科学安排长城保护维修与合理利用工作，并依法加强监管，从根本上遏制对长城的破坏。为此，设立了国家级长城保护的组织协调和研究机构，启动长城保护工程。这些重点保护的长城点段，成为旅游景区开发的基础。

资源主导型发展模式以长城文化展示为主要形式。对长城建筑的研究与展示是重要内容。景区通过设置专门的展示区域，利用实物、模型、图文展板等形式，向游客介绍长城建筑的结构特点、修筑工艺以及在历史上的军事防御作用，让游客对长城建筑有更直观、深入的认识。长城沿线的自然景观资源同样得到了展示。长城穿越了多种地形地貌，如山脉、草原、沙漠、河流等，这些自然景观与长城相互映衬，形成了独特的旅游景观。

资源主导型发展模式形成了众多知名的长城主题旅游景区。众多长城关键段落，如居庸关、九门口、嘉峪关、山海关的老龙头、角山长城、黄崖关和虎山长城等，均经过大规模修复，现已成为著名的长城旅游景点。1979年，山海关被选为全国首批对外开放的四大景区[①]之一，随着参观长城游客数量激增，北京陆续修复并开放慕田峪长城（1987年）、司马台长城（1990年）和居庸关长城（1992年）等景区。嘉峪关长城博物馆、山海关长城博物馆以及中国长城博物馆等相继成立，长城博物馆旅游崭露头角。长城沿线通过持续完善景区基础设施（如道路、停车场、公共卫生设施等），提升服务质量（如增设导游服务、提供多语种信息标识、优化游客流线等），丰富文化内涵（如举办文化展览、民俗表演等活动），来增强游客体验感，进而打造一批特色鲜明、品牌影响力强的精品景区。

二、长城文化旅游需求导向型发展模式

需求导向型发展模式是以满足游客日益增长且多样化的旅游需求为核心，推动长城文化旅游从传统观光游向更高层次的深度体验游转变的一种发展模式。该模式强调以游客为中心，深入了解游客的需求特点、兴趣偏好以及消费行为习惯，通过定制化、沉浸式等新型旅游方式，为游客提供更丰富、深刻的文化体验，推进长城文化旅游新业态的培育与创新。

需求导向型发展模式注重产品创新与品质提升。根据市场需求变化，不断创新旅游产品，提升产品文化内涵与附加值，实现旅游产品从表层文化体验向深度文化体验的升级。通过挖掘长城背后的历史故事、文化符号，紧密结合当地民俗、生态，提升旅游产品文化内涵，游客能在游览中获得更深层次的情感体验与文化认知；结合现代设计理念，开发长城主题文创产品、纪念品等，提升旅游产品附加值，满足游客购物需求，传播长城文化；在体验层次上，从表层文化观光向深度文化体验转变，如游客通过参与长城保护活动、体验传统手工艺等方式，在互动中感受长城文化的魅力。

需求导向型发展模式基于文旅融合，形成了长城文化旅游多元化业态。长城与文化产业融合，挖掘长城沿线的历史文化、红色文化、艺术文化等

---

① 其他三个景区分别是北京故宫、广西桂林和杭州西湖。

资源，将其融入旅游产品中，形成文化遗产旅游、红色旅游、博物馆旅游以及研学旅游等新业态；长城旅游与特色产业融合，基于长城沿线的乡村资源与民俗文化，开发出一系列乡村旅游、康养旅游、冰雪旅游、节庆演艺旅游等新业态；长城与沿线自然生态资源相融合，形成了草原旅游、沙漠旅游、滨海旅游与山地旅游等新业态。通过文旅融合发展，需求导向型发展模式充分发挥了长城旅游的带动作用，整合了各方资源，丰富了旅游产品的内涵和形式，为游客提供了更加多元化、个性化的旅游体验，同时也促进了相关产业的协同发展，推动了区域经济的繁荣。

三、长城文化旅游创新驱动型发展模式

创新驱动型发展模式是在文旅产业转型升级的大背景下，以数字技术、人工智能、虚拟现实等创新手段为核心驱动力，推动长城文化旅游发展的一种新型模式。该模式突破了传统景区服务效能与体验质量优化的范畴，通过构建文化遗产数字化传播体系，实现长城物质景观与非物质文化价值的全景式呈现，借助沉浸式交互范式革新公众认知体验，推动长城文化旅游业高质量发展。

创新驱动型发展模式聚焦于旅游产品创新与服务系统升级两大维度。在旅游产品创新方面，打造出数字孪生长城、动态灯光叙事装置、沉浸式演艺等一系列创新型产品形态。数字孪生长城通过高精度三维建模和数字化技术，将长城的真实场景在虚拟世界中完整复刻，游客可以在虚拟环境中自由探索长城；动态灯光叙事装置则利用灯光艺术，结合长城的历史故事和文化内涵，以独特的方式讲述长城的故事；沉浸式演艺通过实景演出、多媒体互动等形式，让游客深度参与到长城文化的演绎中，亲身体验长城所承载的历史情感和文化价值。在服务系统升级方面，景区借助智能导览、游客行为数据分析等技术，提升服务质量。智能导览系统利用人工智能和大数据技术，根据游客的兴趣偏好、游览时间等因素，为游客提供个性化的游览路线规划和实时语音讲解服务，使游客能够更加高效、深入地游览长城景区；游客行为数据分析技术则通过收集、分析游客在景区内的行为数据，了解游客的需求和偏好，为景区的运营管理提供决策依据，从而优化景区的服务设施布局、提升服务质量，为游客提供更加便捷、舒适的旅

游体验。

　　创新驱动型发展模式为游客带来了全新的沉浸式、互动式旅游体验，极大地增强了长城文化旅游的吸引力。通过虚拟现实（VR）技术，游客可以身临其境地感受长城的雄伟壮观，全方位、多角度地欣赏长城的建筑风貌和周边的自然景观；增强现实（AR）技术为游客提供了更加丰富的互动体验，在游览长城的过程中，游客通过手机或其他智能设备扫描特定区域，就能获取与长城相关的历史文化信息、虚拟场景展示以及互动游戏等，这些增强了旅游的趣味性和参与感。

　　创新驱动型发展模式打破了时空限制，实现了长城文化的广泛传播，提升了长城文化的影响力。通过数字平台，如官方网站、数字云平台、社交媒体等，长城文化以更加生动、形象的方式展示给全球观众。"云游长城"系列公益产品也为长城文化的传播做出了重要贡献。这些产品通过云游戏技术、虚拟现实技术等，让用户在手机上即可获得3A级观看效果和交互体验，实现了长城文化的数字化传播。这种创新的传播方式打破了时间和空间的限制，让更多的人能够便捷地接触和了解长城文化。

　　综上所述，长城沿线文化旅游的资源主导型、需求导向型和创新驱动型发展模式，分别从资源挖掘、市场需求满足以及技术创新应用等不同维度，推动了长城文化旅游产业的发展与变革。资源主导型模式筑牢了长城旅游发展的根基，通过对长城文化遗产资源的合理开发与保护，实现了文化与经济的初步融合；需求导向型模式紧跟市场动态，以游客需求为出发点，不断创新产品与业态，促进了长城文化旅游的多元化发展；创新驱动型模式则依托前沿科技力量，打破传统旅游发展局限，为长城文化旅游注入新活力，拓展了发展空间。

第三节　长城文化旅游融合发展新业态

　　长城文化旅游经历了从单一观光旅游向多元化旅游业态并存的演进过程，长城与文化遗产、特色产业、自然生态资源融合，形成长城文化遗产旅游、特色产业旅游与自然生态旅游等新业态，呈现出长城文化旅游多元业态蓬勃发展的良好局面。

一、文化遗产旅游新业态

（一）长城遗产旅游

长城本体及遗址遗迹广泛分布于沿线各地，涵盖城墙、烽火台、关隘、城堡等多种建筑形式。这些遗址遗迹不仅具有极高的历史价值与艺术价值，还见证了中国古代军事防御体系的发展与演变。依托丰富的长城本体遗址遗迹以及文化资源、生态资源，长城沿线形成了以长城遗址为核心吸引物的长城遗址景区、以自然生态资源为主并蕴含长城遗址的自然资源型景区，以及以人文资源为主且蕴含长城遗址的人文资源类景区。在这些景区的基础上，一系列长城文化遗产旅游线路得以形成。

根据所依托的资源类型，长城主题景区可分为两种形式：一是以开放展示长城为主的长城开放景区；二是以展示自然和人文景观为主，兼顾长城遗址的长城景区。截至 2023 年 6 月底，国家 3A 级以上（含 3A 级）长城主题旅游景区共有 34 家（见表 3-1）[①]，其中国家 5A 级旅游景区 6 家、国家 4A 级旅游景区 18 家、国家 3A 级旅游景区 10 家，主要分布于北京、天津、河北、辽宁、山东、山西、陕西、甘肃、宁夏、新疆等 10 个省（自治区、直辖市）。本研究所选定的长城文化旅游研究区范围分布于北京、天津、河北、辽宁、山西、陕西、甘肃、宁夏 8 个省（自治区、直辖市）。

表 3-1 长城主题旅游景区名录

序号	名称	级别	位置	长城遗存
1	八达岭—慕田峪长城旅游区	国家 5A 级旅游景区	北京市怀柔区／延庆区	明长城
2	金山岭长城景区	国家 5A 级旅游景区	河北省承德市	明长城
3	山海关景区	国家 5A 级旅游景区	河北省秦皇岛市	明长城
4	雁门关景区	国家 5A 级旅游景区	山西省忻州市	明长城
5	嘉峪关文物景区	国家 5A 级旅游景区	甘肃嘉峪关市	明长城
6	水洞沟旅游区	国家 5A 级旅游景区	宁夏回族自治区灵武市	明长城
7	居庸关长城	国家 4A 级旅游景区	北京市昌平区	明长城
8	黄花城水长城	国家 4A 级旅游景区	北京市怀柔区	明长城

---

① 长城主题旅游景区发展报告（2022 年 7 月—2023 年 6 月）。

序号	名称	级别	位置	长城遗存
9	司马台长城景区	国家4A级旅游景区	北京市密云区	明长城
10	八达岭水关长城景区	国家4A级旅游景区	北京市延庆区	明长城
11	黄崖关长城风景区	国家4A级旅游景区	天津市蓟州区	明长城
12	梨木台自然风景区	国家4A级旅游景区	天津市蓟州区	北齐长城
13	角山景区	国家4A级旅游景区	河北省秦皇岛市	明长城
14	大境门景区	国家4A级旅游景区	河北省张家口市	清长城
15	青山关旅游区	国家4A级旅游景区	河北省唐山市	明长城
16	白羊峪长城旅游区	国家4A级旅游景区	河北省唐山市	明长城
17	娘子关景区	国家4A级旅游景区	山西省阳泉市	明长城
18	老牛湾景区	国家4A级旅游景区	山西省忻州市	明长城
19	杀虎口旅游区	国家4A级旅游景区	山西省朔州市	明长城
20	李二口长城景区	国家4A级旅游景区	山西省大同市	明长城
21	阳关景区	国家4A级旅游景区	甘肃省敦煌市	明长城
22	虎山长城景区	国家4A级旅游景区	辽宁省丹东市	明长城
23	九门口长城景区	国家4A级旅游景区	辽宁省葫芦岛市	明长城
24	克孜尔尕哈烽燧世界文化遗产公园	国家4A级旅游景区	新疆维吾尔自治区库东市	汉代长城
25	八达岭古长城景区	国家3A级旅游景区	北京市延庆区	明长城
26	北京九谷口自然风景区	国家3A级旅游景区	北京市怀柔区	明长城
27	冰塘峪长城风情大峡谷	国家3A级旅游景区	河北秦皇岛	明长城
28	固关长城景区	国家3A级旅游景区	山西省阳泉市	明长城
29	镇北台景区	国家3A级旅游景区	陕西省榆林市	明长城
30	战国魏长城景区	国家3A级旅游景区	陕西省铜川市	春秋战国长城
31	七星台风景区	国家3A级旅游景区	山东省章丘市	春秋战国长城
32	梦泉长城生态旅游区	国家3A级旅游景区	山东省淄博市	春秋战国长城
33	大峰山齐长城旅游风景区	国家3A级旅游景区	山东省济南市	春秋战国长城
34	霄云山风景区	国家3A级旅游景区	山东省肥城市	春秋战国长城

　　长城文化遗产主题线路全面展现长城沿线的文物和文化资源。2022年，文化和旅游部发布了8条长城主题国家级旅游线路①。其中，"长城文化遗产

---

　　① 文旅之声，《文化和旅游部发布长城主题国家级旅游线路》，2022。

探访之旅"以明长城为主干，将明长城的精华段落作为核心，串联起相关旅游景区，全方位展示明长城的雄伟壮丽、精湛建筑技术以及先进的军事防御思想。与此同时，长城沿线各区段也以相关旅游业态为支撑，设计了众多满足游客实际出游需要的精品旅游线路。北京推出的"居庸叠翠"线路，将居庸关长城与周边自然风光相结合；河北推出的"天下雄关"线路，以山海关为核心，串联起周边长城景区和历史文化景点；山西推出的"长城抗战"线路，将平型关大捷遗址等红色文化资源与长城文化相结合。这些精品旅游线路丰富了长城文化旅游的产品供给，满足了不同游客的需求，进一步推动了长城沿线文旅融合的发展。

山海关景区是长城文化遗产旅游的典型代表，由天下第一关、老龙头、角山长城等主要景区构成，文化底蕴深厚，知名度高。1979年，山海关成为全国首批对游客开放的四大景区之一，1985年被列为"全国十大风景名胜"之首，1987年被联合国教科文组织公布为世界文化遗产，在国内外享有较高的知名度和美誉度。2003年，山海关古城保护开发项目启动，按照"再现明清历史风貌，改善百姓生活环境，打造旅游文化名城"的原则进行古城保护与开发。在2007年，入选全国首批5A级旅游景区。然而，因管理和服务不完善，2015年10月山海关景区5A级资质被取消。这一事件促使景区深刻反思并积极整改，经过一年努力，2016年"十一"黄金周期间，山海关景区荣登国家旅游局"红榜"，被评为"旅游市场秩序最佳景区"，并于2018年11月21日成功恢复为国家5A级旅游景区。自2020年起，作为长城国家文化公园建设的重点区域之一，山海关迎来了文旅融合发展的新篇章。景区通过深度挖掘长城文化资源，推出一系列沉浸式文旅活动，如大型室内史诗演出"长城"等，为游客提供丰富的沉浸式体验；邀请"网红达人"宣传，通过直播等新媒体手段吸引大量观众，并与多个城市合作开通旅游直通车，吸引更多游客前来参观游览，提升景区知名度；在旅游产品开发方面，推出长城节事、长城研学、长城文娱、长城文创等多元化产品，以满足不同游客的需求；同时，山海关注重提升旅游服务质量，提高公共服务水平，完成10千米长城山海关风景道的建设，并开通旅游公交专线，实现旅游景点之间的无缝接驳。在观光旅游的基础上，山海关景区逐步发展出乡村民宿、旅游民俗节庆活动、旅游演艺、主题博物馆等多种文旅融合业态。

（二）红色旅游

长城沿线地区拥有丰富的红色资源，这些资源与长城文化相互交融，打造出了品位高、精品多、特色鲜明的红色旅游景观，形成了京津冀、晋太行、陕甘宁等红色旅游区（见表3-2）。

表3-2 长城文化旅游重点红色旅游区

名称	特色
陕甘宁红色旅游区	以延安为中心，主题形象为"延安精神，革命圣地"
晋太行红色旅游区	以山西、河北为主，主题形象为"太行硝烟，胜利曙光"
京津冀红色旅游区	以北京、天津为中心，主题形象为"人民胜利，国旗飘扬"

长城各段红色旅游各有特色。全国100多个红色旅游经典景区[①]，研究区内分布有42个，其中北京7个、天津3个、河北8个、山西6个、陕西6个、甘肃3个、宁夏3个、辽宁6个。北京名人故居聚集，历史地位重要，且北京的红色景区形式多样，涵盖革命遗址、纪念馆、博物馆、主题公园等多种类型；天津则突出战役纪念，充分展现伟人风范，见证海防历史；河北以西柏坡革命圣地闻名，抗战资源丰富，红色文化多元；山西是太行精神、吕梁精神的发源地，军工文化独特，遗址类型多样；陕西是延安精神的核心承载地，见证了历史的重大转折；甘肃是红军长征经过的重要地区，长征精神闪耀，承载着西路军悲壮的历史记忆；宁夏革命历史独特，彰显了民族团结的力量；辽宁是抗日斗争的前沿阵地，为老工业基地的发展做出了重要贡献。

河北喜峰口长城抗战遗址是长城红色旅游的典型代表，位于河北省唐山市迁西县境内，是长城沿线重要的红色旅游景点之一。当地政府高度重视喜峰口长城抗战遗址的保护和开发，通过修缮抗战遗址、建设纪念馆、打造红色旅游线路等措施，将红色文化与长城文化有机结合，为游客提供丰富的旅游体验。游客在此可参观喜峰口长城抗战纪念馆，了解长城抗战的历史背景、战斗过程和英雄事迹，感受中国军民在抗日战争中的英勇无畏和顽强拼搏精神；还可登上喜峰口长城，俯瞰壮丽的长城风光，领略长城的雄伟气势。此外，当地还举办一系列红色文化主题活动，如抗战纪念

---

① 国家发展和改革委员会，《关于印发全国红色旅游经典景区名录的通知》，2016。

仪式、红色文化讲座、红色文艺演出等，进一步增强了红色旅游的吸引力和感染力。

（三）博物馆旅游

长城沿线分布着众多博物馆，这些博物馆在长城文化遗产的保护、展示和传承方面发挥着重要作用。这些场馆借助丰富多元的展览内容、前沿的科技手段以及互动体验式活动，为游客打造出一个丰富多彩、妙趣横生的长城文化世界，让游客在参观游览时，能够深入了解长城的历史文化内涵，真切感受长城的独特魅力和深厚价值。

在展览内容方面，长城沿线的博物馆涵盖长城的历史、建筑、军事、文化、民俗等多个方面，展品丰富多样，包括文物、图片、模型、文献等，为游客提供了全面深入了解长城的机会。例如，中国长城博物馆的展览分为长城历史、长城建筑、军事、文化、保护等多个部分，通过大量实物和图片展示，详细介绍了长城的发展演变过程、建筑结构和工艺、军事防御体系以及沿线的民俗文化等内容；山海关中国长城博物馆则重点展示了山海关长城的历史文化和军事防御功能，馆内收藏的明代长城砖、兵器、盔甲等文物，让游客能更直观地感受到长城的雄伟壮观和历史厚重感。

在科技应用方面，许多博物馆采用 VR、AR 等多媒体互动先进技术，为游客带来全新的参观体验。一些博物馆利用 VR 技术，让游客身临其境地感受长城的修筑过程和战争场景；通过 AR 技术，游客可在手机上扫描展品，获取更多相关信息和观看动画演示；多媒体互动展示则使游客能够更主动地参与展览，通过触摸屏幕、操作模型等方式，深入了解长城的文化内涵和历史故事。这些科技手段的应用，不仅增强了展览的趣味性和吸引力，还提升了游客的参观体验和学习效果。

在互动体验方面，长城沿线的博物馆举办了丰富多彩的活动，如文化讲座、手工制作、角色扮演等，让游客在参与活动的过程中更深入地了解长城文化，增强游客的参与感和体验感。北京延庆长城生活博物馆会定期举办长城文化讲座，邀请专家学者为游客讲解长城的历史文化和保护现状；一些博物馆开设手工制作课程，让游客亲手制作长城模型、剪纸等纪念品，感受长城文化的魅力；部分博物馆推出角色扮演活动，让游客扮演古代士兵、工匠等角色，体验长城的修筑和防御生活，使游客能更深入地了解长城文化的内涵和历史背景。

万全长城卫所博物馆是长城博物馆旅游的典型代表，它坐落于河北省张家口市万全区，是国内唯一专注于长城卫所文化的专题博物馆。万全右卫城，作为明代长城防御体系中的关键节点，被誉为"京西第一卫"，并有"明代卫所制活化石"美誉，这使得万全长城卫所博物馆在传承和展现长城文化方面具有不可替代的价值和深远的意义。万全长城卫所博物馆依托万全区丰富的长城历史资源，全面展示了明代长城沿线的军事防御体系，以及万全右卫城六个世纪以来在政治、经济、文化和社会生活方面的演变。博物馆内部规划有序，设有序厅、主题展厅、临时展厅、小剧场、休闲区和文创购物中心等多个功能区域。在首轮展品征集工作中，博物馆展出了128套与明代卫所文化相关的珍贵藏品，包括火器、旗帜、日常生活用品等。这些展品不仅展现了长城的军事防御功能，还反映出当时的社会生活和文化风貌。作为长城国家文化公园河北段的一项重大标志性工程，万全长城卫所博物馆不仅为长城文化的研究搭建了宝贵平台，也为公众深入了解和体验长城文化开辟了新途径。

（四）研学旅游

近年来，长城沿线地区积极开展长城主题研学活动，各地依托长城文化遗产资源，开发丰富多彩的研学课程和活动项目，吸引众多学生和游客参与，研学活动成为长城文旅融合发展的新亮点。这些研学活动旨在通过实地考察、亲身体验、互动学习等方式，让参与者深入了解长城的历史渊源、文化价值、建筑艺术以及其所承载的民族精神，从而增强参与者的民族自豪感和历史责任感，同时培养学生的实践能力、创新思维和团队合作精神。

长城主题研学旅游产品丰富。2022年10月，文化和旅游部发布了8条长城主题国家级旅游线路和62条长城主题精品线路，这些线路全面展现了长城沿线的文物和文化资源，提供了丰富的研学旅游内容。慕田峪长城推出的"爱我中华 护我长城"亲子研学活动，通过长城田野调查和集体互动游戏，让青少年更深入了解长城的历史和建筑特点；黄花城水长城通过定向越野活动，让孩子们在欣赏风景的同时，加深对长城历史文化的认识，并提升自主导航和应变能力；阳关景区开发的研学课程，涵盖出入关仪式、诗词吟唱、汉服体验等多项活动，让学员们通过多元化体验，全面了解长城文化和丝绸之路的历史；延庆区长城生活博物馆采用"3＋2＋1"模式，通过长城书屋、非遗传习基地、体验馆等设施，打造可触摸、可体验的长城文化学习平台；宁夏推出的首部儿童沉浸式"剧本杀"——《少年锦衣卫》，通过角色扮演和任务挑战，让孩子们在探索中深刻了解长城文化，同时锻炼智慧与胆量；居庸关和阳关景区的系列研学产品也广受研学团队欢迎，成为长城文化研学的重要组成部分。

山海关区与山丹县长城研学活动是研学旅游的典型代表。河北省秦皇岛市山海关区以长城为主题，开展一系列研学活动，如烽火传递、长城砖搬运、修长城等，让参与者学习长城建筑知识，体验古代劳动人民的智慧和艰辛，并了解中国传统礼仪和历史文化；"六一"儿童节期间推出的"山海巡游——雄关锦衣少年郎"研学项目，为孩子们提供寓教于乐的学习体验。甘肃省山丹县清泉学校组织学生走进长城国家文化公园，开展长城非遗研学活动。在活动中，学生们参观了汉明长城博物馆，了解长城的结构布局、修筑工艺、军事意义等，对汉明长城有了更为全面且生动的认识；在山丹长城文化公园的点将台，同学们共同参与素质拓展游戏，还亲身体验了修筑长城。

二、特色产业旅游新业态

（一）乡村旅游

长城沿线地区拥有丰富的乡村旅游资源，古村古镇遗址遗迹众多，保存了大量的传统建筑，承载着深厚的民俗文化。这些乡村旅游资源与长城文化相互交融，共同形成了独特的文化景观。长城沿线地区还拥有独具特色的农产品，涵盖特色杂粮和山地林业产品（如葡萄、蘑菇、中药材和林果）等。这些农产品不仅为游客的旅游购物提供了更多选择，还能通过采摘、农事体验等活动，让游客亲身感受农耕文化的魅力，丰富乡村旅游的内涵。长城沿线乡村旅游呈现多元化发展态势，涵盖观光度假、特色民宿等多种业态。

1. 农旅融合的观光与体验

林果采摘与田园休闲方面，河北卢龙县梧桐峪村通过苹果、桃子等林果种植，打造了采摘园和农家乐，吸引游客前来参与农耕体验，同时结合长城景观打造"凤园""凰园"主题公园，形成"农业＋旅游"的复合业态。杂粮产业体验方面，山西阳高县长城乡将有机小杂粮种植与加工结合，游客可参观智能化加工车间，参与种植、收割及传统食品制作（如柿饼、小米粥）等环节，形成了完整的"种植—加工—体验"产业链；吕梁市兴县则通过开发杂粮宴和预制产品，打造特色餐饮文化。中药材与生态康养方面，各地依托长城沿线的山地气候和纯净生态，发展中医药种植基地与康养度假村，例如大同市长城一号旅游公路沿线推动中药材种植与温泉疗养结合，形成"农业＋康养＋旅游"模式。

2.乡村民宿

通过改造传统村落和农舍，在装修设计上融合长城元素，在服务上追求高品质，打造一批具有地方特色的乡村民宿，满足游客对休闲生活的精致追求，为游客提供独特的住宿体验和文化交流空间。例如，北京延庆区八达岭镇的石峡村，采用"民宿＋"模式，成功打造了"石光长城"精品民宿品牌。该品牌不仅提供住宿服务，还有石光咖啡馆、石光书屋和村史馆等多元吸引物。此外，游客还能参与剪纸、制作长城砖雕等民俗文化活动，极大地丰富了游玩体验。

3.乡村旅游典型代表

花楼沟村是乡村旅游的典型代表，它位于河北省滦平县巴克什营镇，坐落在金山岭长城脚下，以打造"摄影主题文化村"而闻名。借助长城国家文化公园建设的东风，滦平县遵循"村庄景区化、设施标准化"的发展理念，将金山岭长城核心景区及其主干道两侧的农宅精心改造成具有长城人家特色的主题民宿。截至2024年5月，花楼沟村已拥有超过100家特色民宿和农家院，每年能接待游客超过10万人次，同时为当地提供400多个就业岗位。花楼沟村积极培育摄影文化，鼓励村民投身摄影艺术，为村庄增添浓厚的艺术气息。村里已有60多位摄影爱好者，其中2位曾荣获国家级摄影大奖，6位获得省、市级奖项。这些摄影家不仅营造了独特的文化氛围，还通过展示长城的壮丽风光，为村庄带来可观的经济收益，显著促进长城文化的传播和当地民宿业的繁荣。为进一步提升花楼沟村的旅游吸引力，村庄积极推进"国际摄影艺术村"建设项目。该项目涵盖多个方面，包括打造村庄入口的标志性建筑、设置吸引游客的"网红打卡点",还修建了摄影主题酒吧和民俗文化展馆等设施。这些新元素的融入,不仅完善了花楼沟村的公共服务配套设施,也让旅游业态更加丰富多彩,为游客提供了更加多样化的旅游体验。通过这些努力,花楼沟村正逐渐成为一个集文化、艺术和旅游于一体的魅力村落。

(二)康养旅游

通过将医疗服务资源、自然生态资源以及文化资源与旅游休闲深度融合,形成了多元化的生态康养与文化康养旅游业态,其中包括医疗旅游、森林康养、海滨度假、温泉疗养、山地运动等生态康养旅游形式,以及茶修旅游、茶道养生旅游等文化康养旅游项目。长城沿线地区具备森林、海滨、温泉、山地等丰富的康养旅游资源,为长城康养旅游的发展提供了坚实的基础。

1. 滨海康养旅游

长城沿线地区气候多样,部分区域夏季凉爽宜人,适宜开展避暑等康养活动。秦皇岛市凭借其优越的生态环境和完善的基础设施,打造了山海康养、滨海康养等旅游品牌。游客既能在此体验长城文化,又能享受清凉的海风和清新的空气,还可参与登山、露营等户外活动,实现身心的放松。

2. 森林康养旅游

长城沿线森林覆盖率较高,空气清新,负离子含量丰富,为森林康养旅游创造了良好条件。北京的怀柔区、延庆区等地拥有众多森林公园和自然保护区,是开展森林康养活动的理想之地。一些地区建设了森林康养基地,提供住宿、餐饮、康养课程等一站式服务。游客可以在森林中进行森林浴、徒步、瑜伽等活动,达到舒缓身心、促进健康的效果。

3. 中医药康养旅游

依托丰富的中医药特色产业,可形成中医药康养旅游产业。河北省安国市作为著名的中医药之都,拥有悠久的中医药历史和丰富的中药材资源,游客在此可深入了解中医药文化,体验中药泡脚、艾灸、推拿等中医药养生保健服务,感受传统中医药的独特魅力。

4. 温泉康养旅游

依托长城沿线的温泉资源,可形成温泉康养旅游产业。山西省大同市、阳泉市等地的温泉资源丰富,山西省着力打造"康养山西、夏养山西"品牌，发布多条康养旅游路线，整合温泉疗养、休闲度假等资源，将温泉康养与当地文化相结合，推出融合温泉体验、民俗文化欣赏、特色美食品尝等康养旅游产品，推动康养旅游产业高质量发展。

（三）冰雪旅游

长城沿线跨越多个气候带，冬季降雪量大、雪质优良，且雪期持续时间长，从东北的燕山山脉到华北的太行山脉，再到西北的黄土高原，这些地区均拥有优质的自然冰雪资源。这些地区的冰雪资源分布广泛且各具特色，可开发高山滑雪、越野滑雪、滑冰等多种项目。

1. 冰雪运动旅游

以滑雪、滑冰为核心的冰雪运动产品是长城沿线冰雪旅游的重要组成部分。长城沿线已建成多个大型滑雪场，如河北张家口市崇礼区的万龙滑雪场、云顶滑雪场等，这些滑雪场都配备了先进的滑雪设施，拥有不同难度级别的雪道，能够满足专业滑雪者和初学者的需求。此外，滑冰、冰壶、雪地摩托、雪地足球等多样化的冰雪运动项目，为游客提供了丰富的冰雪运动选择。例如，北京延庆区的八达岭滑雪场、密云区的云佛山滑雪场等，凭借专业的滑雪教学服务和各类冰雪赛事活动，吸引了大量游客。这些滑雪场定期举办滑雪比赛、亲子冰雪活动等，提升了当地冰雪旅游的知名度和影响力，也为游客提供了更多参与冰雪运动的机会。

2. 冰雪文化体验旅游

各地区结合长城文化，开发了一系列冰雪文化体验产品，如举办长城冰雪节，在冰雪节期间开展"长城冰雪摄影展""长城冰雪民俗文化表演"等活动；推出长城冰雪徒步线路，让游客在欣赏长城雪景的同时，深入了解长城的历史文化。河北省张家口市举办的冰雪嘉年华，现场设置冰雪游乐区、美食区、民俗文化展示区等多个区域，游客可以品尝当地特色美食，欣赏民俗表演，参与冰雪娱乐活动，感受浓厚的冰雪文化氛围。

3. 冰雪旅游典型代表

河北省张家口市崇礼区是冰雪旅游的典型代表。崇礼地处北纬41°，属于"黄金滑雪带"，年均积雪量达63.5厘米，积雪深度可达1米左右，雪期长达150多天，拥有优质自然冰雪资源。作为2022年冬奥会的举办地之一，崇礼拥有优质的滑雪场、滑冰场、冰壶馆等冰雪运动设施和完善的冰雪旅游设施。崇礼积极挖掘长城文化和本地民俗文化，开发出一系列特色的冰雪文化体验产品。每年举办的"崇礼冰雪之约"系列活动，涵盖了长城冰雪文化论坛、冰雪民俗大集、长城冰雪摄影展等丰富内容。此外，崇礼还推出了长城冰雪徒步线路，让游客在徒步过程中欣赏长城雪景，了解长城的历史和文化。崇礼还开发了冰雪乐园、冰雕展览等多种冰雪旅游项目，丰富游客的冰雪旅游体验。

（四）节庆演艺旅游

节庆演艺旅游是文旅融合发展的重要载体，可以让历史"活"过来，让文物"动"起来，让游客拥有沉浸式、立体化的互动体验[①]。在长城沿线，各种演艺项目、节庆活动和主题活动大多根植于当地丰富的非物质文化遗产，通过将这些非物质文化遗产转化为生动的场景、故事和体验项目，不仅实现了对文化遗产的创新性展示，还能引发游客的情感共鸣。

1. 节庆活动旅游

长城沿线各地举办了众多与长城文化相关的节庆活动。河北秦皇岛的长城文化节，融合长城国际马拉松、长城摄影大赛、长城民俗文化展览等活动；北京金山岭长城杏花节让游客在赏花的同时，还能参与徒步长城、长城马拉松等体育活动，观赏长城舞龙舞狮、长城太极拳、非遗展演、金山岭长城艺术展等文娱活动；甘肃嘉峪关举办的丝路·长城（国际）音乐文化节，将音乐与长城文化相结合，文化体验活动丰富。嘉峪关文物景区则通过汉服体验馆为游客提供汉服租赁、妆造以及跟拍服务，让游客在游览长城的过程中感受传统文化的魅力。2022年元旦，嘉峪关关城景区推出的"虎虎送福逛关城"迎新年活动，为幸运游客现场签发了"通关文牒"，增添了节日的趣味性和仪式感，使游客仿佛穿越时空，回到古代的丝绸之路。

2. 旅游演艺

长城沿线的演艺形式从传统的歌舞表演，逐渐发展为融合多媒体技术、实景演出等多种形式，为游客带来深度体验。北京的《梦华·长城》大型情景剧，通过音乐、舞蹈、杂技、诗词、民俗等艺术形式，展现了长城的历史变迁。山海关的大型室内史诗演出《长城》则通过"复活""出征"

---

① 吴星，陈娜，吕啸，《河北省长城文旅融合发展模式研究》，2023。

"离乡""筑城""天下""光明"六幕的叙事,以秦始皇、孟姜女、范喜良等人物为主线,阐述家国追求、民族大义以及和平的愿景。这些演出不仅在艺术表现上有所创新,也在科技应用上做出了大胆尝试,使得旅游演艺活动更加生动、有趣。

三、自然生态旅游新业态

(一)草原旅游

长城沿线的草原与长城相互交织,形成了独一无二的景观组合。长城沿线的草原地区拥有丰富的动植物资源,是众多游牧民族的聚居地,孕育了深厚的游牧文化。游客可以欣赏草原风光,参加骑马、射箭等传统草原文化活动,感受草原民俗文化。草原旅游还与当地的农牧业相结合,推出了特色农产品采摘、奶制品制作体验等项目。长城沿线的草原旅游项目日益多样化。

1. 草原旅游线路

草原旅游线路将自然风光、民俗文化和生态科普相结合,为游客提供多样的旅游体验。国家林业和草原局与文化和旅游部联合发布了14条特色生态旅游线路[①],其中包含河北坝上森林草原生态旅游线路,该线路东起塞罕坝机械林场,西至大青山国家森林公园,涉及6处自然保护地。河北坝上推出了多条草原旅游线路,如草原天路自驾游线路,游客可以沿着这条线路自驾,欣赏沿途的草原风光、风车景观和民俗村落;坝上草原文化体验线路能让游客深入草原腹地,参观蒙古族传统的蒙古包,品尝蒙古族美食,欣赏蒙古族歌舞表演,了解蒙古族的文化传统和生活方式;坝上草原生态科普线路能让游客在专业导游的带领下,了解草原的生态系统、动植物资源,以及草原保护的重要性,增强环保意识。

2. 草原旅游项目

除了传统的草原观光,许多新的旅游项目也被开发出来。例如,观看赛马、摔跤、射箭等传统竞技项目,品尝烤全羊、奶茶等特色美食,体验蒙古族的传统生活方式,深入了解游牧文化的魅力;草原露营项目能让游

---

① 国家林业和草原局国有林场和种苗管理司,《国家林草局、文旅部联合推出14条特色生态旅游线路》,2024。

客在星空下的草原上搭起帐篷；草原滑草、草原摩托等娱乐项目，能满足不同游客的需求；在一些草原自然保护区，游客可以近距离观赏野生动物；一些景区还结合当地的历史文化，开发了长城与草原文化研学之旅。

（二）沙漠旅游

长城沿线戈壁沙漠地区的自然风光独具特色。长城遗迹在沙漠中蜿蜒伸展，沙漠与长城交相辉映，形成了独特的塞外风光。长城沿线沙漠地区曾是古代重要的军事防御地带，也是丝绸之路的必经之路，留下了众多珍贵的历史文化遗迹。长城沿线沙漠拥有独特的生态系统，适应沙漠环境的动植物构成了一道独特的风景线。基于此形成了多种旅游活动，如沙漠徒步、露营、越野等，其中沙漠探险、徒步和越野是长城沿线戈壁沙漠地区的特色活动。

1.沙漠景观观赏

游客可以沿着长城漫步，观赏沙漠景观，如连绵沙丘、风蚀地貌、戈壁滩、绿洲等，还能进行星空观测活动。甘肃省武威市民勤县，位于巴丹吉林沙漠和腾格里沙漠之间，明长城民勤段东、西、北三面被沙漠包围，形成了长城与沙漠交织的壮丽景象；在宁夏沙坡头可以欣赏沙漠与黄河、长城交汇的景观。

2.沙漠文化体验

长城沿线沙漠地区的烽火台、关隘城堡、古墓葬群等遗迹，承载着丰富的历史信息。沙漠中的丝绸之路文化，为游客提供了深入了解古代中西文化交流的窗口，例如甘肃敦煌附近的汉长城遗址、敦煌莫高窟等。沙漠文化节等活动，则展示了沙漠文化、民俗风情和特色美食。

3.沙漠旅游活动

沙漠旅游活动有传统交通活动，如骆驼骑行、四驱越野车穿越、热气球观光等；极限运动，包括沙丘滑板、沙漠马拉松等；生态科考，包括对旱生植物、沙漠动物的观察等。沙漠生态旅游项目有参观沙漠植物园、沙漠科技馆等，让游客在欣赏沙漠风光的同时，了解沙漠生态知识和沙漠治理成果，从而增强环保意识。

4.沙漠旅游典型代表

嘉峪关是沙漠旅游的典型代表，被誉为"河西咽喉"，位于祁连山和黑山交界处，是万里长城的西起点。游客可以沿着长城步道，感受古代军事防御的险峻与雄伟，同时欣赏戈壁沙漠的风光。嘉峪关凭借其独特的地理优势，打造了一系列融合长城文化与沙漠风情的特色项目。例如，在悬壁长城附近的沙漠区域，游客可参与"长城脚下沙漠穿越"活动，骑着骆驼沿着古老的长城遗迹，穿行于沙漠之中，感受历史与自然的交融。在讨赖河大峡谷与沙漠交界地带，开展了"大漠峡谷探险"项目，游客乘坐专业的越野车辆，在欣赏沙漠风光的同时，探索神秘的峡谷，体验独特的探险乐趣。嘉峪关还利用当地的文化资源，开发了如"丝路风情演艺""长城文化讲座"等文化体验项目，让游客在游玩的同时，深入了解当地的历史文化。

（三）滨海旅游

长城沿线滨海区域位于中国东部沿海地带，地处华北与东北的过渡地带，地理位置十分优越，其大致范围涵盖了从辽宁丹东的虎山长城至河北秦皇岛的山海关、老龙头等区域，以及周边的滨海地带。这一区域北依燕山山脉，南临渤海，是长城文化与海洋文化的交汇之地。依托"长城入海"的景观和山海相连的自然禀赋，形成了自然与人文交织的旅游体验。

1. 滨海休闲

长城沿线滨海地区拥有沙滩、海洋、日出日落、湿地、礁石等多种自然景观资源，这里海岸线漫长，沙滩细腻柔软，海水清澈湛蓝，阳光充足，气候宜人，是理想的海滨度假胜地。秦皇岛的北戴河、南戴河等海滩，每年都吸引着大量游客前来避暑度假、休闲娱乐。此外，海洋主题乐园、海滨浴场、高尔夫球场、温泉度假村等旅游设施丰富了游客的旅游体验。

2. 文化体验

滨海区域长城的代表有明长城东端起点辽宁丹东的虎山长城和被誉为"天下第一关"的河北秦皇岛山海关，这些长城遗迹和关隘承载着古代军事防御、民族融合、文化交流等丰富的历史信息。该地区还蕴含着丰富的民俗文化，如民间艺术、传统手工艺、民俗节日、民间传说等。基于此，形成了参观历史遗迹、观看民俗表演等一系列长城文化旅游项目。

3. 滨海旅游典型代表

秦皇岛的老龙头景区是滨海旅游的典型代表。长城与海洋的交汇景观是长城沿线滨海旅游的一大特色，老龙头景区堪称这一景观的杰出代表。老龙头处于长城唯一直接延伸入海的地段，也是万里长城唯一集山、海、关、城于一体的海陆军事防御体系。长城与渤海相拥，形成巨龙昂首入海的壮丽景象，兼具军事要塞的沧桑感与海洋的灵动美。除了传统的海滨浴场、水上运动项目，当地还推出了海洋文化体验、海滨休闲度假、海上观光等特色项目，以满足不同游客的需求。

（四）山地旅游

长城沿线的山地以雄伟险峻的山脉为主，这些山脉地势起伏较大，山峰巍峨耸立，山地资源丰富，自然景观壮美，可开展登山观景、长城徒步、山地越野、历史文化探秘等多种旅游活动。

1. 山地旅游活动

长城沿线拥有众多适合徒步和登山的线路，这些线路各具特色，为游客提供了丰富多样的户外运动体验。以箭扣长城为例，它位于北京怀柔区，海拔1141米，因整段长城蜿蜒呈"W"状，形如满弓扣箭而得名。箭扣长城是明代万里长城最著名的险段之一，其徒步线路难度较高，具有一定的挑战性，适合有一定户外经验且体力较好的徒步爱好者。长城沿线的山地凭借其独特的地形地貌，为攀岩和探险爱好者提供了丰富的场地和项目，司马台长城附近的攀岩基地便是长城沿线知名的攀岩场地之一。长城沿线的山地还提供了丰富的探险项目，如穿越原始森林、探索古老的烽火台和关隘等。

2. 山地旅游线路

综合长城沿线山脉、峡谷等山地景观以及多样的植被覆盖，打造出山地旅游线路。国家林业和草原局以及文化和旅游部联合发布了14条特色生态旅游线路，其中包含辽宁辽东生态旅游线路。该线路从和睦国家森林公园出发，串联起8处自然保护地，游客在此可以享受山岳观光、避暑度假、休闲养生等多种体验。这条线路位于重要的候鸟迁徙路线上，也是辽宁东部重要的水源涵养地，拥有丰富的动植物资源和历史文化遗址。当地建设了一批生态旅游设施，如徒步栈道、自行车道、露营地等，还推出了山地户外运动节、森林音乐节等特色活动，吸引了大量游客前来体验山地旅游的魅力，既促进了当地经济的发展，又有利于生态环境的保护。

3. 山地旅游典型代表

八达岭长城是山地旅游的典型代表，它位于北京延庆区，是明长城的重要组成部分。八达岭长城地势险要，其所处山脉呈东西走向，海拔较高，在山脉的起伏间，长城蜿蜒而上，形成了"巨龙盘踞群山"的壮丽景观。

在户外运动体验上，八达岭长城景区提供了成熟的徒步线路，这些徒步线路难度适中，适合不同年龄段和不同体力的游客。同时，登山辅助设施完善，如台阶、扶手等，充分保障了游客的安全。在文化体验活动方面，景区内设有长城博物馆，通过参观博物馆，游客可以深入了解长城的历史文化。此外，景区还会定期举办传统民俗活动，如舞龙舞狮表演、民间手工艺展示等，让游客能够亲身体验当地的民俗风情。

综上，长城沿线形成了一系列文化旅游新业态。在文化遗产与旅游融合方面，有长城遗产旅游、红色旅游、博物馆旅游和研学旅游；特色产业与旅游融合形成乡村旅游、康养旅游、冰雪旅游和节庆演艺旅游新业态；自然生态与旅游融合则产生草原旅游、沙漠旅游、滨海旅游和山地旅游新业态。通过创新开发和多元融合，打造出众多旅游产品和线路，举办各类特色活动，这不仅满足了游客多样化需求，还促进了当地文化传承、经济发展和生态保护。

第四节　长城文化旅游市场发展态势

一、长城文化旅游市场规模

（一）接待游客人数

1. 国内游客人数

2009—2019年，长城文化旅游研究区8个省（自治区、直辖市）接待国内游客人数呈现出强劲的增长态势。从2009年的84470.77万人次增长到2019年的393345万人次，年均增长率约16.7％。经济的稳步增长是关键动力，居民可支配收入持续增加，使得人们有更多的资金和更强烈的意愿投入到旅游消费中。基础设施的不断完善，尤其是高铁网络的飞速发展，极大地缩短了城市间的时空距离，为游客的出行提供了便利。2020—2022年期间，受疫情的影响，数据异常，这反映了旅游业对外部影响的敏感性。（见表3-3、图3-1、图3-2）

表 3-3 长城文化旅游研究区 8 个省（自治区、直辖市）接待国内游客人数（万人次）

年份	北京	天津	河北	山西	辽宁	陕西	甘肃	宁夏	总和	全国	占比
2009	16257.0	5537.4	12164.0	10611.0	24194.8	11410.0	3387.7	908.9	84470.77	190200	44.41%
2010	17900.0	6117.5	14851.0	12497.0	28277.5	14353.0	4284.5	1018.8	99299.25	210300	47.22%
2011	20884.0	10605.4	18626.7	14975.0	32563.5	18135.0	5826.5	1167.7	122783.7	264100	46.49%
2012	22633.7	13656.8	22911.0	19434.0	36281.5	22941.0	7824.3	1339.0	147021.3	295700	49.72%
2013	24738.8	15807.9	26988.0	24605.0	40427.2	28161.0	10068.4	1817.9	172614.2	326200	52.92%
2014	25722.2	15271.7	31368.8	29951.0	45925.3	32953.0	12655.3	1671.6	195519	361100	54.15%
2015	26859.0	17058.7	37060.0	36007.0	39710.7	38274.0	15632.9	1835.8	212438	399000	53.24%
2016	28115.0	18810.9	46531.7	44330.0	44872.9	44575.0	19089.0	2100.0	248424.4	443500	56.01%
2017	29353.6	20769.4	57073.9	56073.0	50318.4	51901.0	23897.4	3078.5	292465.2	500100	58.48%
2018	30693.2	22651.0	67610.7	70378.0	56211.4	62588.0	30190.9	3335.9	343659.1	553300	62.04%
2019	31833.0	24497.4	78078.9	83390.0	63875.6	70249.0	37422.7	3998.5	393345	600600	65.49%
2020	18352.4	14124.0	37952.5	33252.0	30150.2	35701.0	21288.2	3428.4	194248.8	287900	67.47%
2021	25488.3	17894.0	42861.3	32815.0	49391.4	39058.0	27601.9	3622.5	238732.4	324610	73.54%
2022	18206.7	11212.0	33156.9	29049.0	27045.6	34654.0	13500.0	3882.5	170706.7	253000	67.47%

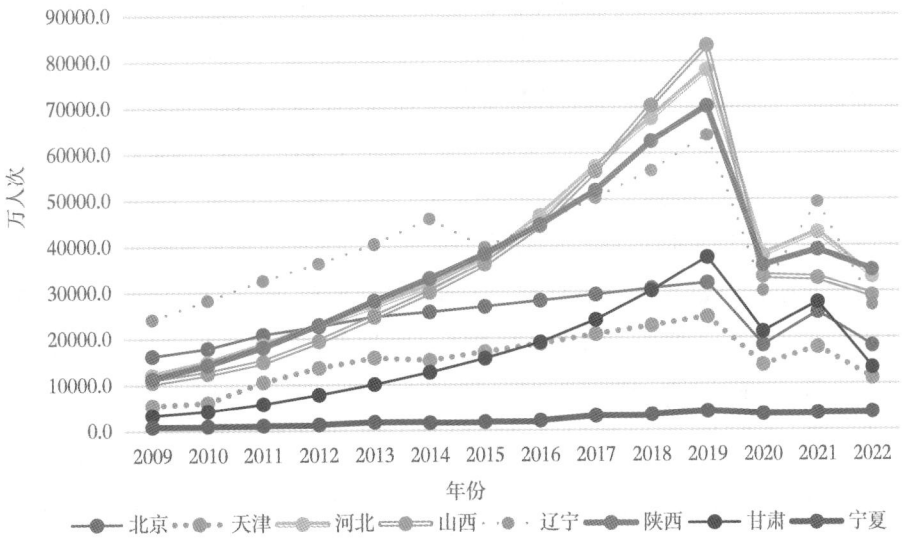

图 3-1　长城文化旅游研究区 8 个省(自治区、直辖市)接待国内游客人数情况

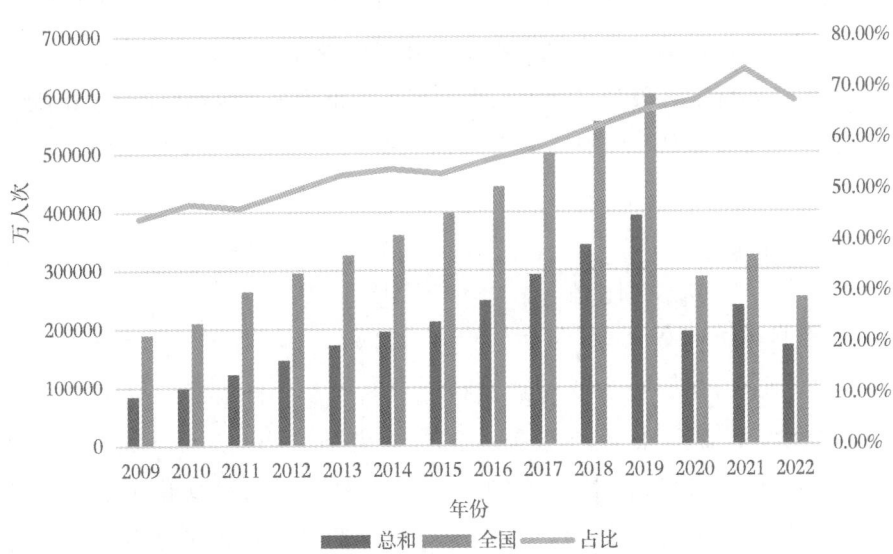

图 3-2　长城文化旅游研究区 8 个省(自治区、直辖市)国内游客总人数占全国比例

从区域增长差异来看，河北、山西和陕西的游客人数增长表现尤为突出。以河北为例，2009年接待国内游客人数为12164万人次，2019年增长至78078.9万人次，增长了5.42倍。河北拥有丰富的长城资源，如金山岭长城、山海关长城等，各段落各具特色。同时，河北通过举办各类文化活动、开发特色旅游产品等方式，提升了长城文化旅游的知名度和吸引力。山西和陕西两省也通过挖掘自身的长城文化内涵，开发了一系列具有地方特色的长城旅游项目，如山西的长城古堡游、陕西的长城与黄河文化体验游等，吸引了众多游客，实现了游客人数的显著增长。

2.入境游客人数

2009—2019年，长城文化旅游研究区8个省（自治区、直辖市）的入境游客人数总体呈上升趋势。从2009年的1188.7万人次增长到2019年的1623.1万人次（见表3-4、图3-3、图3-4）。2020—2022年，受疫情影响，数据异常。

北京是吸引入境游客的核心区域，相比之下，其他省份的入境市场表现则相对较弱。2019年，北京接待入境游客人数达到376.9万人次，占长城沿线8省市入境游客总量的23.22％。北京不仅拥有八达岭、慕田峪等长城标志性景区，还拥有密集的国际航班和完善的旅游配套设施，吸引了大量商务、观光及文化交流类游客。甘肃虽拥有嘉峪关、阳关等著名的历史遗迹，但由于地处内陆，国际交通不便，外语服务能力不足，营销力度薄弱等，2019年入境游客仅为19.8万人次。宁夏、山西等地也面临类似的问题，入境游客量长期偏低。这种区域分布的失衡，使得长城文化旅游的入境市场抗风险能力较弱。

（二）旅游收入

1.国内旅游收入

2009—2019年，长城文化旅游研究区8个省（自治区、直辖市）国内旅游收入呈现显著增长态势。国内旅游收入从7708.3亿元增长到45067.3亿元，年均增长率约19.3％。这不仅体现了长城文化旅游的吸引力不断增强，也反映了国内旅游市场的蓬勃发展。随着居民生活水平的提高，人们对旅游的需求逐渐从传统的观光旅游向文化体验旅游转

表 3-4　长城文化旅游研究区 8 个省（自治区、直辖市）入境游客人数（万人次）

年份	北京	天津	河北	山西	辽宁	陕西	甘肃	宁夏	总和	全国	占比
2009	412.5	141.0	84.2	106.8	293.2	145.0	4.5	1.5	1188.7	2193.8	54.19%
2010	490.1	166.1	97.7	130.3	361.8	212.2	7.0	1.8	1467.0	2612.7	56.15%
2011	520.4	200.4	114.1	155.3	405.3	270.4	9.1	2.0	1677.1	2711.2	61.86%
2012	500.9	234.1	129.3	189.2	473.1	335.2	10.2	1.9	1873.9	2719.2	68.92%
2013	450.1	264.5	133.8	212.6	256.0	253.5	9.8	2.5	1582.9	2629.0	60.21%
2014	427.5	296.2	132.9	56.6	260.7	266.3	4.9	3.4	1448.3	2636.1	54.94%
2015	420.0	326.0	138.2	59.4	264.0	293.0	5.5	3.7	1509.8	2598.5	58.10%
2016	416.5	335.0	147.6	63.0	273.7	338.2	7.1	5.1	1586.2	2815.1	56.35%
2017	392.6	345.1	160.3	67.0	278.8	383.7	7.9	6.5	1641.9	2916.5	56.30%
2018	400.4	198.3	175.8	71.4	287.7	437.1	10.0	8.8	1589.5	3054.3	52.04%
2019	376.9	189.8	187.9	76.2	294.1	465.7	19.8	12.7	1623.1	3188.3	50.91%
2020	34.1	17.1	7.9	1.7	19.8	8.6	2.5	1.1	92.9	—	—
2021	24.5	—	—	—	—	—	—	1.2	25.7	—	—
2022	24.1	—	—	—	—	—	—	0.6	24.7	—	—

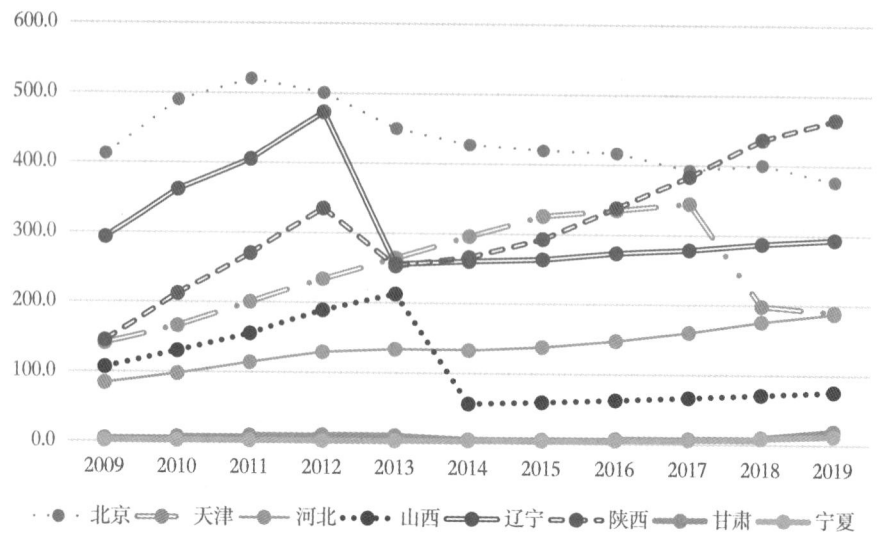

图3-3　长城文化旅游研究区8个省(自治区、直辖市)接待入境游客人数情况

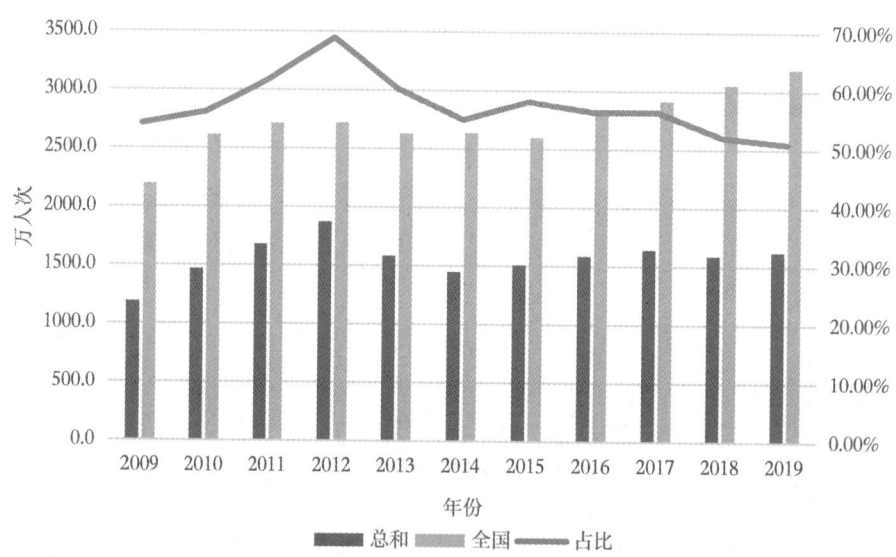

图3-4　长城文化旅游研究区8个省(自治区、直辖市)入境游客总人数占全国比例

变，长城所蕴含的丰富历史文化内涵正好满足了这一需求。同时，各地政府和旅游企业加大了对长城文化旅游的开发和推广力度，推出了一系列丰富多彩的旅游产品和活动，进一步激发了游客的旅游热情，推动了国内旅游收入的增长。

从区域差异来看，京津冀地区在长城文化旅游的国内旅游收入中占据主导地位。2022年，该地区的游客占比超过60%，旅游收入占比较高。北京因拥有区位优势，旅游资源丰富，旅游设施完善，吸引了大量游客，其国内旅游收入在长城沿线8省（自治区、直辖市）中一直名列前茅。河北凭借其独特的长城资源和地理位置优势，近年来在长城文化旅游开发上取得了显著成效，旅游收入增长迅速。而甘肃、宁夏等西部省份，由于地理位置偏远、交通不便等原因，在国内旅游收入中的份额相对较小，不足5%（见表3-5、图3-5、图3-6）。

2. 入境旅游收入

2009—2019年，长城文化旅游研究区8个省（自治区、直辖市）的入境旅游收入总体呈上升趋势。从2009年的8869.6百万美元增长到2019年的12755.7百万美元，北京凭借其独特的区位优势和丰富的旅游资源，成为入境旅游收入的主要贡献地区。相比之下，其他省份的入境旅游收入相对较低。2019年，甘肃的入境旅游收入仅为59.1百万美元，宁夏为64.8百万美元，占比均较小。这些地区虽然拥有独特的长城文化资源，如甘肃的嘉峪关长城、宁夏的盐池长城等，但由于缺乏有效的开发和推广，未能充分发挥其旅游价值。2020—2022年，受疫情影响，数据异常（见表3-6、图3-7、图3-8）。

（三）人均花费

2009—2019年，长城文化旅游研究区8个省（自治区、直辖市）的国内旅游人均花费呈现出稳步上升趋势，从2009年的882.8元增长到2019年的1235.2元，这一变化反映了随着生活水平的提高，人们对旅游品质的追求也在不断提升，游客在长城文化旅游过程中的消费支出逐渐增加。旅游消费升级的背后，是旅游市场的不断发展和完善。各地旅游企业不断推出丰富多样的旅游产品和服务，如长城主题的高端民宿、特色餐饮、文化体验活动等，满足了游客多样化的需求，使得游客在旅游过程中的消费选择更

表 3-5 长城文化旅游研究区 8 个省（自治区、直辖市）国内旅游市场收入（亿元）

年份	北京	天津	河北	山西	辽宁	陕西	甘肃	宁夏	总和	全国	占比
2009	2144.5	950.4	688.7	865.9	2098.8	715.0	191.9	53.1	7708.3	10183.7	75.69%
2010	2425.1	1151.9	890.8	1052.3	2533.4	916.0	236.2	67.3	9273.0	12579.8	73.71%
2011	2864.3	1384.7	1192.2	1305.1	3159.3	1240.0	332.6	83.8	11562.0	19305.4	59.89%
2012	3301.3	1663.0	1553.9	1766.3	3742.0	1610.0	469.7	103.1	14209.2	22706.2	62.58%
2013	3666.3	1984.0	1973.8	2253.7	4432.6	2031.0	618.9	126.6	17086.8	26276.1	65.03%
2014	3997.0	2307.4	2528.7	2829.3	5190.2	2435.0	779.6	141.6	20208.7	30311.9	66.67%
2015	4320.3	2591.2	3395.6	3428.9	3620.1	2904.0	974.5	160.0	21394.6	34195.1	62.57%
2016	4683.0	2920.3	4610.1	4228.0	4122.2	3659.0	1219.2	205.0	25646.8	39389.8	65.11%
2017	5122.4	3292.1	6089.6	5338.6	4620.7	4630.0	1578.7	275.2	30947.4	45660.8	67.78%
2018	5556.2	3841.0	7580.2	6699.5	5254.8	5789.0	2058.3	291.9	37070.8	51278.3	72.29%
2019	5866.2	5859.8	9248.7	7999.4	6102.7	6979.0	2676.0	335.6	45067.3	57250.9	78.72%
2020	2880.9	1331.4	3674.7	2919.7	2712.2	2762.0	1454.4	198.8	17934.1	22286.0	80.47%
2021	4138.5	1968.8	4424.4	2920.5	3392.2	3434.0	1842.4	286.4	22407.3	29190.8	76.76%
2022	2490.9	773.1	3008.9	1453.0	1888.1	2625.0	665.0	304.3	13208.2	20444.0	64.61%

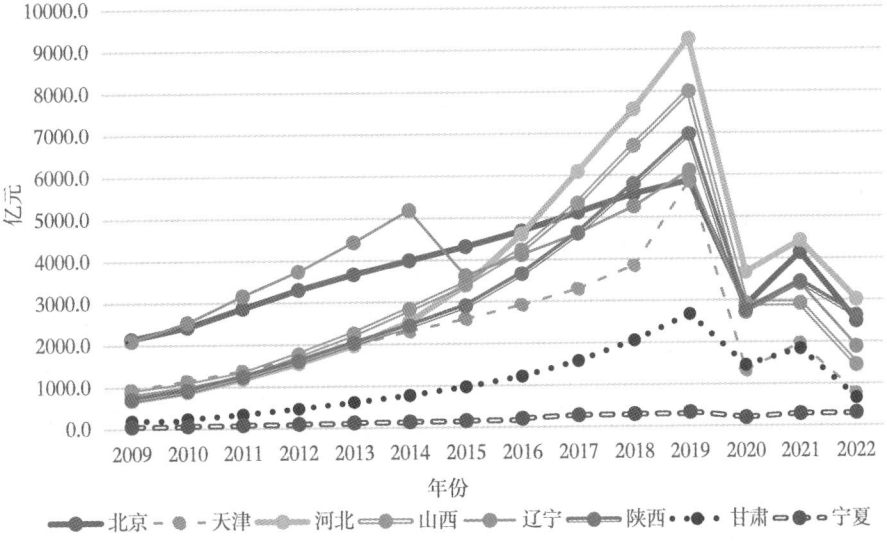

图 3-5　长城文化旅游研究区 8 个省（自治区、直辖市）国内旅游市场收入情况

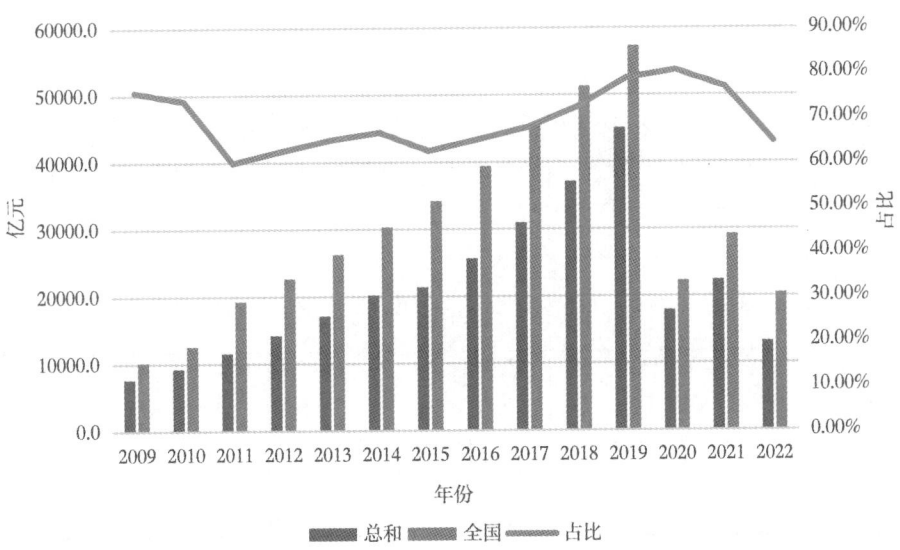

图 3-6　长城文化旅游研究区 8 个省（自治区、直辖市）国内旅游总收入占全国比例

表3-6　长城文化旅游研究区8个省(自治区、直辖市)入境游市场收入(百万美元)[①]

年份	北京	天津	河北	山西	辽宁	陕西	甘肃	宁夏	总和	全国	占比
2009	4356.7	1182.6	307.8	378.0	1856.0	771.0	13.0	4.4	8869.6	39675	22.36%
2010	5044.6	1419.5	350.7	464.6	2259.3	1016.0	14.8	6.0	10575.5	45814	23.08%
2011	5416.0	1755.5	447.7	567.2	2713.1	1295.1	17.4	6.2	12218.2	48464	25.21%
2012	5149.0	2226.4	544.9	720.2	3263.7	1597.5	22.4	5.5	13529.6	50028	27.04%
2013	4794.7	2591.3	585.8	822.7	3477.1	1676.2	20.4	12.1	13980.2	51664	27.06%
2014	4608.0	2992.1	534.2	280.7	1618.0	1768.7	10.2	18.5	11830.4	105380	11.23%
2015	4605.0	3298.1	501.9	297.1	1636.5	2000.2	14.2	20.8	12373.9	113650	10.89%
2016	5070.0	3556.9	552.4	317.4	1823.9	2338.6	19.1	40.6	13718.9	120000	11.43%
2017	5129.8	3751.5	578.7	350.1	1778.1	2704.4	20.9	38.6	14352.0	123417	11.63%
2018	5516.4	1109.9	646.7	378.0	1739.6	3126.7	28.3	55.9	12601.3	127103	9.91%
2019	5192.5	1182.5	740.2	410.0	1739.0	3367.7	59.1	64.8	12755.7	131254	9.72%
2020	480.0	334.0	29.0	6.1	119.7	45.5	7.0	3.9	1025.1	—	—
2021	430.0	—	—	—	—	—	—	4.2	434.2	—	—
2022	440.0	—	—	—	—	—	—	20.2	460.2	—	—

①2015年以后,全国"国际旅游收入"补充完善了停留时间为3—12个月的入境游客花费和游客在华短期旅居的花费,与以前年度不可比。

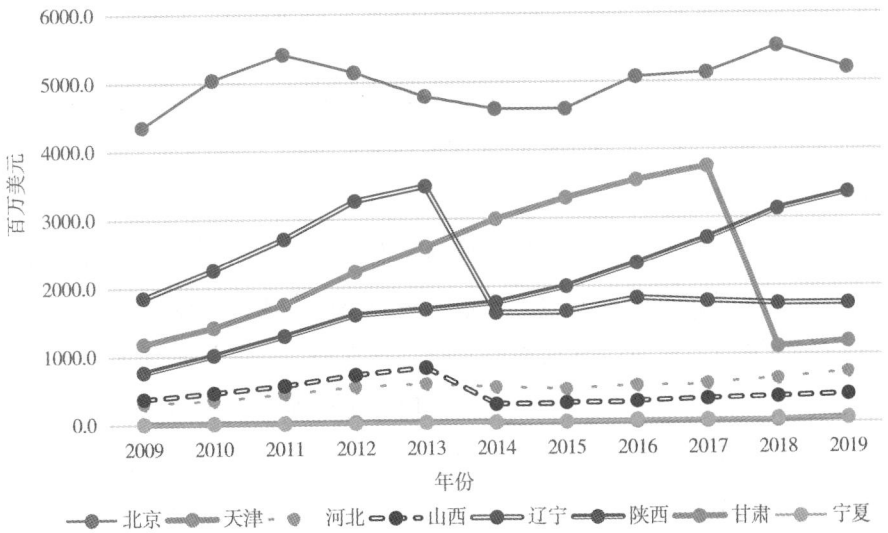

图3-7 长城文化旅游研究区8个省(自治区、直辖市)入境旅游收入变化

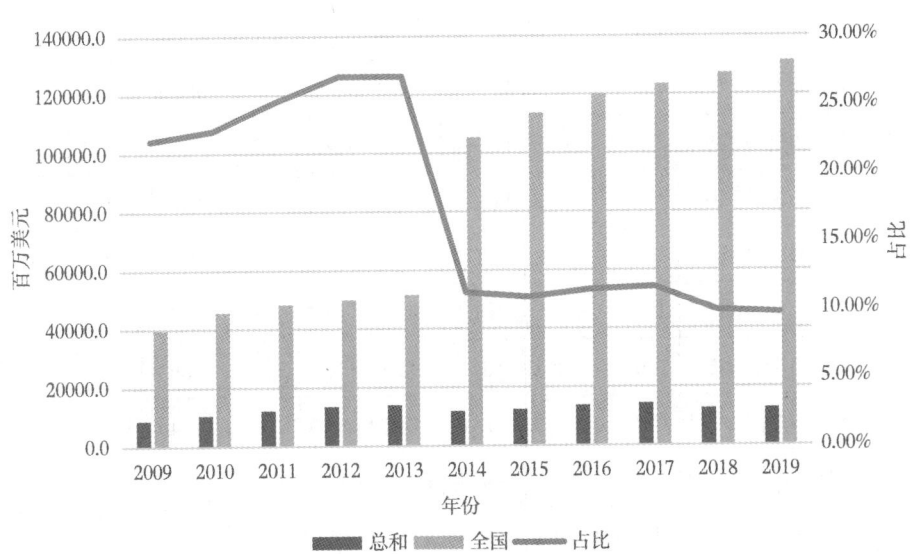

图3-8 长城文化旅游研究区8个省(自治区、直辖市)入境旅游总收入占全国比例

加丰富，从而推动了人均花费的上升。疫情的不确定性使得旅游消费更加谨慎，短途游、低消费的旅游产品开始受青睐（见表3-7、图3-9）。

从区域差异来看，北京、天津等东部地区的国内旅游人均花费长期处于较高水平，甘肃、宁夏等西部地区的国内旅游人均花费处于较低水平。北京作为中国的首都，拥有丰富的旅游资源和完善的旅游设施，吸引了大量高端游客，其旅游消费市场较为成熟，游客人均花费较高。例如，北京的八达岭长城景区周边的餐饮、住宿、购物等配套服务设施完善，游客在景区内的消费选择多样，这使得除了门票收入外，游客的人均花费相对较高。甘肃的部分长城景区，由于交通不便，游客前往景区的成本较高，且景区内的旅游服务设施不够完善，如餐饮、住宿选择有限，游客在景区内的消费意愿较低。

表3-7　长城文化旅游研究区8个省（自治区、直辖市）国内旅游人均花费（元）

年份	北京	天津	河北	山西	辽宁	陕西	甘肃	宁夏	平均值	全国	比率
2009	1319.1	1716.3	566.2	816.0	867.5	626.6	566.5	584.2	882.8	535.4	1.65
2010	1354.8	1883.0	599.9	842.0	895.9	638.2	551.3	660.6	928.2	598.2	1.55
2011	1371.5	1305.7	640.1	871.5	970.2	683.8	570.8	717.8	891.4	731	1.22
2012	1458.6	1217.7	678.2	908.9	1031.4	701.8	600.2	769.6	920.8	767.9	1.20
2013	1482.0	1255.1	731.4	915.9	1096.4	721.2	614.7	696.1	939.1	805.5	1.17
2014	1553.9	1510.9	806.1	944.6	1130.1	738.9	616.0	846.8	1018.4	839.7	1.21
2015	1608.5	1519.0	916.2	952.3	911.6	758.7	623.4	871.6	1020.2	857	1.19
2016	1665.7	1552.4	990.8	953.7	918.6	820.9	638.7	976.2	1064.6	888.2	1.20
2017	1745.1	1585.1	1067.0	952.1	918.3	892.1	660.6	894.0	1089.3	913	1.19
2018	1810.2	1695.7	1121.2	951.9	934.8	924.9	681.8	875.0	1124.5	925.8	1.21
2019	1842.8	2392.0	1184.5	959.3	955.4	993.5	715.1	839.2	1235.2	953.3	1.30
2020	1569.8	942.7	968.2	878.1	899.6	773.6	683.2	579.9	911.9	774.1	1.18
2021	1623.7	1100.3	1032.3	890.0	686.8	879.2	667.5	790.6	958.8	899.3	1.07
2022	1368.1	689.5	907.5	500.2	698.1	757.5	492.6	783.7	774.6	808.1	0.96

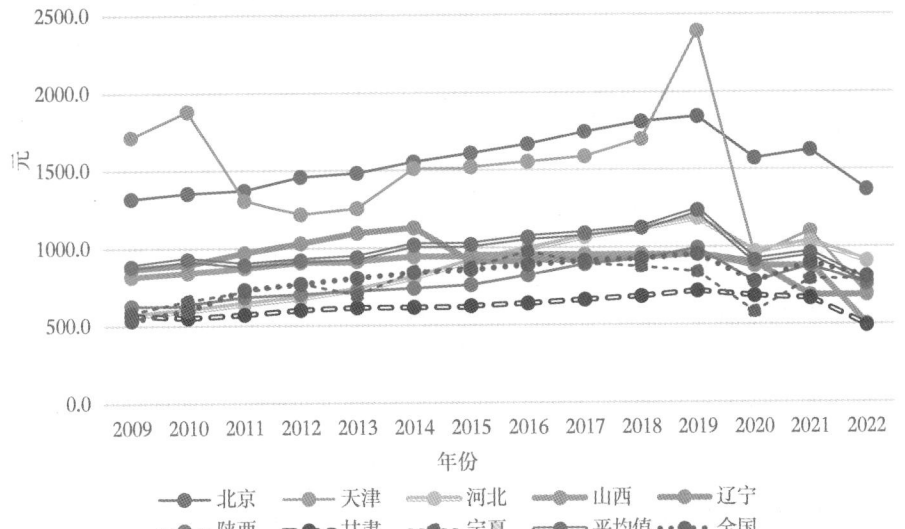

图3-9 长城文化旅游研究区8个省(自治区、直辖市)国内旅游市场游客平均花费

二、长城文化旅游市场结构特征

（一）国内旅游市场规模不断扩大

2009—2019年是长城文化旅游国内市场的高速增长期。国内游客人数从8.45亿元增至39.33亿元，年均增速约16.63%；旅游收入从7708亿元跃升至4.51万亿元，年均增速约19.31%。中国经济的持续增长为市场规模的扩大奠定了基础。2009—2019年，GDP年均增速约7.8%，居民人均可支配收入从2009年的17175元增长至2019年的30733元，增幅约78.94%。这使得居民消费能力不断提升，对旅游等精神文化消费的需求日益旺盛，且更加注重旅游产品和服务质量，如入住高端的长城主题民宿、参加深度的长城文化体验活动等，不仅推动了游客数量的增长，也促进了旅游消费的升级。政策的支持与引导在市场增长中发挥了关键作用，如《长城、大运河、长征国家文化公园建设方案》的出台，为长城文化旅游的发展提供了强大的政策支持和资金保障。产品创新与多元化发展也是市场增长的重要动力，各地积极挖掘长城文化内涵，结合当地特色，开发出了丰富多样的旅游产品，满足了不同游客群体的需求。基础设施的完善为市场增长提供了有力支撑，高铁网络的飞速发展，极大地缩短了城市间的时空距离，提高了游客的出行效率。京张高铁2019年通车后，从北京到张家口的时间大幅缩短至1小时左右，使得河北崇礼、山西大同成为新兴的旅游目的地。

在区域分布上，京津冀地区在长城文化旅游国内市场中占据主导地位，贡献了超过60%的游客量。北京作为中国的首都，拥有丰富的旅游资源和完善的旅游设施，且具备强大的客源输出能力。北京居民的旅游消费能力较强，对长城文化旅游的需求也较为旺盛。天津和河北与北京地理位置相近，交通便利，能够承接北京的旅游辐射。天津的黄崖关长城以其独特的建筑风格和历史文化内涵吸引了不少游客；河北拥有金山岭长城、山海关长城等众多优质的长城资源，吸引了大量游客前来观光游览。京津冀地区凭借其独特的区位优势、丰富的旅游资源和完善的基础设施，形成了一定的旅游集聚效应，成为长城文化旅游国内市场的核心区域。

（二）入境旅游市场发展不平衡

在长城文化旅游的入境市场中，北京的主导地位十分显著，其他省（自治区、直辖市）的入境市场表现相对较弱。2019年，长城沿线八省（自治区、直辖市）的入境游客量达到1623万人次，旅游收入为1.28亿美元，北京贡献了入境游客总量的40.7%（约660万人次）及收入的40.7%（约5192.5万美元）。这主要是因为北京具有独特的区位优势，其不仅是政治、经济和文化中心，还拥有八达岭、慕田峪等标志性景区，加之国际航班密集、旅游配套设施完善，吸引了大量商务、观光及文化交流类游客。甘肃虽拥有嘉峪关、阳关等历史遗迹，但2019年入境游客仅19.8万人次，收入590万美元，占比不足全国的0.45%。宁夏、山西等地也因国际交通不便、外语服务能力不足及营销力度薄弱等原因，入境游客量长期偏低（2019年分别为12.7万人次、76.2万人次）。

长城文化旅游入境市场的高度集中，使得市场抗风险能力不足。为了提高市场的抗风险能力，需要加强合作，共同打造具有国际影响力的长城文化旅游品牌，加大对非核心地区的旅游开发和推广力度，提升各地的旅游服务质量和国际竞争力，以实现入境市场的多元化发展，降低市场风险。

（三）旅游消费行为多元化发展

长城文化旅游的游客消费行为呈现出多元化与个性化特征。在旅游方式上，传统的跟团游不再是唯一的选择，自由行、自驾游、定制游等新型旅游方式日益受到游客的青睐。游客更加注重旅行的自主性和灵活性，可以根据自己的兴趣和时间安排行程，深入体验长城周边的风土人情。定制游满足了游客对于个性化旅游的需求，游客可以根据自己的兴趣爱好、时间安排和预算，定制专属的旅游行程。一些高端游客会定制包含长城文化体验、高端住宿、特色餐饮等内容的豪华旅游套餐，而亲子家庭则更倾向于定制包含长城研学、亲子互动等项目的亲子游套餐。

在消费项目上，游客更加注重旅游过程中的文化体验和休闲娱乐消费。长城文化体验项目成为游客消费的热点，如长城民俗文化体验活动等。休闲娱乐项目的消费也在不断增加，如长城周边的露营、徒步、骑行等活动，一些景区还开发了长城主题的户外拓展项目，吸引了众多游客参与。旅游购物消费也呈现出多元化的趋势，游客更加注重商品的文化内涵和品质，如长城造型的文具、饰品等长城主题文创产品，长城沿线地区的剪纸、刺绣等特色手工艺品和特色水果等农产品受到游客喜爱。

三、长城文化旅游市场发展趋势

（一）本地化与开放性：建立"主客共享"的长城公共文化空间

长城文化旅游将从单一的观光功能向"文化体验＋社区服务"转型。融入地方民俗活动、非遗工坊等，增强游客与本地居民的互动。例如，河北省已探索"保护区＋社区"模式，将长城遗址保护与周边社区公共服务设施结合，形成文化展示、教育、休闲一体化的公共空间。通过客群精准匹配和主题场景创新，升级微度假产品，满足短途游需求。针对亲子家庭推出"长城小卫士"研学营，针对银发群体设计"慢行长城"康养路线。京津冀区域开发"长城星空观测站""长城脚下非遗工坊"等项目；关中平原推出"秦长城农耕文化季"，结合陕北窑洞、梯田景观打造"长城＋田园综合体"。这样的"主客共享"模式，既满足了游客对长城文化的探索需求，又为当地居民提供了参与旅游发展、共享旅游收益的机会。

数字技术赋能主客共享。通过数字技术打破物理空间限制，例如北京昌平段长城运用无人机和AI技术进行保护监测，同时开发"数字长城"平台实现沉浸式文化展示，使游客与本地居民共享文化遗产的数字化成果。推动线上线下联动的文化空间建设，满足游客深度体验与社区文化传播的双重需求。

（二）差异化与数智赋能：打造长城文化符号超级IP

差异化是打造长城文化符号超级IP的关键，这需要充分挖掘长城沿线各区域的独特魅力。北京将"皇家文化"与"长城"进行联动，与故宫、颐和园等知名IP联合，塑造出独特的品牌形象；河北凭借其全面的长城资源和集中的关隘分布，以边塞文化为亮点打造特色；天津依托黄崖关长城，设立"长城文化驿站"，与北京、河北协同发展；陕西打造"长城与黄河对话"的旅游品牌，开发沿黄长城观光带；甘肃围绕嘉峪关、敦煌等著名景点，构建"丝路长城"品牌体系；宁夏将部分长城段与荒漠化治理相结合，展现"长城与绿洲"的特色；辽宁则融合长城、海洋、冰雪等元素，打造滨海休闲与冬季长城旅游相结合的特色项目。

数智赋能为长城文化传承利用注入了新活力，依托AI、AR、VR等技术，成功打造出虚实结合的体验场景。搭建"长城文明元宇宙"平台，用户可认领虚拟长城砖块并参与修缮众筹活动，完成众筹后可获得NFT产权证书；开发AI长城数字人"关小城"，它担任跨省文旅推荐官，实时为用户解答线路规划等相关问题；同时，为展示非核心区域的长城文化，为山西偏关长城、宁夏花马池等非热门长城段建立了"云长城"3D数据库，利用算法推荐实现"冷资源热传播"。

在管理智慧化层面，应用LBS（地理位置服务）技术监测八达岭、慕田峪等热门长城景区的人流密度，一旦人流密度达到一定阈值，系统便会自动触发分流预警，保障游客的安全与游览体验；建立长城建材DNA数据库，利用区块链追溯每块城砖的修缮历史，实现"一砖一码"可溯源管理，为长城的保护与研究提供更加精准的数据支持。

此外，长城沿线景区将构建"游客画像—消费行为—服务优化"的数据闭环，通过对游客数据的深度分析，提升运营效率，为游客提供更加个性化、优质的服务。同时，为完善西部地区的交通与多语种服务，在甘肃、山西、宁夏等地的景区部署了多语种智能导览机器人，解决入境游客服务短板问题。

（三）遗产保护与社区参与：建立长城文化旅游可持续治理模式

遗产保护是长城文化旅游可持续发展的根基，长城保护将从人工巡护转向"人机协同"。在巡检与修复方面，采用"无人机＋三维建模"技术进行定期巡检，借助AI技术自动识别墙体裂隙，并生成精准的修复方案；同时，积极应用微生物加固技术对宁夏土长城开展生物矿化保护工作，有效减少化学材料对长城的干预。在环境容量调控方面，全面推行"预约制＋限流"措施，建立健全遗产影响评估体系，引入AI预测模型，对游客流量给遗址带来的潜在压力进行科学评估，并依据评估结果动态调整开放区域；此外，还制订了"轮休制"保护计划，例如每年封闭金山岭长城部分段落，让其自然恢复。

社区参与是实现长城文化旅游可持续发展的重要力量。在社区赋能与利益共享方面，可借助"保护性开发"模式达成经济反哺的目标。具体而言，鼓励长城沿线村民积极投身文旅服务工作，山西等地已试点推行"旅游收益分成"制度，将部分门票收入专项用于社区基础设施的改善与提升，同时对居民开展专业培训，使其转型成为文化讲解员、手工艺导师等，进而形成"保护—就业—传承"的良性循环机制。在文化创新传承领域，积极探索长城文化活化利用的新途径。例如，河北迁西招募"长城守夜人"，恢复明代守军巡更制度，使游客能够亲身参与夜间火把巡城仪式，深度体验长城文化的独特魅力。此外，在国际化发展进程中，注重国际经验的本土化融合。目前，长城保护管理工作已获得世界遗产委员会的高度认可，并确立了"最小干预"的修复标准。同时，通过国际志愿者计划吸引全球各地参与者投身长城保护工作，有效提升了社区居民的文化认同感。

未来长城文化旅游市场将呈现出空间融合、IP创新与治理转型的发展趋势。物理空间与数字空间叠加，形成主客共享机制；差异化叙事与数智技术结合，形成具有全球影响力的文化符号；科技提高保护效率，社区参与推动可持续发展。未来可进一步探索"长城文化"与"国家公园""乡村振兴""一带一路"三大国家战略的深度融合，实现文化遗产价值的最大化。

第四章　长城文化旅游发展绩效评价

旅游发展绩效是旅游业在一定市场环境条件下，投入相应生产要素所形成的经济成果，是评价旅游业市场运行效果和生产发展效率的重要指标。本章构建长城文化旅游发展绩效评价指标体系，选用2009—2022年相关数据，从长城文化旅游省域层面和长城文化旅游（河北段）地市层面进行测评分析。

第一节　长城文化旅游发展绩效形成机制

一、长城文化旅游发展绩效内涵

（一）绩效与旅游发展绩效

关于绩效的内涵，Brumbrach的行为结果观认为绩效由业绩和效率构成，业绩是对经济行为的结果评价，效率是对经济行为的过程评价[①]。旅游发展绩效可以理解为从事旅游经济活动得到的效果[②]，包含旅游业生产活动过程的组织和旅游市场运行结果[③]，是旅游产业发展质量和市场效果的客观反映，是衡量区域旅游产业发展水平的重要指标[④]。由此，旅游发展绩效可由旅游业绩和旅游效率构成，其中旅游业绩是指旅游市场运行的结果，是旅游业在市场规模、旅游收入方面的业绩表现；旅游效率是指旅游业生产

① 王坤,黄震方,曹芳东,等,《泛长江三角洲城市旅游绩效空间格局演变及其影响因素》,2016。

② 杨立勋,陈晶,程志富,《西北五省区旅游产业绩效影响因素分析——基于面板数据分位数回归》,2013。

③ 高维全,《海岛旅游绩效时空特征与驱动机制研究——以中国12个海岛县(区)为例》,2018。

④ 高维全,曹洪珍,王玉霞,《海岛旅游绩效评价及驱动因子研究——以中国12个海岛县(区)为例》,2020。

活动过程中投入劳动和生产资料的有效利用情况，是旅游生产经营活动投入与产出的效率表现。

（二）长城文化旅游发展绩效

长城是中国现存体量最大、分布最广的大型线性文化遗产，是中华民族的精神象征和中华文化的标志性符号。长城文化旅游是指以长城及其沿线赋存的文化资源、生态资源以及红色资源为核心吸引物[①]，依托长城沿线的自然、经济、人文环境发展旅游产业并开展旅游活动，具有区域性、文化性和生态性特点。基于旅游发展绩效的概念，本研究认为长城文化旅游发展绩效由长城文化旅游业绩和长城文化旅游效率构成，是对长城文化旅游市场运行结果以及长城文化旅游业生产过程组织效率的综合评价。

二、长城文化旅游发展绩效影响因素

旅游是一个由食、住、行、游、购、娱等多要素组成的社会经济系统，综合性强、带动性大，旅游发展绩效不仅受到旅游系统自身运行状况的影响，还受到旅游业生产要素投入以及区域经济环境等因素的影响。

（一）旅游系统运行对长城文化旅游发展绩效的影响

旅游系统运行是影响旅游发展绩效的主要因素。旅游系统涉及目的地系统、客源市场系统与出行系统。目的地系统承担着旅游产品与服务的提供，是满足旅游者旅游消费需求的集合[②]；客源市场系统包含国内、国际游客，是旅游目的地产生旅游收入的主要来源；出行系统包含交通、信息服务与营销，是连接旅游目的地系统与客源市场系统的纽带。

长城文化旅游目的地系统的旅游管理部门、旅游企业、社区居民等相关利益者，依托长城文化遗产及其沿线的各类文旅资源开发旅游产品，提供高品质旅游服务，并通过多种渠道向客源市场系统提供相关信息，吸引游客，激发游客出游动机，以促成游客做出旅游出行决策。在客源市场系统，拥有有效需求的国内游客和国际游客借助交通设施前往旅游目的地，

实现旅游产品的市场交易与消费，产生旅游市场规模和旅游收入，形成旅游市场运行结果，即旅游业绩。长城文化旅游产品与服务的供给质量、旅游信息的畅通传递与营销、旅游交通的通达性和便捷性等旅游系统运行因素，对长城文化旅游的客源市场开发、旅游市场规模、旅游感受与体验以及旅游收入产生综合影响，成为驱动长城文化旅游发展绩效形成与提升的主要因素。

（二）旅游生产要素投入对长城文化旅游发展绩效的影响

生产要素投入是影响长城文化旅游发展绩效的核心要素。旅游系统的运行是在生产力水平作用下开展的，旅游系统的运行需要投入相应的劳动者与生产资料，作用于劳动对象。劳动者是生产力中最活跃的要素，旅游劳动者是维持旅游系统运行的主体，生产资料只有同劳动者相结合才能发挥作用，才能作用于劳动对象创造生产效果。投入劳动者和劳动资料，形成旅游系统产出，反映旅游投入与产出的效率。长城文化遗产及其沿线赋存的文化资源、生态资源、景区景点资源、接待设施资源、科技创新资源等构成发展长城文化旅游的劳动资料，长城文化旅游劳动者和劳动资料及其组合方式，成为影响长城文化旅游发展绩效的核心要素。

（三）区域经济环境对长城文化旅游发展绩效的影响

区域经济环境是影响长城文化旅游发展绩效的支撑要素。旅游业是综合性强、关联性大的产业，区域经济环境对旅游目的地系统、出行系统、客源市场系统、旅游生产力发展水平有着重要影响。第一，在人力资本方面，高等教育较为发达的地区能够为旅游业发展输送更高素质的劳动者，拥有更高教育水平的劳动者能够更快地吸收新知识、掌握新技能、应用新技术，更好地适应和促进旅游新质生产力发展需要。第二，在信息技术方面，大数据、人工智能、5G通信等新一代信息技术在旅游领域的广泛应用，有利于推进智慧旅游、数字文旅快速发展，创新旅游产品和服务，提高旅游管理效能，增加旅游体验和收获感。第三，在科技创新方面，科技创新能力较强的地区能够为旅游业发展提供更多、更先进的科技创新资源，形成更加先进的生产技术和管理手段，促进旅游新质生产力的发展，提高生产效率和绩效水平。第四，在产业结构方面，产业结构高度发展的地区的现代服务业发展水平更高，旅游产业地位得到提升，可以带来政策支持和资源要素的聚集，可以提升旅游产业对要素投入的消化能力，发挥规模经济效应。第五，在区域协调方面，区域协调发展对资源的有效整合和基础设施的完善至关重要。第六，在环境质量方面，优良的环境是旅游业发展的基础。同时，推进旅游业绿色低碳发展、倡导旅游绿色消费，不仅有利于加强生态环境保护与区域景观建设，促进人与自然和谐共生，还能实现旅游文化、经济、生态等多元价值功能的有机统一。

（四）长城文化旅游发展绩效形成机制

基于长城文化旅游发展绩效影响因素分析，借助由客源市场系统、目的地系统、出行系统和支持系统构成的旅游系统模型[①]和生产力理论提出长城文化旅游发展绩效形成机制（见图4-1），即在区域经济环境支撑作用下，通过旅游生产要素投入，旅游产业系统有效运行，创造旅游市场收益和旅游生产效率，形成旅游发展绩效，促进长城文化旅游再生产过程不断发展与提高，实现旅游文化、经济、生态等多元价值功能的有机统一。

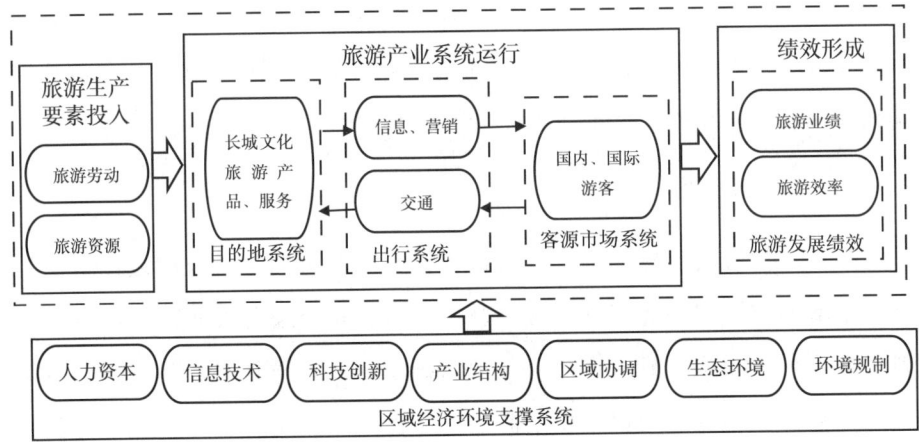

图4-1　长城文化旅游发展绩效形成机制图

---

① 吴必虎，《旅游系统：对旅游活动与旅游科学的一种解释》，1998。

第二节　长城文化旅游发展绩效评价指标体系构建

一、评价指标体系构建原则

（一）科学性原则

遵循科学性原则，评价指标的建立应基于科学的理论和方法，充分考虑长城文化旅游的特点和发展规律。指标的定义以及计算应明确、规范，指标应能够客观真实地反映长城文化旅游发展绩效水平。

（二）系统性原则

长城文化旅游发展绩效受到旅游系统运行、生产要素投入、区域经济环境等多方面因素的共同影响，且各方面之间相互作用。长城文化旅游发展绩效评价指标体系的构建应从长城文化旅游发展绩效的内涵出发，设置不同层级的指标，选取代表性指标，使各方面所涵盖的内容在指标体系中得到充分合理的体现，同时科学系统地梳理指标之间的关系，从而对长城文化旅游发展绩效做出准确、全面、合理的评价。

（三）可操作性原则

第一，在构建指标体系时，所选指标应具有可测量或可间接测量的特性。选取的指标能够在统计年鉴、社会发展公报等公开发布的权威统计资料中提取相关数据，或可在现有数据基础上计算推导得出，易于操作。第二，在数据统计时，确保数据之间的可比性。尽量选择在相关统计资料中具有统一口径的数据，以实现不同时空范围间结果的比较分析。第三，在计算数据时，确保应用方法的简便性。面对需要计算的指标，尽量选择普遍适用的简易计算模型，避免采用过于复杂的计算方法，否则会增加评价难度和成本。

二、评价指标选取及构成

结合长城文化旅游发展绩效形成机制，同时参考相关文献，从旅游业绩、旅游效率两个维度构建长城文化旅游发展绩效评价指标体系。

长城文化旅游业绩是对长城文化旅游生产活动的市场运行结果的评价。选取国内旅游人次、入境旅游人次、国内旅游收入、旅游外汇收入4项指标，其中国内旅游人次、入境旅游人次反映了旅游市场规模，国内旅游收入、旅游外汇收入反映了旅游经济状况。

长城文化旅游效率是对长城文化旅游业生产活动过程中投入的劳动者、劳动资料有效利用情况的评价，从旅游要素投入和旅游业运行产出两方面选取评价指标。

在投入指标方面，根据生产力要素理论，从旅游劳动力投入、旅游劳动要素投入两个方面选取指标。第一，旅游劳动力投入。旅游业的综合性强，涉及食、住、行、游、购、娱等多个方面，旅游业从业人员不仅包含旅游业本身从业人员，还应包含旅游业相关产业从业人员，因此，选取旅游从业人数来表征旅游劳动者数量投入。第二，旅游劳动要素投入。选取国家级文物保护单位、历史文化名镇名村、国家级农业文化遗产、国家级非物质文化遗产、国家级博物馆5个指标来表征文化资源禀赋；选取国家级自然保护区、国家级风景名胜区、国家级森林公园、国家级地质公园、国家级湿地公园、国家级沙漠公园、国家级海洋公园、国家级草原自然公园8个指标来表征生态资源禀赋；选取4A级及以上旅游景区、全国乡村旅游重点村镇、国家级旅游休闲街区、中国美丽休闲乡村4个指标来表征景区景点开发利用情况；选取星级饭店、全国甲级乙级旅游民宿2个指标来表征旅游接待设施建设情况；选取地方旅游科技、教育财政支出乘以旅游总收入与地方生产总值的比重来表征旅游科技创新投入情况。并借助Stata 17.0运用线性加权法将20个指标合成一个数值，作为旅游劳动要素投入指标。

在旅游产出指标方面，从期望产出和非期望产出两方面选取指标。第一，期望产出。旅游收入是衡量旅游产业经济产出的重要标准，其在总体上能反映出旅游业发展水平，选取旅游总收入（国内旅游收入与国际旅游收入之和）作为旅游业期望产出要素的衡量指标。第二，非期望产出。旅游业非期望产出主要表现为旅游活动中产生的环境污染，借鉴前人的研究，用旅游收入占GDP的比值来换算旅游"三废"排放量，并用线性加权法将旅游废水排放量、旅游二氧化硫排放量、旅游固体废物排放量合成一个数值来表征旅游非期望产出（见表4-1）。

表4-1　长城文化旅游发展绩效评价指标体系

评价目标	评价领域	指标类别		指标构成
长城文化旅游发展绩效	旅游业绩	旅游市场		国内旅游人次 入境旅游人次
		旅游经济		国内旅游收入 旅游外汇收入
	旅游效率	旅游劳动力投入	劳动者数量	旅游从业人数
		旅游劳动要素投入	文化资源	国家级文物保护单位 历史文化名镇名村 国家级农业文化遗产 国家级非物质文化遗产 国家级博物馆
			生态资源	国家级自然保护区 国家级风景名胜区 国家级森林公园 国家级地质公园 国家级湿地公园 国家级沙漠公园 国家级海洋公园 国家级草原自然公园
			景区景点	4A级及以上旅游景区 全国乡村旅游重点村镇 国家级旅游休闲街区 中国美丽休闲乡村
			接待设施	星级饭店 全国甲级乙级旅游民宿
			科技创新资源	地方旅游科技、教育财政支出
		旅游产出	期望产出	旅游总收入
			非期望产出	旅游废水排放量 旅游二氧化硫排放量 旅游固体废物排放量

三、驱动因素评价指标选取

结合长城文化旅游发展绩效形成机制，考虑数据的可得性、科学性，借鉴相关参考文献，从出行系统与支持系统中选取了长城文化旅游发展绩效的关键驱动因素，具体指标如表4-2所示。

表4-2　长城文化旅游发展绩效驱动因素

变量名称	表征指标	单位
交通条件	旅客周转量	亿人千米
人力资本	普通高等学校在校生人数占总人数比重	%
信息技术	互联网宽带接入用户数、移动电话用户数	—
科技创新	研究与试验发展R&D经费投入强度	%
产业结构	第三产业产值占GDP比重	%
区域协调	城乡居民消费水平之比	—
生态环境	空气质量优良天数、森林覆盖率	—
环境规制	环保财政支出占区域财政总支出比重	%

四、研究方法和数据来源

（一）研究方法

1. 熵权TOPSIS法

熵权TOPSIS法是一种综合评价方法，它是在运用熵权法确定各评价指标权重的基础上，进一步采用TOPSIS法来测度各个评估对象与正理想解以及负理想解之间的相对距离，并根据这些距离对评估对象进行排序，最终实现对旅游业绩水平的评价。具体步骤如下：

（1）构建初始评价矩阵。

假设有m个评价对象，每个评价对象有n个指标，则可以构建初始决策

矩阵X：
$$X = \begin{bmatrix} x_{11} & x_{12} & \vdots & x_{1n} \\ x_{21} & x_{22} & \vdots & x_{2n} \\ \vdots & \vdots & \vdots & \vdots \\ x_{m1} & x_{m2} & \vdots & x_{mn} \end{bmatrix}$$

式中,x_{ij} 表示第 i 个评价对象下第 j 项指标的数值。

（2）数据标准化。

正向指标：$x'_{ij} = \dfrac{x_{ij} - \min x_{ij}}{\max x_{ij} - \min x_{ij}}$

负向指标：$x'_{ij} = \dfrac{\max x_{ij} - x_{ij}}{\max x_{ij} - \min x_{ij}}$

式中，x'_{ij} 为第 i 个评价对象下的第 j 项指标的标准值。

（3）处理标准值。

为避免零值对后续计算的影响，将标准化后的零值正向平移 0.0001 个单位，由此可得矩阵 Y：

$$Y = (y_{ij})_{m \times n}, y_{ij} = x'_{ij} + 0.001$$

（4）确定评价指标权重。

$$P_{ij} = \frac{y_{ij}'}{\sum\limits_{i=1}^{m} y_{ij}'}$$

$$e_j = -\frac{1}{\ln m} \left[\sum\limits_{i=1}^{m} P_{ij} \ln P_{ij} \right]$$

$$w_j = \frac{(1 - e_j)}{\sum\limits_{j=1}^{n} (1 - e_j)}, j = 1, 2, \cdots, n$$

（5）构建评估指标的加权标准化矩阵 Z。

$$Z = (z_{ij})_{m \times n}, z_{ij} = w_j \times y_{ij}$$

（6）确定评估指标的正理想解 z_j^+ 与负理想解 z_j^-。

$$z_j^+ = (\max z_{1j}, \max z_{2j}, \cdots, \max z_{ij})$$
$$z_j^- = (\min z_{1j}, \min z_{2j}, \cdots, \min z_{ij})$$

（7）计算评价对象到正、负理想解的欧氏距离 d_i^+、d_i^-，指标评估值向量以及评价对象与最优解的相对接近度 C_i。

$$d_i^+ = \sqrt{\sum\limits_{j=1}^{m} (z_j^+ - z_{ij})^2}$$

$$d_i^- = \sqrt{\sum\limits_{j=1}^{m} (z_j^- - z_{ij})^2}$$

$$C_i = \frac{d_i^-}{d_i^+ + d_i^-}$$

式中，$0 \leqslant C_i \leqslant 1$，$C_i$值表示旅游业绩发展水平，$C_i$值越接近1则表示旅游业绩水平越好；反之，则表明旅游业绩水平差。

2. Super-SBM-Undesirable 模型

数据包络分析法（DEA）是一种用于评估多要素投入与产出之间相对效率的非参数分析方法。然而，传统的DEA模型存在一定局限性，它忽视了投入产出的松弛变量，导致无法有效解决非期望产出问题。鉴于此，本研究选取了考虑非期望产出的超效率SBM模型，该模型不仅能够有效解决投入产出松弛性问题以及非期望产出问题，还便于对有效决策单元进行排序。测算公式如下：

$$\rho = \min \frac{1 + \dfrac{1}{m}\sum_{i=1}^{m}\dfrac{s_i^{-}}{x_{io}}}{1 - \dfrac{1}{q_1 + q_2}\left(\sum_{r=1}^{q_1}\dfrac{s_r^{+}}{y_{ro}} + \sum_{t=1}^{q_2}\dfrac{s_t^{b-}}{b_{to}}\right)}$$

$$\text{s.t.}\begin{cases} \sum\limits_{j=1,j\neq o}^{n} x_{ij}\lambda_j - s_i^{-} \leqslant x_{io}, i=1,2,\cdots,m \\ \sum\limits_{j=1,j\neq o}^{n} y_{rj}\lambda_j + s_r^{+} \geqslant y_{ro}, r=1,2,\cdots,q_1 \\ \sum\limits_{j=1,j\neq o}^{n} b_{tj}\lambda_j - s_t^{b-} \leqslant b_{to}, t=1,2,\cdots,q_2 \\ 1 - \dfrac{1}{q_1+q_2}\left(\sum\limits_{r=1}^{q_1}\dfrac{s_r^{+}}{y_{ro}} + \sum\limits_{t=1}^{q_2}\dfrac{s_t^{b-}}{b_{to}}\right) > 0 \\ \lambda, s^{-}, s^{+}, s^{b-} \geqslant 0 \end{cases}$$

式中，n为决策单元的数量；m、q_1、q_2分别为决策单元的投入、期望产出与非期望产出的数量；x_{io}、y_{ro}、b_{to}分别为第o个决策单元的投入、期望产出、非期望产出指标；λ为参照集中各指标权重；ρ为效率值，当$\rho \geqslant 1$时，决策单元的效率值是有效的。

3. 障碍度模型

障碍度模型是一种测算影响因子的数学统计模型，具体方法为通过引入障碍度、因子贡献度以及指标偏离度计算出各指标的具体障碍度结果。本研究采用其计算出旅游市场、旅游经济、劳动者数量、文化资源、生态资源、景区景点、接待设施、科技创新资源及非期望产出的障碍度，识别长城文化旅游发展绩效的内部影响因素。计算公式如下：

$$g_{ij} = 1 - x_{ij}$$

$$G_{ij} = \frac{g_{ij} w_j}{\sum\limits_{j=1}^{n} g_{ij} w_j} \times 100\%$$

式中，x_{ij}表示第 i 个评价对象下的第 j 项指标的标准值；g_{ij}表示第 i 个评价对象下的第 j 项指标的偏离度；w_j表示第 j 项指标的贡献度，用第 j 项指标的权重表示；n 为省域数量；G_{ij}为第 i 个评价对象下的第 j 项指标的障碍度。

4. Tobit 回归模型

基于熵权 TOPSIS 法测算出的旅游业绩作为被解释变量，其值分布在区间[0，1]；基于非期望产出的 Super-SBM-Undesirable 模型所计算出的旅游效率作为被解释变量，其值分布在（0，$+\infty$）范围内，两被解释变量数据均处于截断状态，且被解释变量与解释变量均为面板数据，因此可建立面板 Tobit 估计模型来分析长城文化旅游发展绩效驱动因素。同时，为消除异方差影响，可对模型中交通条件的数据进行取对数处理；为消除量纲的影响，可对信息技术与生态环境数据进行扩大 100 倍处理。模型表达式如下：

$$Y_1 = \alpha_1 + \beta_1 \ln(x_{1it}) + \beta_2 100 x_{2it} + \beta_3 x_{3it} + \beta_4 x_{4it} + \beta_5 100 x_{5it} + \beta_6 x_{6it}$$
$$+ \beta_7 x_{7it} + \beta_8 x_{8it} + \varepsilon_1, \varepsilon_1 \sim N(0, \sigma^2)$$
$$Y_2 = \alpha_2 + \beta_1' \ln(x_{1it}) + \beta_2' 100 x_{2it} + \beta_3' x_{3it} + \beta_4' x_{4it} + \beta_5' 100 x_{5it}$$
$$+ \beta_6' x_{6it} + \beta_7' x_{7it} + \beta_8' x_{8it} + \varepsilon_2, \varepsilon_2 \sim N(0, \sigma^2)$$

式中，Y_1、Y_2表示被解释变量，即长城文化旅游业绩和长城文化旅游效率；α_1、α_2表示常数项；x_1、x_2、x_3、x_4、x_5、x_6、x_7、x_8依次表示交通条件、信息技术、人力资本、科技创新、生态环境、产业结构、区域协调、环境规制；i 表示横截面个体成员数，即明长城九边重镇的 8 个省（自治区、直辖市）；t 表示每个横截面成员的样本观测时期数，即 2009—2022 年共 14 年；β、β'表示自变量回归系数；ε_1、ε_2表示随机扰动项；N 表示正态分布；σ^2表示方差。

（二）数据来源与处理

数据来源于中国统计年鉴、中国旅游统计年鉴、各省（自治区、直辖市）统计年鉴以及国民经济社会发展统计公报、中国文化和旅游部、中国非物质文化遗产网、国家文物局等官方网站公布的名单名录。数据选取的时间为2009—2022年，部分缺少数据通过插值法补足；部分省（自治区、直辖市）的旅游总收入是通过计算所得，计算方法为旅游外汇收入乘以当年平均汇率加上国内旅游收入。此外，本文中涉及的指标整合部分统一采用线性加权法。

第三节　长城文化旅游发展绩效测评

一、长城文化旅游发展绩效测评（业绩测评）

（一）业绩水平等级划分

参考赵俊远等[①]关于黄河流域各省份旅游发展绩效等级水平划分思路，划分长城文化旅游市场业绩水平等级：$0.8<C_i\leqslant1$为长城文化旅游市场业绩水平极高，$0.6<C_i\leqslant0.8$为长城文化旅游市场业绩水平高，$0.4<C_i\leqslant0.6$为长城文化旅游市场业绩中等水平，$0.2<C_i\leqslant0.4$为长城文化旅游市场业绩水平低，$0\leqslant C_i\leqslant0.2$为长城文化旅游市场业绩水平极低。

（二）长城文化旅游省域层面业绩测评

根据长城文化旅游发展绩效评价指标体系，将面板数据转换为截面数据，并统一研究对象，运用熵权TOPSISI法，得到长城文化旅游研究区8个省（自治区、直辖市）2009—2022年旅游业绩测度结果（见表4-3、图4-2）。

从表4-3和图4-2可以看出，长城文化旅游研究区8个省（自治区、直辖市）2009—2019年旅游业绩水平整体上呈不断提高的发展态势，平均业绩水平从2009年的0.215提高至2019年的0.387，各省域间发展不平衡，但整体处于低水平状态。2020—2022年受疫情影响，旅游市场受到重大冲击，旅游业绩水平降至极低水平，这反映出旅游业是对外部环境非常敏感的产业。

---

① 赵俊远,梁静波,高翔,《黄河流域旅游发展绩效的时空格局与影响因素》,2023。

表4-3 2009—2022年长城文化旅游省域层面旅游业绩水平测评值

省（自治区、直辖市）	年份														均值
	2009	2010	2011	2012	2013	2014	2015	2016	2017	2018	2019	2020	2021	2022	
北京	0.666	0.734	0.762	0.760	0.739	0.726	0.728	0.759	0.758	0.782	0.765	0.126	0.156	0.112	0.612
天津	0.217	0.258	0.316	0.385	0.442	0.499	0.548	0.580	0.608	0.288	0.316	0.075	0.078	0.039	0.332
河北	0.106	0.124	0.149	0.175	0.189	0.197	0.217	0.254	0.296	0.339	0.380	0.150	0.171	0.128	0.205
山西	0.129	0.157	0.188	0.231	0.264	0.141	0.164	0.193	0.233	0.277	0.314	0.126	0.125	0.094	0.188
辽宁	0.400	0.483	0.555	0.643	0.562	0.404	0.387	0.418	0.427	0.440	0.458	0.121	0.166	0.095	0.397
陕西	0.187	0.261	0.329	0.401	0.360	0.384	0.429	0.499	0.573	0.659	0.710	0.130	0.146	0.124	0.371
甘肃	0.010	0.014	0.020	0.028	0.035	0.043	0.054	0.067	0.084	0.106	0.134	0.075	0.096	0.043	0.058
宁夏	0.002	0.002	0.003	0.003	0.005	0.006	0.007	0.010	0.013	0.016	0.021	0.009	0.011	0.013	0.009
均值	0.215	0.254	0.290	0.328	0.325	0.300	0.317	0.348	0.374	0.363	0.387	0.102	0.119	0.081	0.272

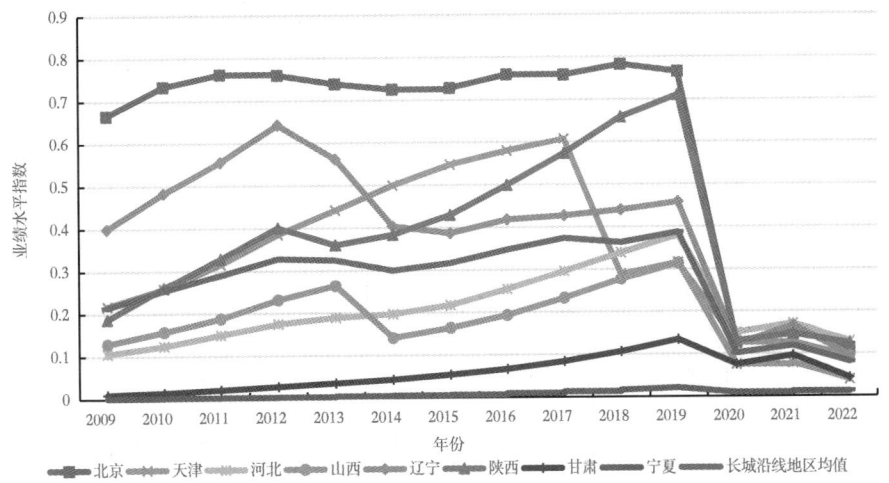

图 4-2 2009—2022 年长城文化旅游省域层面旅游业绩水平变化

从长城文化旅游研究区 8 个省（自治区、直辖市）来看，区域旅游发展不平衡，旅游市场业绩水平差距大。北京旅游业绩保持在高水平发展状态，2010—2019 年旅游业绩水平值一直保持在 0.7 至 0.8 之间，业绩水平较高；陕西旅游业发展速度快，旅游业绩水平值由 2009 年的 0.187，快速增长至 2019 年的 0.710；辽宁和天津市旅游业绩水平出现下降现象，河北和山西旅游业绩水平呈缓慢增长的态势。2019 年，辽宁旅游业绩水平值为 0.458 中等水平状态，天津 0.316、河北 0.380、山西 0.314，均处于低水平状态；甘肃和宁夏旅游业发展相对落后，旅游业绩水平指数一直处于 0.2 以下的极低水平状态，但这两地旅游业绩水平提升发展空间较大，近年来增长速度达到 30%。

（三）长城文化旅游（河北段）地市层面旅游业绩测评

根据长城文化旅游市场业绩评价指标体系，将面板数据转为截面数据，运用熵权 TOPSISI 法，得到长城（河北段）各地市 2009—2022 年旅游业绩测度结果（见表 4-4、图 4-3）。

从表 4-4 和图 4-3 可以看出，长城文化旅游（河北段）9 个地市 2009—2019 年旅游市场业绩水平整体上呈不断提高的发展态势，旅游业绩水平值由 2009 年的 0.153 极低水平状态，上升至 2019 年的 0.456 中等水平状态，增长效果显著。2020—2022 年受疫情影响，旅游市场受到重大冲击，旅游业绩水平降至极低。

表 4-4 2009—2022 年长城文化旅游（河北段）各市长城文化旅游业绩水平测评值

省（自治区、直辖市）	年份														均值
	2009	2010	2011	2012	2013	2014	2015	2016	2017	2018	2019	2020	2021	2022	
石家庄	0.180	0.200	0.236	0.287	0.328	0.341	0.416	0.401	0.493	0.544	0.594	0.204	0.210	0.172	0.329
承德	0.281	0.328	0.453	0.489	0.465	0.447	0.501	0.614	0.674	0.725	0.793	0.087	0.115	0.045	0.430
张家口	0.057	0.074	0.128	0.173	0.194	0.236	0.194	0.244	0.284	0.326	0.369	0.121	0.128	0.083	0.187
秦皇岛	0.408	0.444	0.493	0.538	0.565	0.527	0.576	0.642	0.682	0.749	0.807	0.080	0.098	0.047	0.475
唐山	0.086	0.108	0.134	0.167	0.174	0.213	0.209	0.235	0.309	0.347	0.402	0.136	0.158	0.141	0.201
保定	0.139	0.156	0.192	0.229	0.233	0.328	0.322	0.357	0.422	0.479	0.536	0.178	0.219	0.166	0.283
邢台	0.023	0.028	0.033	0.039	0.035	0.041	0.054	0.068	0.088	0.107	0.132	0.130	0.085	0.056	0.066
邯郸	0.025	0.037	0.052	0.081	0.097	0.112	0.139	0.183	0.225	0.275	0.316	0.128	0.161	0.079	0.137
廊坊	0.175	0.142	0.156	0.174	0.181	0.187	0.237	0.253	0.298	0.399	0.155	0.065	0.081	0.041	0.182
均值	0.153	0.168	0.209	0.242	0.253	0.270	0.294	0.333	0.386	0.439	0.456	0.125	0.139	0.092	0.254

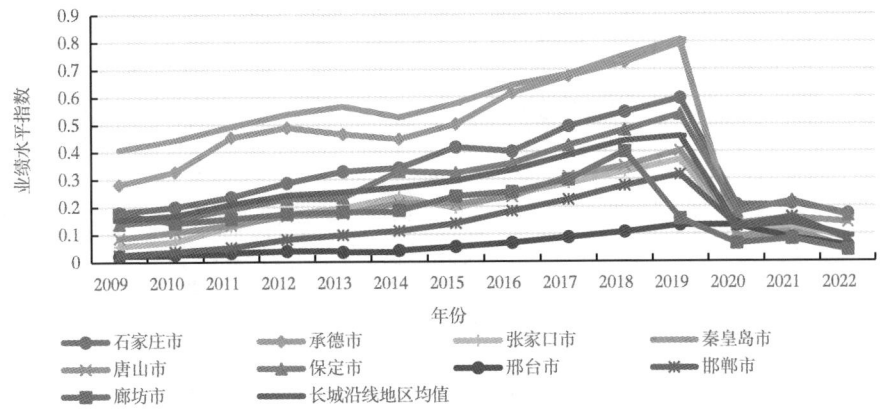

图 4-3　2009—2022年长城文化旅游(河北段)地市层面旅游业绩水平变化

从长城文化旅游（河北段）9个地市来看，区域旅游发展不平衡，旅游市场业绩水平差距大。秦皇岛和承德两个旅游城市保持在高水平发展状态，2019年，秦皇岛市旅游业绩水平值达到0.807，处于极高水平状态，承德市旅游业绩水平值达到0.793处于高水平状态；石家庄、保定和唐山市，2019年的旅游业绩水平值达到0.4以上，处于中等水平状态；张家口和邯郸市，2019年的旅游业绩水平值在0.3以上，处于低水平状态；廊坊和邢台市，2019年的旅游业绩水平值低于0.2以上，处于极低水平状态。

二、长城文化旅游发展绩效测评(效率测评)

(一) 效率水平划分

参考王兆峰等[①]的研究，将长城文化旅游发展效率划分为旅游发展效率高（均值≥1）、旅游发展效率中等（1＞均值≥0.6）、旅游发展效率较低（0.6＞均值≥0.4）、旅游发展效率低（均值＜0.4）四个等级。

(二) 长城文化旅游省域层面旅游发展效率测评

根据长城文化旅游效率评价指标体系，运用MATLAB 2021b软件，采用非期望产出超效率SBM模型，得出长城文化旅游研究区8个省（自治区、直辖市）2009—2022年旅游发展效率测度结果（见表4-5）。

---

① 王兆峰,刘庆芳,《长江经济带旅游生态效率时空演变及其与旅游经济互动响应》,2019。

表 4-5 2009—2022 年长城文化旅游省域省层面旅游发展效率水平测评值

省（自治区、直辖市）	年份														均值
	2009	2010	2011	2012	2013	2014	2015	2016	2017	2018	2019	2020	2021	2022	
北京	1.264	1.298	1.266	1.325	1.320	1.329	1.350	1.189	1.156	1.248	1.310	1.040	1.183	1.154	1.245
天津	1.612	1.574	1.495	1.495	1.464	1.257	1.332	1.282	1.315	1.318	1.273	1.107	1.066	1.118	1.336
河北	0.096	0.098	0.111	0.124	0.135	0.179	0.228	0.257	0.259	0.286	0.359	0.401	0.359	0.509	0.243
山西	0.212	0.190	0.200	0.219	0.238	0.291	0.300	0.312	0.338	0.380	0.427	0.450	0.345	0.351	0.304
辽宁	0.345	0.356	0.369	0.370	0.370	0.362	0.250	0.271	0.253	0.262	0.290	0.385	0.386	0.458	0.338
陕西	0.160	0.185	0.214	0.335	0.347	0.373	0.365	0.401	0.392	0.413	0.428	0.484	0.474	1.020	0.399
甘肃	0.075	0.082	0.098	0.121	0.131	0.152	0.170	0.191	0.204	0.235	0.283	0.372	0.350	0.242	0.193
宁夏	0.066	0.079	0.071	0.072	0.071	0.074	0.074	0.081	0.088	0.080	0.085	0.128	0.131	0.292	0.099
均值	0.479	0.483	0.478	0.507	0.510	0.502	0.509	0.498	0.501	0.528	0.557	0.546	0.537	0.643	0.520

从表4-5可以看出，长城文化旅游研究区8个省（自治区、直辖市）2009—2022年旅游发展效率整体上呈不断提高的上升趋势，旅游发展效率平均值由2009年的0.479上升至2022年的0.643，虽然取得明显进步，但总体仍处于发展效率较低的水平，且各省域间发展不平衡。2020—2022年受疫情影响，旅游市场受到重大冲击，旅游发展效率也受到市场变化的影响。

北京和天津旅游发展效率一直保持在大于1的水平，发展效率高水平；陕西旅游发展效率提升速度快、幅度大，由2009年的0.160效率极低水平快速提高至2022年的1.020效率高水平；河北旅游发展效率也有大幅度提高，由2009年的0.096效率极低水平提高到2022年的0.509效率较低水平，进步明显。

从2009—2022年旅游发展效率均值来看，除北京和天津市大于1，河北、山西、辽宁、陕西、甘肃、宁夏均在0.4以下，旅游发展效率低。

（三）长城文化旅游（河北段）地市层面旅游发展效率测评

根据长城文化旅游效率评价指标体系，运用MATLAB 2021b软件，采用非期望产出超效率SBM模型，得出2009—2022年长城文化旅游（河北段）9个地市旅游发展效率测度结果（见表4-6）。

从表4-6可以看出，长城文化旅游（河北段）9个地市2009—2022年旅游发展效率呈明显上升趋势，旅游发展效率值由2009年的0.663上升至2022年的0.916，发展效率处于中等水平，但各地市发展不平衡。

秦皇岛和廊坊市旅游发展效率一直保持在大于1的水平，发展效率保持在高水平。从2009—2022年旅游发展效率均值来看，承德、唐山、保定、石家庄、张家口均在0.6以上，特别是承德、唐山、保定在0.9以上，达到旅游发展效率中等偏上水平；邯郸为0.551，旅游发展效率较低；邢台为0.324，旅游发展效率很低。

三、长城文化旅游发展绩效障碍度测评

应用障碍度模型计算出2009—2022年旅游市场、旅游经济、劳动者数量、文化资源、生态资源、景区景点、接待设施、科技创新资源及非期望产出的障碍度。

表4-6 2010—2022年长城文化旅游（河北段）地市层面旅游效率水平测评值

省（自治区、直辖市）	2009	2010	2011	2012	2013	2014	2015	2016	2017	2018	2019	2020	2021	2022	均值
石家庄	0.551	0.521	0.665	0.724	0.702	0.759	0.687	0.694	1.017	0.622	0.578	0.767	0.538	1.008	0.702
承德	0.512	0.443	1.044	1.086	1.104	1.093	1.093	1.040	1.017	1.003	0.760	1.025	1.047	0.581	0.918
张家口	0.282	0.285	0.393	0.542	0.573	0.540	0.484	1.011	1.037	0.987	0.830	0.363	0.769	1.156	0.661
秦皇岛	1.232	1.325	1.288	1.247	1.223	1.224	1.094	1.150	1.036	1.065	1.098	1.030	1.009	0.598	1.116
唐山	0.668	1.063	1.161	1.134	1.078	1.063	1.035	1.122	0.611	0.564	0.579	1.049	1.051	1.233	0.958
保定	0.698	0.599	0.893	0.985	1.006	1.024	1.162	1.092	1.115	1.052	1.023	0.951	0.755	0.643	0.928
邢台	0.340	0.289	0.325	0.280	0.279	0.262	0.271	0.270	0.318	0.285	0.287	0.394	0.388	0.547	0.324
邯郸	0.482	0.385	0.467	0.454	0.467	0.451	0.413	0.489	0.516	0.523	0.563	0.920	0.868	0.723	0.551
廊坊	1.201	1.200	1.138	1.154	1.167	1.149	1.115	1.041	1.227	1.481	1.561	1.545	1.570	1.751	1.307
均值	0.663	0.679	0.819	0.845	0.844	0.841	0.817	0.879	0.877	0.842	0.809	0.894	0.888	0.916	0.830

（一）长城文化旅游省域层面旅游发展绩效障碍度测评

由图4-4可知，不同类别的指标障碍度差异明显。从均值角度切入，首先是生态资源的平均障碍度最高，达到了38.90％，远超其他指标的障碍度；其次是景区景点、接待设施与文化资源，平均障碍度分别达到了23.02％、15.41％和10.58％，对长城文化旅游发展绩效的提升影响作用较强，三者为长城文化旅游发展绩效提升的主要障碍因素；再次是旅游市场和旅游经济，障碍度分别达到了4.03％和5.46％，对长城文化旅游发展绩效的提升影响作用相对较弱；最后是科技创新资源、劳动者数量与非期望产出，平均障碍度均较低，分别达到了1.41％、0.96％和0.23％，对长城文化旅游发展绩效的提升影响较小。

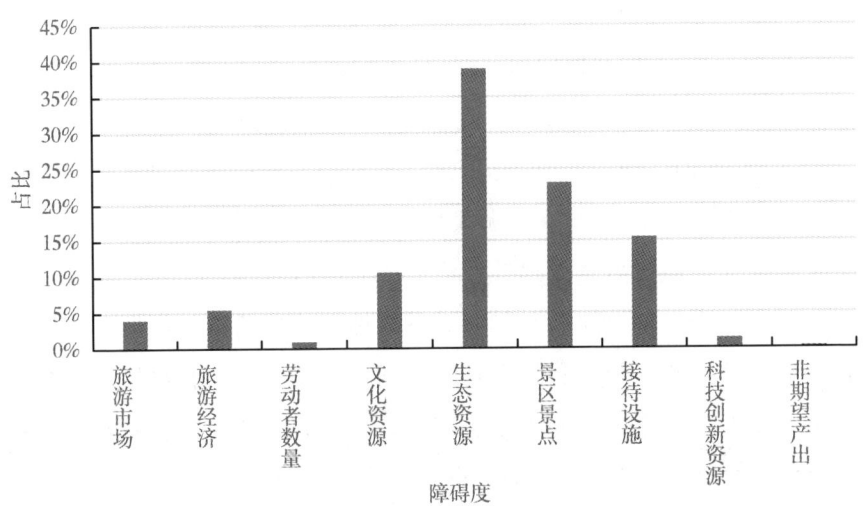

图4-4　2009—2022年长城文化旅游省域层面旅游发展绩效指标障碍度均值

由图4-5可知，在2009—2022年期间，长城文化旅游发展绩效受到各指标的障碍度变化表现出不同的趋势：景区景点、接待设施以及非期望产出呈下降趋势，说明景区景点、接待设施的完善以及旅游污染治理水平的提升使其对长城文化旅游发展绩效提升的阻碍作用逐渐减弱。文化资源、生态资源、旅游市场、旅游经济、劳动者数量以及科技创新资源呈上升趋势，说明这6个指标对长城文化旅游发展绩效提升的阻碍作用有所加强，即长城沿线地区对文化资源的开发、生态资源的保护、旅游市场的扩大、旅游收入的提升、旅游劳动者的投入以及科技创新资源的投入力度不足。

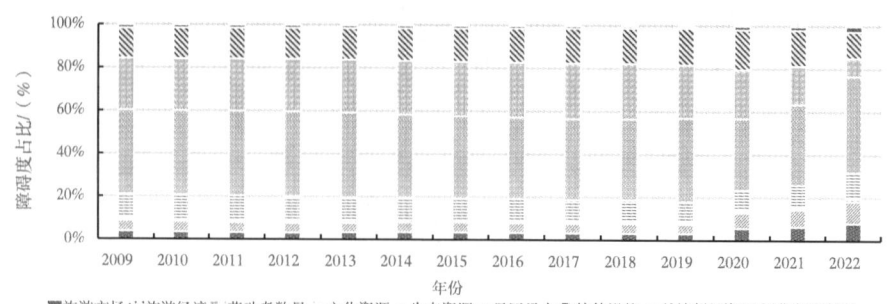

图4-5 2009—2022年长城文化旅游省域层面旅游发展绩效指标障碍度变化

（二）长城文化旅游（河北段）地市区段层面旅游发展绩效障碍度测评

由图4-6可知，不同类别的指标障碍度差异明显。从均值角度切入，首先是生态资源的平均障碍度最高，达到了46％，远超其他指标的障碍度；其次是景区景点、接待设施与文化资源，平均障碍度分别达到了21.85％、13.44％和10.11％，对长城文化旅游发展绩效的提升影响作用较强，三者为河北省长城文化旅游发展绩效提升的主要障碍因素；再次是旅游经济和旅游市场，障碍度分别达到了3.3％和2.3％，对河北省长城文化旅游发展绩效的提升影响作用相对较弱；最后是科技创新资源、劳动者数量与非期望产出，平均障碍度均较低，分别达到了1.39％、0.88％和0.19％，对河北省长城文化旅游发展绩效的提升影响较小。

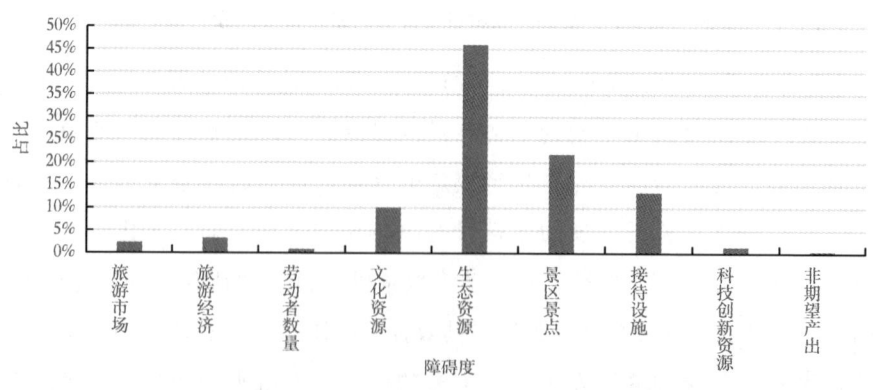

图4-6 2009—2022年长城文化旅游（河北段）地市层面旅游发展绩效指标障碍度均值

由图4-7可知，在2009—2022年期间，长城文化旅游发展绩效受到各指标的障碍度变化表现出不同的趋势：文化资源和接待设施保持平稳态势，说明河北省缺乏对文化资源的开发以及接待设施的完善；景区景点以及非期望产出呈下降趋势，说明河北省景区景点的完善以及旅游污染治理水平的提升使其对长城文化旅游发展绩效的阻碍作用逐渐减弱；生态资源、旅游市场、旅游经济、劳动者数量以及科技创新资源呈上升趋势，说明这5个指标对河北省长城文化旅游发展绩效的阻碍作用有所加强，河北省对生态资源的保护、旅游市场的扩大、旅游收入的提升、旅游劳动者的投入以及科技创新资源的投入力度不足。

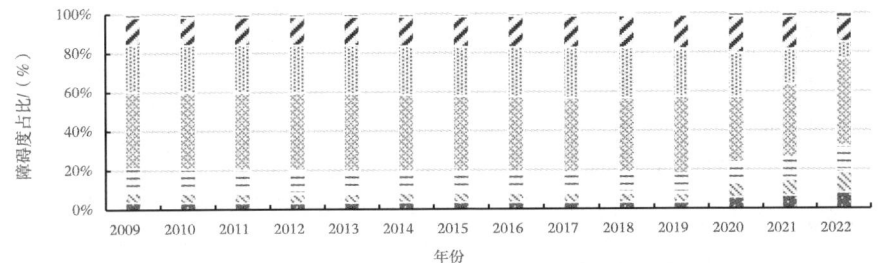

图4-7　2009—2022年长城文化旅游(河北段)地市层面旅游发展绩效指标障碍度变化

四、长城文化旅游发展绩效驱动因素测评

通过构建Tobit模型，借助Stata17.0软件，选用2009—2022年相关数据，对长城文化旅游研究区8个省（自治区、直辖市）以及长城旅游（河北段）9个地市旅游发展绩效（旅游业绩和旅游效率）驱动因素进行测评分析，并对旅游业绩和旅游效率回归模型进行似然比LR检验，p值均为0.000（<0.05），证明Tobit回归模型似然比检验有效。同时，似然比（LR）检验结果均表现为拒绝$\sigma_u = 0$，说明存在个体效应，因此采用随机效应Tobit模型是合理的。

（一）长城文化旅游省域层面旅游发展绩效驱动因素测评

从长城文化旅游业绩估计结果（见表4-7）来看，交通条件、科技创新、区域协调和生态环境通过1%的显著性检验，人力资本、信息技术和环境规制通过5%的显著性检验，产业结构未通过显著性检验。从各变量系数来看，交通条件、科技创新、区域协调、生态环境、人力资本、信息技术和环境规制的回归系数均显著为正，说明这7个因素对长城文化旅游业绩具有积极的正向影响。从影响强度来看，交通条件＞区域协调＞人力资本＞科技创新＞环境规制＞生态环境＞信息技术。

表4-7　长城文化旅游业绩面板Tobit回归结果

变量名称	回归系数	标准误	z值	p值
交通条件	0.1281***	0.0278	4.60	0.000
人力资本	0.0767**	0.0369	2.08	0.037
信息技术	0.0016**	0.0008	2.02	0.044
科技创新	0.0701***	0.0212	3.31	0.001
产业结构	0.0010	0.0018	0.58	0.562
区域协调	0.1122***	0.0329	3.42	0.001
生态环境	0.0029***	0.0010	2.80	0.005
环境规制	0.0159**	0.0062	2.55	0.011
常数项	−1.353***	0.2348	−5.76	0.000

LR test of sigma_u＝0: chibar2(01)＝12.09　　　　　Prob≥chibar2＝0.000
注：上角标 *、**、*** 分别表示在10%、5%、1%水平下通过显著性检验。

从长城文化旅游效率估计结果（见表4-8）来看，交通条件、人力资本、科技创新、区域协调、生态环境和环境规制通过1%的显著性检验，信息技术通过5%的显著性检验，产业结构未通过显著性检验。从各变量系数来看，交通条件、人力资本、科技创新、区域协调、环境规制和信息技术的回归系数显著为正，说明这6个因素对长城文化旅游业绩具有积极的正向影响，而生态环境的回归系数显著为负，说明其对长城文化旅游效率具有负向影响。从影响强度来看，人力资本＞科技创新＞区域协调＞交通条件＞环境规制＞生态环境＞信息技术。

表4-8　长城文化旅游效率面板Tobit回归结果

变量名称	回归系数	标准误	z值	p值
交通条件	0.0610***	0.0205	2.98	0.003
人力资本	0.2240***	0.0315	7.11	0.000
信息技术	0.0019**	0.0091	2.14	0.033

变量名称	回归系数	标准误	z值	p值
科技创新	0.1937***	0.0216	8.95	0.000
产业结构	0.0022	0.0018	1.25	0.212
区域协调	0.1647***	0.0416	3.96	0.000
生态环境	−0.0041***	0.0009	−4.82	0.000
环境规制	0.0268***	0.0083	3.23	0.001
常数项	−1.2869***	0.1974	−6.52	0.000

LR test of sigma_u=0: chibar2（01）= 33.93　　　　Prob ⩾ chibar2 = 0.000

注：上角标 *、**、*** 分别表示在 10%、5%、1% 水平下通过显著性检验。

总体来看，交通条件、人力资本、信息技术、科技创新、区域协调、生态环境、环境规制均对长城文化发展绩效具有显著影响。

（1）交通条件。

交通条件对长城文化旅游业绩和效率均具有显著正向影响。旅游交通的可达性影响旅游目的地的可进入性以及旅游活动的顺利进行，有助于旅游市场规模的扩大以及旅游经济的长期发展。

（2）人力资本。

人力资本水平对长城文化旅游业绩和效率均具有显著正向驱动作用，说明人力资本作为知识和技术的载体，其水平的提高可以显著提高旅游管理水平、推动旅游创新产品开发、提高旅游业服务质量等，从而提升旅游效率以及旅游市场表现，助力长城文化旅游发展绩效的提升。

（3）信息技术。

信息技术对长城文化旅游业绩和效率均具有显著正向影响。说明旅游大数据分析与电子商务的应用，能够提升旅游业的信息化和智能化管理水平，提升游客出行便利性与满意度，从而显著提升旅游经济的直接产出与旅游效率。

（4）科技创新。

科技创新水平对长城文化旅游业绩和效率具有显著促进作用，表明区域科技进步和创新能够推动旅游业技术进步，提高资源配置效率，带动旅游产品的创新开发，促进旅游经济创新成果的不断涌现，从而推动旅游发展绩效的提升。

（5）区域协调。

区域协调水平对长城文化旅游业绩和效率均呈显著正向作用，说明随着城乡一体化的推进，基础设施与服务建设增加，居民消费水平提高，能显著提升长城文化旅游发展绩效。

（6）生态环境。

生态环境对长城文化旅游业绩具有显著正向作用，但对旅游效率具有显著抑制作用。这表明为保护当地生态环境，旅游发展效率短期内可能受阻，但良好的生态环境能带来良好的市场效益，从而维持长城文化旅游长期发展。

（7）环境规制。

环境规制水平对长城文化旅游业绩和效率均具有显著正向影响，说明政府对地区污染治理和自然环境的建设与维护可以有效遏制旅游经济发展所产生的负面环境问题，降低污染能耗，从而对长城文化旅游发展绩效的提升起到助推作用。

（二）长城文化旅游（河北段）地市层面旅游发展绩效驱动因素测评

从河北省长城文化旅游业绩估计结果（见表4-9）来看，交通条件、信息技术和科技创新通过1%的显著性检验，产业结构和环境规制通过5%的显著性检验，生态环境通过10%的显著性检验，人力资本和区域协调未通过显著性检验。从各变量系数来看，交通条件、信息技术、产业结构和环境规制的回归系数均显著为正，说明这4个因素对河北省长城文化旅游业绩具有积极的正向影响；科技创新和生态环境的回归系数为负，说明这两个因素对河北省长城文化旅游具有负向影响。

表4-9 河北省长城文化旅游业绩面板 tobit 回归结果

变量名称	回归系数	标准误	z值	p值
交通条件	0.0875***	0.0193	4.54	0.000
人力资本	−0.0046	0.0112	−0.41	0.682
信息技术	0.0060***	0.0020	3.02	0.003

变量名称	回归系数	标准误	z 值	p 值
科技创新	-0.0800^{***}	0.0278	-2.87	0.004
产业结构	0.0070^{**}	0.0030	2.32	0.020
区域协调	0.0223	0.0361	0.62	0.536
生态环境	-0.0027^{*}	0.0016	-1.66	0.098
环境规制	0.0149^{**}	0.0065	2.31	0.021
常数项	-0.4091^{**}	0.1875	-2.18	0.029

LR test of sigma_u=0: chibar2（01）=13.29   Prob ≥ chibar2 = 0.000

注：上角标*、**、*** 分别表示在 10%、5%、1% 水平下通过显著性检验。

从河北省长城文化旅游业绩估计结果（见表4-10）来看，信息技术、科技创新、产业结构和环境规制通过1%的显著性检验，交通条件和人力资本通过5%的显著性检验，区域协调和生态环境未通过显著性检验。从各变量系数来看，信息技术和人力资本的回归系数均显著为正，说明这两个因素对河北省长城文化旅游业绩具有积极的正向影响；科技创新、产业结构、环境规制和交通条件的回归系数为负，说明这4个因素对河北省长城文化旅游具有负向影响。

表4-10　河北省长城文化旅游效率面板 tobit 回归结果

变量名称	回归系数	标准误	z 值	p 值
交通条件	-0.0670^{**}	0.0289	-2.35	0.019
人力资本	0.0869^{**}	0.0358	2.42	0.015
信息技术	0.0093^{***}	0.0033	2.80	0.005
科技创新	-0.2218^{***}	0.0475	-4.67	0.000
产业结构	-0.0136^{***}	0.0051	-2.67	0.008
区域协调	0.0019	0.0558	0.03	0.973
生态环境	0.0003	0.0020	-0.13	0.895
环境规制	-0.0446^{***}	0.0112	-3.99	0.000
常数项	1.630	0.2995	5.44	0.000

LR test of sigma_u=0: chibar2（01）=47.38   Prob ≥ chibar2 = 0.000

注：上角标*、**、*** 分别表示在10%、5%、1% 水平下通过显著性检验。

总的来看，交通条件、人力资本、信息技术、科技创新、产业结构、生态环境、环境规制均对长城文化发展绩效具有显著影响。

第一，交通条件。交通的便捷性能够增强河北省的可进入性，有助于扩大河北省长城文化旅游的市场规模，增加旅游收入。然而，交通建设可能存在成本支出远超游客带来的收益这一问题，并且便捷的交通还可能提高游客进入其他旅游目的地的便利性，进而对河北省长城文化旅游效率的提升形成阻碍。

第二，人力资本。人力资本水平对旅游效率具有显著正向驱动作用，但对旅游业绩的影响不显著。高素质旅游劳动者可以显著提高旅游效率，但对旅游业绩影响不显著，可能是因为真正进入河北省旅游市场从事旅游业的人才仍较少。

第三，信息技术。信息技术对旅游业绩和效率具有显著正向影响。旅游大数据分析与电子商务的广泛应用有助于河北省宣传长城文化旅游，提供更加便捷的旅游服务，减少对人工劳动力的依赖，助力旅游直接产出与效率的提升。

第四，科技创新。科技创新水平对旅游业绩和效率具有显著促进作用。技术创新有助于旅游产品的创新开发、增强游客体验，但河北省研究与试验发展经费投入并没有助推长城文化旅游发展绩效的提升，可能在于河北省在旅游产业方面的科技创新投入较少。

第五，产业结构。产业结构对长城文化旅游业绩具有显著正向影响，对旅游效率具有显著负向影响。旅游业作为第三产业的重要组成部分，其占比越大，旅游市场表现越好，但河北省旅游产业结构优化程度较低，资源要素利用率低，阻碍了河北省长城文化旅游发展的提质增效，抑制了旅游效率的提高。

第六，生态环境。生态环境对长城文化旅游业绩具有显著负向作用，但对旅游效率影响不显著。良好的生态环境能吸引游客前往旅游目的地进行消费，但大量游客的涌入可能对当地的生态环境造成一定程度的破坏。

第七，环境规制。环境规制水平对旅游业绩具有显著正向影响，但对旅游效率具有显著负向影响。加强地区环境管理，打造良好的生态环境有助于吸引游客，扩大旅游市场，但河北省政府在污染治理过程中可能缺乏有效的监管和绩效控制，阻碍了旅游效率的提升。

第四节 评价结果与存在的主要问题

一、评价结果

（一）长城文化旅游发展绩效测评结果

从省域层面来看，长城文化旅游发展绩效整体水平不高。具体表现为长城文化旅游市场业绩水平整体偏低，2009—2022年增长幅度较小，且省域间发展不平衡。北京旅游业绩处于高水平，辽宁、天津、陕西旅游业绩处于低水平，河北、山西、甘肃、宁夏旅游业绩水平极低；长城文化旅游发展效率整体水平较低，增长速度较为缓慢，且区域间发展不平衡。北京、天津旅游发展效率处于高水平，陕西、山西、辽宁旅游发展效率较低，河北、甘肃、宁夏旅游发展效率处于低水平。

从长城（河北段）地市层面来看，长城文化旅游（河北段）发展绩效也不高。具体表现为长城（河北段）旅游市场业绩水平偏低，但2009—2022年呈不断上升趋势，沿线各地市旅游市场业绩水平差距明显，秦皇岛、承德旅游业绩处于中等水平，石家庄、保定、唐山旅游业绩水平较低，张家口市、廊坊、邯郸、邢台旅游业绩水平极低；长城（河北段）旅游发展效率整体处于中等水平，2009—2022年提升速度较为缓慢，沿线各地市旅游效率差异显著，秦皇岛、廊坊旅游发展效率处于高水平，唐山、保定、承德、石家庄、张家口旅游发展效率处于中等水平，邯郸旅游发展效率处于较低水平，邢台旅游发展效率处于低水平。

（二）长城文化旅游发展绩效内部障碍度测评结果

在长城文化旅游省域层面，生态资源、文化资源、景区景点及接待设施为主要内部障碍因素。其中，生态资源及文化资源对长城文化旅游发展绩效的阻碍作用逐渐增强，景区景点及接待设施对长城文化旅游发展绩效的阻碍作用逐渐减弱。这说明长城沿线地区的景区景点与接待设施在不断完善，但对生态、文化资源的保护与开发利用有待加强。

在长城文化旅游（河北段）地市层面，生态资源、文化资源、景区景点以及接待设施仍为主要障碍因素。其中，生态资源对河北省长城文化旅游发展绩效的制约作用逐渐增强，文化资源和接待设施对河北省长城文化旅游发展绩效的制约作用保持平稳态势，景区景点对河北省长城文化旅游发展绩效的制约作用逐渐减弱。这说明河北省长城沿线地区的景区景点在不断完善，对生态、文化资源的保护与开发利用以及接待设施的完善有待加强。

（三）长城文化旅游发展绩效驱动因素测评结果

在长城文化旅游省域层面，交通条件、信息技术、区域协调、环境规制、科技创新和人力资本对长城文化旅游业绩和效率均具有显著正向影响；生态环境对长城文化旅游业绩具有显著正向驱动作用，对长城文化旅游效率具有显著抑制作用；产业结构对长城文化旅游业绩和效率的影响均不显著，但具有正向促进作用。其中，对长城文化旅游发展绩效影响作用较强的因素为交通条件、人力资本、科技创新和区域协调等。

在长城文化旅游（河北段）地市层面，信息技术对旅游业绩和效率均具有显著正向影响。人力资本水平对旅游效率具有显著正向驱动作用，但对旅游业绩的影响不显著。科技创新水平对旅游业绩和效率具有显著抑制作用。产业结构对长城文化旅游业绩具有显著正向影响，对旅游效率具有显著负向影响。生态环境对长城文化旅游业绩具有显著负向影响，但对旅游效率影响不显著。环境规制水平对旅游业绩具有显著正向影响，但对旅游效率具有显著负向影响。

二、存在的问题

（一）长城及周边生态环境保护工作有待完善

长城沿线地形多样，地貌结构复杂，周边生态环境脆弱敏感，但目前针对长城沿线生态资源的普查及生态脆弱性的定量分析工作缺乏，人类生产生活活动造成环境破坏、生态失衡等现象仍然存在，加强生态保护的理念和实践还需深入贯彻。同时，针对长城的保护，存在法律法规落实不到位、保护工作不到位、社会公众参与度低、缺乏资金保障等问题。例如，地方政府缺乏保护长城的计划与方案的制定；部分地方政府法律意识不强，对破坏长城行为的处罚力度很小；相关部门对长城保护工作认识不足；长城保护队伍成员专业性较低、能力亟待提升；长城保护技术方法落后；长城保护监测体系建设尚未进入实施阶段；长城沿线地区居民受教育程度较低，对长城保护的认知程度不足；长城沿线地区大多较为贫困，缺乏保护长城的人力、物力。

（二）长城价值及沿线文化资源有待深入挖掘

长城具有历史、考古、艺术等多方面的价值，目前基于长城遗址遗存发展的长城文化旅游缺乏对长城文化的导入，以及长城历史文化价值和长城精神内涵的渗透。长城沿线遗址遗迹赋存丰富，文物种类多样，红色历史文化丰富，但目前针对遗址遗迹的开发方式仍较为粗糙，以景区类项目居多，对其文化内涵的挖掘不深；对文物、红色历史的展示以静态展示为主，缺乏动态的、视听结合的展示，文物历史、文化信息的阐释体系不完善，对红色历史的沉浸式感悟不足；非物质文化遗产缺乏传承与开发；地域特色有待挖掘，旅游产品同质化严重，尚未形成长城特色品牌。

（三）人才与科技创新资源的投入力度有待加强

人才与科技创新资源的投入可为旅游的发展注入活力，但目前存在专业人才短缺、品牌塑造与营销人才不足、旅游教育与人才培养模式落后等问题。如能够运用先进技术和创新思维进行旅游产品开发创新的人才匮乏；能够将长城文化转化为旅游产品创意和设计，并进行有效市场推广和运营的人才匮乏；能够准确把握市场需求和长城文化特色，进行品牌定位和品牌塑造的专业人才不足；能够运营和管理数字营销平台推广长城文化旅游的人才缺乏；高等旅游教育与旅游市场需求存在差距，导致旅游专业毕业生就业率低和人才流失率高。同时存在科技创新资源在长城文化旅游领域投入不足的问题，导致长城文化旅游产品缺乏互动性、体验性，宣传渠道狭窄，智能化服务不足，信息反馈不及时等。长城文化旅游品质与吸引力亟待提升。

第五章 长城文化旅游要素资源配置空间分析

研究长城沿线旅游资源配置水平，系统评估其区域差异与空间错位状况，对实现长城文化旅游持续高质量发展有重要的现实意义。本章通过分析长城文化旅游业资源配置空间错位机理，构建长城文化旅游业与资源配置指数评价体系，选取2010—2022年长城沿线地区及河北段的面板数据，测算长城文化旅游业资源配置指数及旅游业与资源配置错配程度，分析不同地区旅游资源要素配置的时空演变特征，探究资源配置的空间异质性及其对旅游业发展的影响机制。

第一节 旅游资源配置及相关理论

一、资源配置

资源配置指经济活动中资本、劳动等生产要素在厂商之间的分配状态[1]。资源有效配置是指资源在自由流动和配置中使得要素边际产出等于边际生产成本，达到帕累托最优的状态。而政策规制、金融扭曲、劳动力市场摩擦、产权保护等因素的存在，要素非自由流动在各个地区、产业、部门之间普遍存在[2]，进而导致要素错配，使得要素产出效率难以实现帕累托最优。

众多学者对资源错配展开了深入研究。Hsieh和Klenow（2009）对资源错配问题进行了开创性研究，他们构建了从企业到行业再到国家的资源错配模型，提出使用收益生产力（Revenue Productivity）的离散水平衡量经济

---

[1] 李星皓，《资源配置的碳排放效应：理论模型与经验证据》，2023。

[2] Aoki S，《A simple accounting framework for the effect of resource misallocation on aggregate productivity》，2012。

体的资源错配程度，并比较了中国、印度和美国的资源配置状况，指出资源错配是中国和印度制造业生产率低于美国的主要原因，如果中国的资源配置可以达到美国水平，则工业全要素生产率可以提升40％—60％[①]。王林辉等认为，要素错配将抑制资源配置效率和产出效率的提升[②]，在无形中形成产业壁垒，制约全要素生产率的提高[③]。韩剑等认为，改善资源配置的本质在于提高要素配置效率，缓解要素扭曲和降低资源错配程度[④]。杨新铭等认为，资源错配程度的降低，一方面需要进一步完善有效市场，另一方面需要通过统一的市场监管制度改革，最大限度地弥补市场失灵引起的要素资源错配[⑤]。

资源错配程度的量化方法经过长期探索，主要可以分为直接法与间接法两类（Restuccia 和 Rogerson，2017）[⑥]。直接法指已知资源错配的来源，结合现实情况直接设定单位要素投入受到的扭曲程度，并建立结构化模型来评估相关影响因素造成的资源错配和经济损失，早期多应用在公共政策的评估中，如 Hopenhayn 和 Rogerson（1993）[⑦]基于美国企业动态数据，建立一般均衡模型评估了征收解雇税对劳动力配置的影响，认为该税会降低2.5％的就业率和2％的居民消费，同时造成2％以上的生产率损失。Restuccia 和 Rogerson（2008）应用该方法测算了美国整体的资源配置状况，发现资源错配对生产效率和人均产出有重要影响，同时指出导致企业间产品价格差异的政策会极大地降低全要素生产率[⑧]。直接法便于分析资源错配的来源，但通常只能重点考察单一因素对资源错配的影响，无法测算整体资

① Hsieh C，Klenow P J，《Misallocation and manufacturing TFP in China and India》，2009。

② 王林辉，袁礼，《资本错配会诱发全要素生产率损失吗》，2014。

③ Brand T L，Tombeb T，Zhu X，《Factor market distortions across time，space and sectors in China》，2013。

④ 韩剑，郑秋玲，《政府干预如何导致地区资源错配——基于行业内和行业间错配的分解》，2014。

⑤ 杨新铭，刘洪愧，《要素资源错配、供给效率与全国统一大市场建设》，2022。

⑥ Restuccia D，Rogerson R，《The Causes and Costs of Misallocation》，2017。

⑦ Hopenhayn H，Rogerson R，《Job turnover and policy evaluation：A general equilibrium analysis》，1993。

⑧ Restuccia D，Rogerson R，《Policy distortions and aggregate productivity with heterogeneous establishments》，2008。

源配置优化后的生产力改进，因此在实际使用中面临一定的局限。

间接法则主张设定生产函数和行业竞争模式，结合企业边际报酬和社会平均报酬来估算企业面临的要素扭曲，进而从微观到宏观推导行业整体错配程度和由此导致的经济损失，无需假定资源错配的来源。Hsieh 和 Klenow（2009）对间接法做出了开创性的研究，他们设定企业生产服从 Cobb-Douglas 生产函数同时面临异质性要素扭曲，在垄断竞争的框架下构建了一个从企业到行业再到国家的资源错配模型[①]，并参考 Foster 等（2008）[②]的做法将企业生产力区分为实体生产力（Technical Efficiency-based Total Factor Productivity，TFPQ）和收益生产力（Revenue-based Total Factor Productivity，TFPR），提出使用收益生产力的离散程度来衡量行业资源错配水平。这一分析框架在合理的假设下对资源错配问题进行了系统的建模和测算，得到后来学者的广泛应用。

近年来，也有学者尝试用空间错位分析法来测算资源错配水平。例如李长远和张心怡（2023）基于空间错位理论，通过构建社区养老资源配置综合评价体系，采用熵值法确定指标权重和泰尔指数衡量我国区域养老资源配置均等化情况[③]；韦鑫和尹珂（2023）利用泰尔指数、空间错位指数以及地理探测器，从匹配性角度探讨重庆市主城都市区人口老龄化和养老服务资源配置的协调关系及其驱动机制[④]。

二、旅游业资源配置

合理的资源配置是推动旅游产业发展的重要途径。旅游资源是激活旅游需求、开展旅游活动的首要条件，优化旅游存量资源配置，提高优质增量投资，对于推动区域旅游绿色高质量发展具有重要意义。而在旅游业开发建设过程中，部分地方政府和民间资本方基于早出形象、快出政绩的心理，片面强调传统的资源优势和投资拉动，易导致旅游资源陷入无序低效

---

① Hsieh C T, Klenow P J,《Misallocation and Manufacturing TFP in China and India》,2009。

② Foster L, Haltiwanger J, Syverson C,《Reallocation, firm turnover, and efficiency: selection on productivity or profitability?》,2008。

③ 李长远,张心怡,《我国社区养老服务资源配置均等化的实证考察——基于泰尔指数测算及分解分析》,2023。

④ 韦鑫,尹珂,《重庆市主城都市区人口老龄化与养老服务资源配置空间错位研究》,2022。

开发的困境，也造成旅游资源在地区间的错配。基于自然资源和生态系统自净能力的有限性，这一做法容易导致资源环境问题日益严峻[1]，能耗和污染排放量居高不下，进而抑制区域的绿色发展。Bian 等研究发现，在资源环境有限性的前提下，资源错配将导致环境全要素生产率降低[2]。因此，从旅游生态理念出发，旅游经济发展必须实现绿色变革，而绿色变革则需要围绕各地区的产业特色与资源禀赋，因地制宜发展绿色生态产业，提高旅游资源配置的合理性。

近年来，旅游资源配置定量分析方法主要集中在效率评价方法和空间分析方法等方面。夏杰长和刘睿仪（2023）选取 2011—2019 年我国各省域的面板数据，采用面板自回归模型探究数字经济、绿色发展与旅游业资源配置之间的互动关系[3]；龚箭、孔令哲、吴清（2015）以我国 47 处世界遗产类景区为研究对象，指出我国遗产类景区存在较为严重的资源错配现象，其准公共品属性被边缘化[4]；周永博等（2018）将苏州市吴江区作为旅游目的地研究案例，以游客调查数据为依据，验证了旅游目的地的供需错配现象，从制度供给、公共服务、产品结构 3 个方面提出对策，为推进旅游业供给侧结构性改革提供依据[5]。Liu 等将能源消耗和碳排放引入旅游业绿色生产力的分析框架，然后使用超效率 DEA 模型对长江经济带旅游绿色生产力进行测算[6]。李思迪等学者构建了考虑碳排放的投入产出指标体系，运用两阶段数据包络分析（DEA）模型对我国 30 个省（自治区、直辖市）的旅游业资源配置效率进行评价分析，采用 Tobit 模型探究全国及东中西部地区旅

---

① Jiangxue Z, Yuan C, Lixiao Z, et al.,《Do technological innovations promote urban green development? A spatial econometric analysis of 105 cities in China》,2018。

② Bian Y, Song K, Bai J,《Market Segmentation, Resource Misallocation and Environmental Pollution》,2019。

③ 夏杰长,刘睿仪,《数字经济、绿色发展与旅游业资源配置——基于我国省域面板数据的实证分析》,2023。

④ 龚箭,孔令哲,吴清,《资源错配、财政压力与遗产类景区治理》,2015。

⑤ 周永博,沈敏,吴建,等,《迈向优质旅游:全域旅游供需错配及其治理——苏州吴江案例研究》,2018。

⑥ Liu G, Shi P F, Hai F, et al,《Study on measurement of green productivity of tourism in the Yangtze River economic Zone》,2018。

游业资源配置效率的影响因素[1]。姚旻和郑时友（2019）运用DEA模型和Malmquist指数，从静态变化和跨期动态变化两方面对2013—2017年贵州省旅游扶贫效率进行研究分析[2]。张建伟等（2019）采用DEA模型测度，研究河南省2010—2015年18个地市旅游资源配置效率，利用ESDA对旅游效率的时空差异演变及形成机制进行研究[3]。

三、空间错位理论

空间错位理论最初由美国学者在论文中提出，起初研究主要集中于城市弱势群体居住和就业空间机会问题，此后该理论逐渐发展为城市地理、旅游地理和城市规划的重要理论之一（Kain，1968）[4]（刘志林等，2010）[5]。从旅游地理学角度看，空间错位指的是区域间旅游业发展过程中各要素在空间分布上呈现不同步的现象。一个区域内的旅游经济发展水平受到不同因素的影响，如旅游资源、旅游区位、地方政策以及地方管理水平等，其中旅游资源是先天性因素，也是最有影响力的基础性因素。一般来说，旅游资源禀赋好，旅游资源丰富，旅游经济发展水平高，反之则低。但是由于受到旅游区位等因素的影响，旅游资源和旅游经济之间往往存在空间错位现象。

近年来，一些学者从不同的尺度、角度，运用不同的方法对旅游空间错位现象进行了一定的研究。从研究尺度来看，早期的一些研究，李连璞等（2006）、邓祖涛和尹贻梅（2009）、王美红等（2009）[6]都是针对国家层面32个省（自治区、直辖市）的大尺度研究。其中，李连璞对国内游客数量和国内旅游收入进行空间错位分析，将两者组合关系分为强同步区、弱同步区、优等错位区和劣等错位区，并进一步将"资源—游客—收入"组

---

① 李思迪,李姝萱,钟永德,等,《基于DEA模型的区域旅游资源配置效率研究》,2022。

② 姚旻,郑时友,《基于DEA模型和Malmquist指数的贵州省旅游扶贫效率评价》,2019。

③ 张建伟,窦攀烽,焦士兴,《基于DEA-ESDA的河南省入境旅游效率区域差异研究》,2019。

④ Kain J. Housing S,《Negro Unemployment and Metropolitan Segregation》,1968。

⑤ 刘志林,王茂军,柴彦威,《空间错位理论研究进展与方法论评述》,2010。

⑥ 王美红,孙根年,康国栋,《我国自然资本、人力资本与经济资本的空间错位分析》,2009。

合关系细分为8个类型[1]。邓祖涛对旅游资源、区位和入境旅游收入进行错位分析，指出旅游资源和区位、区位和入境旅游收入、旅游资源和入境旅游收入3组二因素组合关系存在明显的空间错位，并将32个省级行政单位划分为5种类型：同步双高型、同步双低型、同步中间型、收入反向偏离区位型、收入正向偏离区位型[2]。更多的研究集中于省级行政单位的中等尺度上。裴星星等（2014）采用旅游收入、自然旅游景点和人文旅游景点单体数目、公路通车里程作为测量指标，将山西省11个地市划分为旅游业发展水平与旅游资源禀赋匹配、或与区位条件匹配、或三者匹配的最佳区、中间区、双低区、正错位区和负错位区[3]。丁旭生等（2011）将河南省18个地市分为高错位区域、中错位区域和低错位区域三种类型[4]。闫静静和张满林（2013）将辽宁省14个地市旅游资源和旅游经济发展水平的空间错位关系分为正向错位和负向错位两类[5]。马燕（2019）将新疆的旅游资源和旅游经济发展水平进行错位分析，得出新疆14个地州市中，仅有乌鲁木齐、昌吉、伊犁和吐鲁番属于正向错位，其他10个地州市都属于负向错位[6]。方叶林等（2013）将安徽省各地市旅游资源与旅游经济的错位关系分为正向错位和负向错位两类[7]。张广海和董跃蕾（2021）对山东省16个地市的旅游景区资源和旅游经济开展了空间分析，在此基础上将各地市划分为同步区、优势错位区、劣势错位区，并针对山东省旅游资源和旅游经济存在的错位情况提出了改进措施[8]。部分文献聚焦于都市圈的小尺度研究，例如，孙根年和刘璐（2012）以大西安旅游圈的8个城市为研究对象，选取旅游业绩、旅游资源丰度、交通区位、旅游经济发展水平作为测量指标，开展空间错位分析，将大西安旅游圈8个地方划分为4种空间类型：西安全优，属于超级核心区；渭南、咸阳资源丰富、区位优越，为双优区；宝鸡、汉中的资源丰富

---

①　李连璞,曹明明,杨新军,《"资源、规模和效益"同步错位关系及路径转化——31个省(区、直辖市)旅游发展比较研究》,2006。

②　邓祖涛,尹贻梅,《我国旅游资源、区位和入境旅游收入的空间错位分析》,2009。

③　裴星星,谢双玉,肖婉霜,《山西省旅游业发展的空间错位分析》,2014。

④　丁旭生,李永文,吕可文,《基于空间错位理论的河南省旅游发展区域差异研究》,2011。

⑤　闫静静,张满林,《辽宁省旅游资源与旅游经济发展的空间错位分析》,2013。

⑥　马燕,《新疆旅游资源与旅游经济发展的空间错位分析》,2019。

⑦　方叶林,黄震方,胡小海,《安徽省旅游资源错位现象及相对效率评价》,2013。

⑧　张广海,董跃蕾,《山东省旅游景区资源与旅游经济空间错位分析》,2021。

但区位较差，属于错位区；铜川、商洛、安康资源和区位条件均不佳，属于双差区[①]。

从研究角度来看，现有研究主要聚焦于旅游资源和旅游经济发展水平之间的错位关系。旅游资源通常是用不同级别的旅游景区数量来表示，如霍红等（2020）在对东北地区旅游资源与旅游经济空间错位分析中用 A 级至 5A 级旅游景区的数量来表示旅游资源丰度指数[②]。在衡量旅游经济发展水平时，不同学者采用了不同的指标，如马燕和宋彩凤（2020）用旅游总收入来体现旅游经济发展水平，有的学者侧重于旅游人数、国内旅游收入或者入境旅游收入[③]。

从研究方法层面而言，相关研究主要采用定量研究方法，具体运用的主要研究方法包括重力模型、二维矩阵分析模型、空间错位指数等。重力模型是从宏观层面描述区域整体是否存在错位关系，不能反映区域中各地市发生空间错位的具体情况；二维矩阵分析模型通过组建二维组合矩阵，根据两要素之间的不同关系将各级地市划分为不同的空间类型；而空间错位指数能够具体量化各级区域的错位幅度，更精准地描述其错位程度。

综上所述，学术界对资源配置、旅游资源错配、旅游资源配置等方面的研究取得了丰富的研究成果，为本研究奠定了坚实的理论基础。总体上看，现有关于要素错配的研究大部分局限于旅游资源配置效率，鲜有研究讨论长城文化旅游的要素错配问题。基于此，本章聚焦旅游业的资源配置水平和错配程度，构建旅游资源配置的判断标准和测评模型，运用空间错位方法研究长城文化旅游研究区的旅游资源配置错位程度，分析影响不同区域错位的因素，识别其中存在的深层问题及根源，提出优化河北省长城段旅游空间结构的对策，以期推动长城文化旅游产业高质量发展及为同类型经济带、文化带旅游发展提供借鉴参考。

---

① 孙根年，刘璐，《大西安旅游圈空间错位及边缘区战》，2012。

② 霍红，白艺彩，詹帅，《东北地区旅游资源与旅游经济空间错位分析》，2020。

③ 马燕，宋彩凤，《伊犁旅游资源与旅游经济发展的空间错位分析》，2020。

第二节　长城文化旅游要素资源空间配置评价指标体系

一、评价指标体系构建

（一）指标要素构成

依据生产要素理论，生产要素不仅包括劳动和土地[①]，还包括人力、财力、物力、运力、自然力和时力在内的六个要素[②]。这些要素在经济生产中各自发挥着不可或缺的作用，共同构成了经济体系的基础。生产要素理论主要研究这些要素在生产过程中的作用和价值，以及如何合理配置这些要素以实现经济效益的最大化[③]。旅游产业作为一个复杂的系统，同样涉及生产要素理论的多个方面。在旅游产业中，资源赋存、经济资源、设施资源、社会资源、生态资源和科技资源这些要素相互关联、相互作用，共同影响着旅游产业的质量和效益。

资源赋存涵盖自然资源（如地质地貌、气候气象、生物景观等）与人文资源（如历史遗迹、民俗文化、艺术形式等）。资源赋存从空间、时间、产品结构等多方位塑造旅游资源配置格局。旅游资源是旅游产业的核心依托，而资源赋存状况先天性地制约与引导着旅游资源配置。不同地区自然与人文资源的独特赋存差异，造就了多样化的旅游发展路径。

旅游资源配置的合理性与有效性，很大程度上取决于所处区域的经济资源。经济资源能够为旅游资源开发注入强大动力，引导资源流向最具潜力与效益之处，是旅游产业兴衰的关键外在驱动力。域内各地经济资源水平不同，导致各地区对旅游资源的利用方式和利用程度不同，进而影响旅游资源的配置效率。

旅游设施资源是旅游活动得以顺利开展的重要支撑，它与旅游资源的

---

① 威廉·配第（英），《赋税论》，2010。

② 徐寿波，《技术经济学（上、下册）》，1984。

③ 冯君丽，《民族地区高等教育资源配置效率的影响因素及组态路径研究》，2024。

配置紧密相连，深刻影响着资源开发利用的广度与深度。旅游资源自身价值的实现离不开配套设施的协同助力。完善的设施体系不仅能提升游客对旅游资源的感知与体验效率，更能引导资源配置朝着更加合理、精细的方向发展，是旅游产业不断升级的重要基础。

旅游资源配置绝非孤立运作，社会资源仿若无形纽带，串联起旅游产业各节点。社会资源涵盖人力资源、信息资源、社会组织资源等，它们构成了旅游产业发展的外部支撑体系，深度融入旅游资源配置的各个环节，有效提升了旅游产业的经营效率，进而间接推动旅游产业的发展。

科技资源是提高旅游资源配置水平的重要因素，旅游资源配置的优化升级与科技资源紧密相连。随着创新驱动发展战略的深入实施及创新型国家建设的不断推进，科技创新如同催化剂，加速旅游要素重组，改变游客与资源的互动模式，精准剖析二者关联及问题，是解锁旅游高质量发展密码的关键环节。

生态资源作为核心吸引力之一，深刻影响着旅游资源的配置走向，同时也面临着诸多现实挑战。生态资源以其独特的自然魅力，成为旅游发展的关键基石。它不仅决定了旅游目的地的原始风貌与特色，更左右着旅游资源的开发模式、配置结构，精准把握二者间的内在关联与外在矛盾，对推动生态友好型旅游产业意义重大。

（二）指标体系构成

在遵循指标选取的科学性、可获取性以及代表性等基本原则的基础上，参考杨宇民等（2021）[①]、周成等（2016）[②]、王冠孝等（2020）[③]和宋小龙等（2022）[④]的研究，确定旅游经济指标由旅游总人数、旅游总收入、旅游总收入占GDP的比重以及游居比指标构成。对于旅游资源配置综合指数，从资源赋存、经济资源、设施资源、社会资源、生态资源和科技资源6个维

---

① 杨宇民,焦胜,廖婧茹,等,《人口规模与交通环境影响的中国城市旅游资源—经济空间错位》, 2021。

② 周成,冯学钢,唐睿,《区域经济—生态环境—旅游产业耦合协调发展分析与预测——以长江经济带沿线各省市为例》,2016。

③ 王冠孝,李小丽,晋迪,等,《供给侧改革视角下山西省旅游空间结构的合理性研究》,2020。

④ 宋小龙,米文宝,李陇堂,等,《宁夏旅游经济与生态环境系统空间错位研究》,2022。

度，选取了28项评价指标，构建出长城文化旅游资源配置综合指数的评价指标体系，如表5-1所示。

在分析区域旅游资源错配程度时，应将各区域旅游经济与上述6类资源共同构成的旅游资源综合配置之间的空间资源错配指数作为判断标准。若二者之间的空间资源错配程度越小，则说明旅游资源配置要素与旅游产业发展协调性高；反之，则说明旅游资源配置要素与旅游产业发展的协调性较差。

表5-1　长城文化旅游资源配置综合指数的评价指标体系及其权重

目标层	准则层	评价指标	单位	权重
旅游资源配置综合指数	资源赋存	资源广度	分	0.410
		资源深度	分	0.590
	经济资源	第三产业产值增加值	亿元	0.224
		第三产业占GDP比重	%	0.131
		第三产业投资增长比重	%	0.094
		人均GDP	元/人	0.150
		城镇居民人均可支配收入	元/人	0.144
		农村居民人均纯收入	元/人	0.257
	设施资源	公路里程	千米	0.060
		卫生机构	个	0.054
		每万人拥有公交数量	辆	0.105
		每万人拥有出租汽车数	辆	0.085
		旅客周转量	亿人千米	0.124
		邮电业务总量	亿元	0.336
		互联网宽带接入用户数	万户	0.080
		限额以上餐饮与住宿企业数	个	0.082
		限额以上餐饮与住宿企业从业人数	人	0.074
	社会资源	城镇单位从业人员平均工资	元	0.177
		社会消费品零售总额	亿元	0.412
		一般公共预算收入	亿元	0.411
	生态资源	单位GDP能耗	吨标煤/万元	0.014
		人均公园绿地面积	平方米/人	0.920

目标层	准则层	评价指标	单位	权重
旅游资源配置综合指数	生态资源	城区绿化覆盖率	%	0.003
		森林覆盖率	%	0.044
		空气质量优良天数	天	0.020
	科技资源	高等学校在校学生数	万人	0.416
		R&D经费投入占比	%	0.166
		专利授权量	件	0.419

二、研究方法

本研究聚焦旅游业的资源配置水平和错配程度，运用空间错位方法，测评长城文化旅游研究区的旅游资源配置综合指数和旅游资源错位指数，分析影响不同区域错位的因素，识别其中存在的深层问题及根源，提出优化河北省长城段旅游空间结构的对策，旨在推动长城文化旅游产业实现高质量发展，并为同类型经济带、文化带的旅游发展提供有益借鉴。

（一）旅游资源配置综合指数

本研究运用综合评价法，分别计算出长城沿线各区域的旅游资源配置综合指数。计算公式如下：

（1）数据标准化。

正向指标：$X_{ij} = \dfrac{x_{ij} - \mathrm{Min}x_{ij}}{\mathrm{Max}x_{ij} - \mathrm{Min}x_{ij}}$

负面指标：$X_{ij} = \dfrac{\mathrm{Max}x_{ij} - x_{ij}}{\mathrm{Max}x_{ij} - \mathrm{Min}x_{ij}}$

x_{ij}是第i年第j个指标的原始数据，X_{ij}则为每个指标的标准化结果，$\mathrm{Min}x_{ij}$为指标的最小值，$\mathrm{Max}x_{ij}$为指标的最大值。

（2）对第i年的第j个指标做比重交换P_{ij}。

$$P_{ij} = \frac{x_{ij}}{\sum_{j=1}^{m} x_{ij}}$$

（3）确定第j项指标的熵值E_j。

$$E_j = \frac{-1}{\ln m} P_{ij} \ln P_{ij}$$

式中，$j = 1, 2, \cdots, m$；$0 \leqslant E_j \leqslant 1$。

（4）计算第 j 项指标的差异系数 D_j。

$$D_j = 1 - E_j$$

（5）确定第 j 项指标的权重 W_j。

$$W_j = \frac{D_j}{\sum_{i=1}^{n} D_j}$$

（6）计算综合得分。

$$T_{1i} = w_j u_{ij}$$
$$T_{2i} = w_j u_{ik}$$

式中，T_{1i} 指第 i 个区域在旅游资源配置测评中的综合得分；T_{2i} 指第 i 个区域在旅游资源配置测评中的综合得分；w_j, u_{ij} 分别指旅游资源配置综合指数测评中第 j 项评价指标的权重和第 i 个区域在第 j 项指标的功效系数（初始值经无量纲化后的值）w_j, u_{ik} 分别指旅游资源配置综合指数中第 k 项评价指标的权重和第 i 个区域在第 k 项指标的功效系数。

（二）旅游资源错配指数

旅游资源错配程度主要以旅游资源错配指数来衡量。引入李凌雁和翁钢民（2016）在其研究中提出的整体区域空间资源错位指数和二级区域空间错位指数[1]，并结合本研究的实际内容进行修改得出宏观和微观两个层面的空间资源错配指数，以对旅游经济发展水平与旅游资源各要素配置的匹配状态进行测定。宏观空间资源错配指数是计算整体区域的资源错配程度，微观空间资源错配指数是具体分析各地市旅游资源要素配置与旅游经济的空间资源错配程度。

（1）宏观空间资源错配指数。

$$SMI = \frac{1}{2P} \sum_{i=1}^{n} \left| \left(\frac{A_i}{A} + \frac{B_i}{B} + \frac{C_i}{C} + \frac{D_i}{D} + \frac{E_i}{E} + \frac{F_i}{F} \right) \div 6 \times P - P_i \right|$$

（2）微观空间资源错配指数。

---

[1] 李凌雁,翁钢民,《基于空间错位的我国西部地区旅游、文化与经济发展的演变分析》,2016。

$$SMI_i = \frac{1}{P}\left[\left(\frac{A_i}{A} + \frac{B_i}{B} + \frac{C_i}{C} + \frac{D_i}{D} + \frac{E_i}{E} + \frac{F_i}{F}\right) \div 6 \times P - P_i\right] \times 100$$

式中：SMI 指整体的空间资源错配指数，SMI_i 指第 i 个区域的空间资源错配指数；A_i、B_i、C_i、D_i、E_i 和 F_i 分别指的是第 i 个区域旅游资源各要素中资源赋存、经济资源、设施资源、社会资源、生态资源和科技资源的综合得分，A、B、C、D、E、F 分别为长城河北段旅游资源配置各要素得分总和；P_i 和 P 分别指第 i 个区域旅游经济的得分和长城（河北段）旅游经济得分总和，n 为区域个数之和。SMI_i 值越大，说明各区域旅游产业与其资源配置之间的关系越不协调，即旅游资源空间配置不合理；反之，则说明旅游资源空间配置越合理。

错配指数存在配置不足和配置过度两种情况，故采用取绝对值的方法处理，数值越大即要素错配程度越高。借鉴前人研究成果和分区方法（李凌雁和翁钢民，2016），并依据多年指数 SMI_i 绝对值，根据各区域的空间资源错配指数绝对值可以将各区域划分为3个等级，分别为高资源错配区（$|SMI_i| \geqslant 8$）、中资源错配区（$8 > |SMI_i| \geqslant 4$）和低资源错配区（$4 > |SMI_i| \geqslant 0$），如表5-2所示。正向资源错配地区表示区域旅游经济水平的预测值高于实际值，旅游空间各影响要素对旅游经济增长做出了较大的贡献，相较于各影响因素的增长，旅游经济水平还有较大的上升空间；负向资源错配表示区域旅游经济水平的预测值低于实际值，旅游空间各影响因素对旅游经济发展的贡献度较低，相较于旅游经济发展水平，旅游空间各要素发展相对落后。

表5-2　长城文化旅游带旅游资源错配程度划分标准

资源错配等级	正向高资源错配	正向中资源错配	正向低资源错配	负向低资源错配	负向中资源错配	负向高资源错配
取值范围	$[8,\infty)$	$[4,8)$	$[0,4)$	$(-4,0)$	$(-8,-4]$	$(-\infty,-8]$

（三）旅游资源丰度指数

从现有文献来看，对资源赋存的分析主要运用资源丰度指数，资源丰度是衡量旅游资源禀赋差异程度的最重要指标（王玉珍，2010）[1]。长城（河北段）沿线城市集丰富的文化资源和自然资源于一体，具有种类多、分布广、品质优、综合性强、特色突出等优势。不同地区的旅游资源差异不仅表现在数量上，更表现在品质上，单纯运用任何一个指标来反映资源差异性都是片面的。因此，在充分借鉴相关文献的基础上，综合考虑资源的广度和深度（即数量和品质），赋予资源丰度更丰富的内涵，以此来分析长城（河北段）沿线区域文化旅游资源赋存的空间差异。

文化资源选取世界文化遗产、国家重点文物保护单位、国家级非物质文化遗产、历史文化名村名镇、省级特色小镇，自然资源选取国家沙漠公园、水利风景区、自然保护区、国家湿地公园、国家草原自然公园、国家森林公园、国家地质公园，A级景区仅采用4A级及以上景区以及国家级旅游度假区[2]，自然资源和文化资源共计14种类型。参考王玉珍（2010）[3]的研究成果，引入资源丰度指数，资源丰度指数由资源广度指数和资源深度指数构成。旅游资源赋存的广度指标计算公式如下：

$$E_i = \frac{Q_i}{\sum_{i=1}^{n} Q_i} \ (i = 1, 2, \cdots, n)$$

其中，E_i 表示第 i 个地区的旅游资源广度，Q_i 表示第 i 个地区旅游资源的类型数量，$\sum_{i=1}^{n} Q_i$ 则表示长城（河北段）沿线区域所拥有的旅游资源数量类型合计。

旅游资源深度指标，衡量一个地区所拥有的旅游资源品质。因不同类型的旅游资源所具有的吸引力和竞争力不同，本研究参考王玉珍（2010）的研究成果，用加权的方式来表现不同地区的旅游资源深度。旅游资源的深度指标计算公式如下：

$$D_i = \frac{C_i}{\sum_{i=1}^{n} C_i} \ (i = 1, 2, \cdots, n)$$

① 王玉珍，《旅游资源禀赋与区域旅游经济发展研究：基于山西的实证分析》，2020。

② 柯月嫦，吴映梅，《双循环视角下旅游资源和国内旅游经济空间错位演变及优化——以云南省为例》，2022。

③ 王玉珍，《旅游资源禀赋与区域旅游经济发展研究：基于山西的实证分析》，2010。

其中，D_i 表示第 i 个地区的旅游资源深度，C_i 表示第 i 个地区旅游资源的品质，它是每个地区所拥有不同资源的加权求和，$\sum_{i=1}^{n} C_i$ 则表示长城（河北段）沿线城市所拥有的旅游资源品质总和。在充分参照相关文献的基础上，对不同品质的旅游资源设置了不同权重，其中世界文化遗产的权重为10，5A级和4A级景区权重分别为5和4，中国历史文化名城、国家森林公园等其他类型的旅游资源因品质差异性不大，权重则分别取1。

三、数据来源与处理

数据主要来源于2009—2021年的《中国统计年鉴》《中国城市统计年鉴》《中国旅游统计年鉴》《中国文化和旅游统计年鉴》，各地旅游局、水利局、生态环境厅、统计局等相关厅局官网公布的发展报告和统计公报等。为了消除量纲影响和变量自身变异大小和数值大小的影响，对数据进行标准化处理（见表5-1），以此分析长城文化旅游带省内外各区域旅游经济与旅游环境要素的组合状况。对于部分缺失的数据、数据缺失的省份或年份，已根据数据趋势采用线性插值法、移动平均法等予以补齐。

第三节　长城文化旅游要素资源空间配置效果测评

一、长城文化旅游省域层面资源要素配置综合指数

（一）长城文化旅游省域层面要素资源配置综合指数

运用熵权法计算出旅游发展水平和旅游资源配置综合指数，以及各地区资源配置要素的综合得分，同时为了表征综合演变特征，选取2010年、2015年、2019年、2022年为时间截面，制作了其发展水平等级图，如图5-1和图5-2所示。

1.2
1
0.8
0.6
0.4
0.2
0
指数
2010
2011
2012
2013
2014
2015
2016
2017
2018
2019
2020
2021
2022
年份
旅游经济水平
资源配置指数

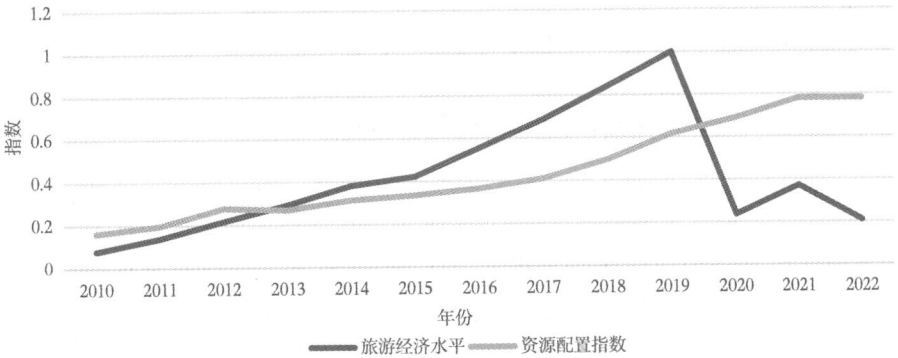

图 5-1　2010—2022 年长城文化旅游省域层面旅游发展水平与旅游资源配置综合指数

2010年
辽宁
河北
天津
北京
山西
陕西
宁夏
甘肃
0.500
0.400
0.300
0.200
0.100
0.000
旅游经济水平
资源配置指数
2015年
辽宁
河北
天津
北京
山西
陕西
宁夏
甘肃
0.600
0.500
0.400
0.300
0.200
0.100
0.000
旅游经济水平
资源配置指数
2019年
辽宁
河北
天津
北京
山西
陕西
宁夏
甘肃
1.000
0.800
0.600
0.400
0.200
0.000
旅游经济水平
资源配置指数
2022年
辽宁
河北
天津
北京
山西
陕西
宁夏
甘肃
0.700
0.600
0.500
0.400
0.300
0.200
0.100
0.000
旅游经济水平
资源配置指数

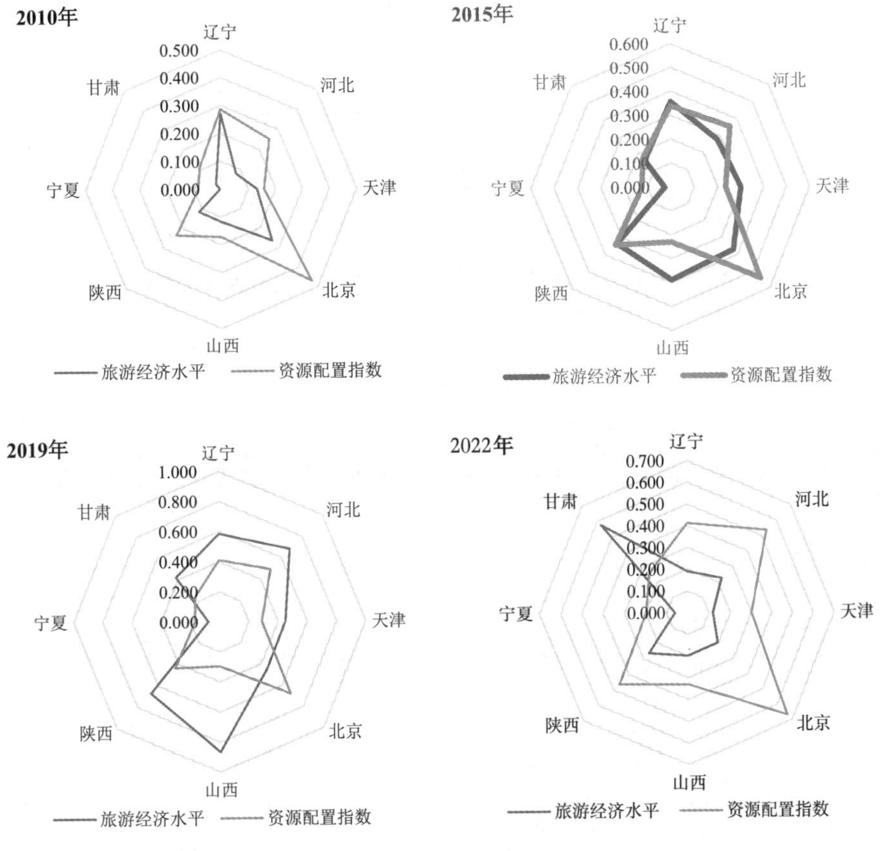

图 5-2　2010 年、2015 年、2019 年、2022 年长城文化旅游省域层面旅游发展水平与旅游资源配置综合指数

由上述图可知，从2010—2022年，旅游发展与旅游资源配置各要素指标呈增长的趋势。2010年各地区的生态资源水平较为领先，北京的生态环境质量最高为0.706，其次是陕西0.669，辽宁0.629；到2015年，生态资源水平仍领先，北京最高为0.768，其次是陕西和辽宁；2019年和2022年生态资源水平不再呈显著领先状态，与其他影响因素的波动持平。资源赋存因素的发展水平呈上升趋势，从2010年到2022年各地区的资源赋存水平无较大变化，河北、山西、陕西、辽宁和甘肃水平较高，天津和宁夏资源禀赋水平较低。2010—2022年，各地区的经济资源水平呈现明显增长，其中北京经济资源水平最高，其次是天津和河北；社会资源水平、设施资源水平和科技资源水平与经济资源水平呈现类似的区域差异和时空波动。从2010—2019年，各地区的旅游产业发展水平呈上升趋势，到2022年除甘肃外，各地区的旅游发展水平呈明显下降趋势，究其原因是受疫情的影响，各地区的旅游接待人次和旅游产业收入大幅减少。

（二）长城文化旅游省域层面要素资源错配指数

由上述分析可知，长城文化旅游省域层面的旅游发展水平与旅游资源要素呈错配状态。根据公式计算，可得出以下结果，如表5-3所示。

表5-3　长城文化旅游省域层面2010—2022年旅游资源错配指数表

年份	辽宁	河北	天津	北京	山西	陕西	宁夏	甘肃	总体
2010	−11.622	7.171	−3.541	0.347	−1.867	1.619	4.120	3.774	0.170
2011	−10.043	6.505	−5.114	1.255	−1.352	1.630	4.147	2.972	0.165
2012	−8.533	6.437	−4.616	2.318	−2.486	0.796	3.990	2.094	0.156
2013	−8.357	4.873	−2.012	2.810	−3.557	0.241	4.309	1.694	0.139
2014	−8.292	4.195	−2.827	5.116	−4.753	0.599	4.260	1.702	0.159
2015	−2.074	1.848	−3.194	5.931	−6.881	−0.478	4.323	0.527	0.126
2016	−1.783	0.671	−1.933	7.372	−7.796	−0.784	4.130	0.124	0.123
2017	−0.818	−0.172	−1.905	9.501	−8.648	−1.185	3.824	−0.597	0.133
2018	−0.434	−0.260	−1.320	10.440	−9.686	−1.851	4.430	−1.319	0.149
2019	−0.176	−0.656	−0.967	11.574	−10.187	−1.909	4.474	−2.155	0.160
2020	−0.262	0.481	−0.566	9.120	−6.571	−1.988	3.959	−4.173	0.136
2021	−6.314	1.836	−1.243	7.424	−2.031	0.558	4.048	−4.279	0.139
2022	2.670	4.379	2.660	9.572	0.165	0.178	3.448	−23.072	0.231

表5-4 2010年、2015年、2019年、2022年长城文化旅游省域层面旅游资源错配等级

资源错配等级	2010年	2015年	2019年	2022年
正向高资源错配区	—	—	北京	北京
正向中资源错配区	宁夏、河北	宁夏、北京	宁夏	河北
正向低资源错配区	北京、陕西、甘肃	甘肃、河北	—	山西、陕西、天津、辽宁、宁夏
负向低资源错配区	天津、山西	陕西、辽宁、天津	辽宁、河北、天津、陕西、甘肃	—
负向中资源错配区	—	山西	—	—
负向高资源错配区	辽宁		山西	甘肃

（1）从资源错配等级来看，由表5-4可知，长城沿线区域总体上旅游发展与各资源要素呈协调状态，而区域内则呈现不同的错配程度，2010—2022年长城沿线大部分地区处于中、低资源错配区，处于高资源错配区的地区较少，部分地区的旅游资源错配程度较为严重。

（2）从资源错配方向来看，宁夏和北京始终位于正向资源错配，旅游资源要素对旅游经济的贡献较大，旅游经济发展仍有增长空间；辽宁、山西、天津多处于负向资源错配状态，旅游产业发展超前于旅游资源配置水平。在2010—2019年，河北和陕西两省经历了从正向资源错配到负向资源错配的转变，而到了2022年，两省又由负向资源错配转变为正向资源错配。与2010年相比，这两个省份的资源错配程度均有所降低，旅游发展与资源配置之间的关系更为协调。与此同时，甘肃的情况则有所不同，它从2010年的正向资源错配转变为2022年的负向资源错配，这表明其旅游产业发展水平超前于资源配置，旅游资源配置的各要素对旅游产业的贡献度相对较小。

（3）从空间资源错配指数空间演化格局看，区域整体旅游发展与资源配置错配程度加深，资源错配指数由2010年的0.170增长为2022年的0.231，但波动不大，接近于0。长城沿线地区旅游经济与资源赋存、经济

资源、设施资源、社会资源、生态资源和科技资源等要素呈协调状态，且旅游经济仍有发展空间。研究区各地区旅游环境要素错配程度异质性较强，辽宁、天津、山西由2010年的负向资源错配转变为2022年的正向资源错配，说明这三地旅游资源要素与旅游经济的发展从相对制约状态转变为资源驱动型增长阶段，且相比2010年空间资源错配绝对值减少，说明环境错配程度有所缓解。甘肃资源错配指数由正向变为负向资源错配，2010年为正向低资源错配，2015年资源错配指数为0.527接近于0，说明资源要素错配程度得到缓解，到2022年空间资源错配指数为−23.072，绝对值变大，处于负向高资源错配区。根据发展指数可看出，从2010—2022年甘肃省旅游发展水平不断提高，而六要素与旅游经济的关系由相对协调发展转变为相对制约发展状态。2010—2022年河北和宁夏的空间资源错配指数整体呈下降趋势，其空间资源错配指数分别下降了38.94%和16.31%，说明河北和宁夏的旅游产业的发展一定程度上缓解了环境要素错配的状况。陕西省2010年的空间资源错配指数为1.619，2022年的空间资源错配指数为0.178，总体上旅游经济与旅游资源要素形成良性互动，未发生明显错配。2010—2022年，北京由正向低资源错配转变为正向高资源错配，北京作为全国政治、文化、科技中心，经济实力雄厚，文化底蕴深厚，旅游资源吸引力强，且旅游接待能力高，处于高水平发展状态，而北京正向资源错配指数不断上升，说明资源赋存、经济资源、设施资源、社会资源、生态资源和科技资源等要素促进了其旅游经济的发展，且北京的旅游资源配置水平超前于旅游产业发展水平。由于长城沿线各地区地理区位、资源禀赋、经济发展、旅游接待水平、生态环境水平等差异显著，各地要想实现协调发展，要确保这些因素均衡同步推进。

二、长城文化旅游（河北段）地市层面旅游资源配置分析

（一）长城文化旅游（河北段）地市层面旅游资源配置综合指数

依据上述方法，分别计算长城文化旅游带（河北段）地市层面旅游发展水平与资源配置指数，为表征时间演变特征，选取2010年、2015年、2019年、2022年为时间截面，制作发展水平等级图（见图5-3和图5-4）。

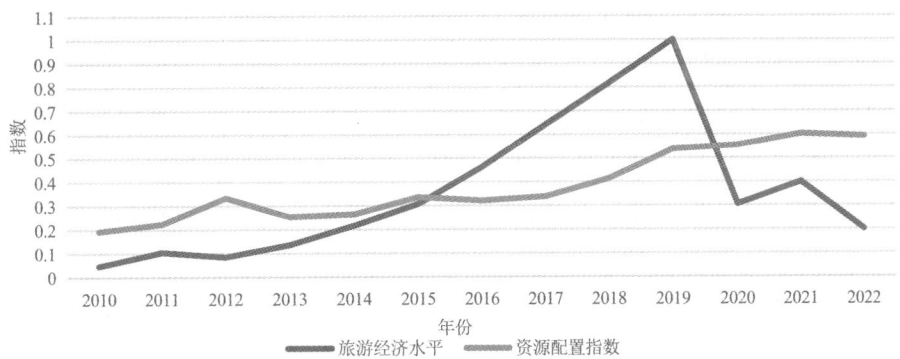

图 5-3　2010—2022年长城文化旅游带（河北段）地市层面
旅游发展水平与旅游资源配置综合指数

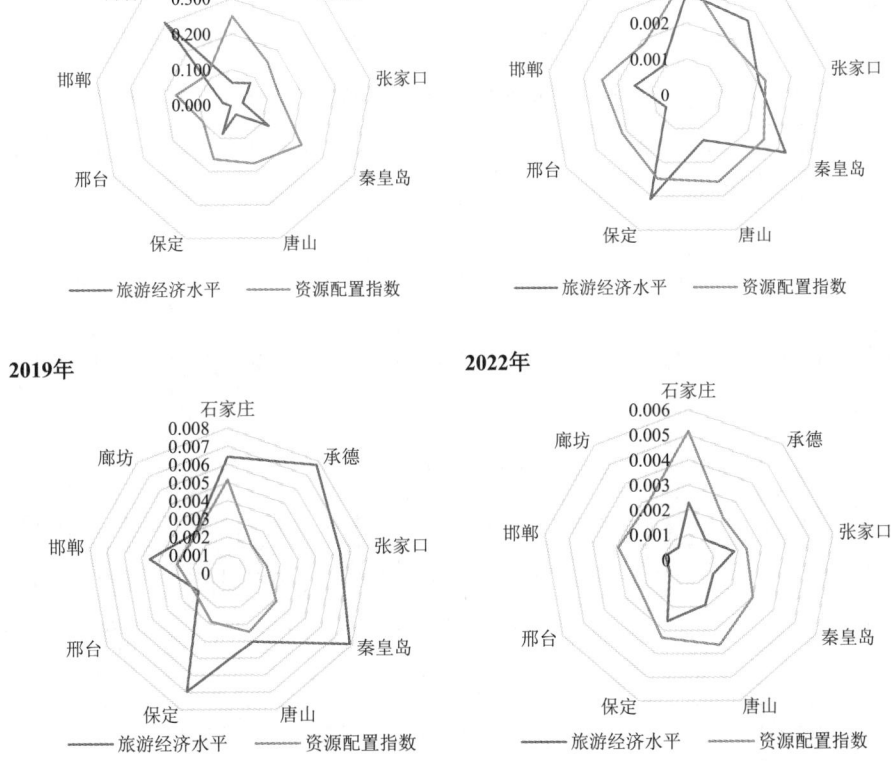

图 5-4　2010年、2015年、2019年、2022年长城文化旅游带（河北段）
地市层面旅游发展水平与旅游资源配置综合指数

据上图可知，长城（河北段）各地市旅游产业发展良好，2010—2019年期间呈现增长趋势，2019年后受疫情影响，旅游发展水平呈断崖式下跌，旅游资源配置综合指数呈平稳上升趋势。其中承德市、秦皇岛市和保定市旅游发展水平较高，在长城（河北段）各地市中处于领先位置；石家庄市作为省会城市，旅游资源丰富，旅游资源配置指数高，旅游业发展水平较高，发展速度较快，由2010年的0.062增长到2019年的0.641；张家口市的旅游产业发展速度较快，2019年旅游产业发展水平达到0.640；唐山市、邯郸市和邢台市旅游业发展较为平缓，旅游发展波动不大；廊坊市旅游发展水平呈先下降后上升趋势。

（二）长城文化旅游带（河北段）地市层面旅游资源错配指数

依据宏观和微观空间资源错配指数，计算出长城文化旅游带（河北段）地市层面各地市的旅游发展水平与旅游资源错配指数，并选取2010年、2015年、2019年、2022年为时间截面，计算结果如表5-5所示。

表5-5　长城文化旅游带（河北段）地市层面各地市旅游资源错配指数表

年份	石家庄	承德	张家口	秦皇岛	唐山	保定	邢台	邯郸	廊坊	总体
2010	10.923	−1.966	4.765	−2.517	9.531	−0.297	5.880	7.337	−33.655	0.384
2011	9.107	−2.067	3.251	−0.070	7.889	0.074	5.771	7.589	−31.544	0.337
2012	2.840	−7.194	−0.860	−8.310	6.788	−4.659	4.727	5.142	1.525	0.210
2013	2.719	−5.983	−2.192	−7.422	7.084	−2.566	3.510	3.117	1.734	0.182
2014	3.451	−5.890	−2.566	−6.388	6.449	−4.030	3.533	2.281	3.161	0.189
2015	2.601	−5.601	−2.095	−5.829	5.204	−4.611	4.569	2.862	2.899	0.181
2016	5.405	−6.522	−4.930	−5.422	4.769	−2.232	3.937	1.070	3.924	0.191
2017	5.280	−6.776	−4.434	−5.054	4.828	−1.902	3.994	1.199	2.864	0.182
2018	4.900	−7.736	−4.957	−4.811	4.185	0.544	3.676	1.193	3.006	0.175
2019	5.913	−7.708	−4.811	−5.252	4.731	−2.974	4.500	1.552	4.049	0.207
2020	3.303	−5.514	−1.879	0.087	2.909	−6.522	2.698	1.054	3.863	0.139
2021	5.676	−4.434	−4.794	−0.841	2.065	−4.339	2.023	1.445	3.200	0.144
2022	1.081	0.719	−4.831	1.908	−1.523	−7.549	1.866	3.828	4.502	0.139

表 5-6　2010 年、2015 年、2019 年、2022 年长城文化旅游带（河北段）
地市层面旅游资源错配等级

资源错配等级	2010年	2015年	2019年	2022年
正向高资源错配区	唐山市、石家庄市	—	—	—
正向中资源错配区	张家口市、邢台市、邯郸市	邢台市、唐山市	廊坊市、邢台市、唐山市、石家庄市	廊坊市
正向低资源错配区	—	石家庄市、邯郸市、廊坊市	邯郸市	承德市、石家庄市、邢台市、秦皇岛市、邯郸市
负向低资源错配区	承德市、保定市、秦皇岛市	张家口市	保定市	唐山市
负向中资源错配区		保定市、承德市、秦皇岛市	张家口市、秦皇岛市、承德市	张家口市、保定市
负向高资源错配区	廊坊市	—	—	—

（1）从空间资源错配等级看，由表 5-6 可知，2010 年、2015 年、2019 年和 2022 年长城（河北段）大部分区域处于中、低资源错配区，处于高资源错配区的城市数量呈减少趋势，各地市旅游发展水平与旅游资源配置均存在不同程度的错配现象，部分地市旅游发展与旅游资源空间错配程度较为严重。

（2）从空间资源错配正负关系看，保定市、承德市、秦皇岛市和张家口市多处于负向资源错配区，其旅游产业实际发展水平高于预期发展水平，即旅游产业发展水平超前于旅游资源要素，其中保定市、承德市和秦皇岛市旅游资源丰富，知名度较高，旅游产业发展水平一直较好，有待根据各区域面临的具体情况，科学地制定旅游空间结构优化对策，以提升旅游空间结构的合理性；张家口市旅游产业发展水平处于增长趋势，受到经济发展、社会支撑、科技实力等资源因素影响，其旅游经济发展的预期值并不高，反而致使旅游产业发展与旅游资源要素呈负向错配；邢台市和邯郸市长期处于正向资源错配，即旅游产业实际发展水平低于预期发展水平，说明两市的旅游产业仍有发展空间，要对邢台市和邯郸市的旅游资源进行有效开发和利用，提升旅游产业发展水平，以降低两地的旅游经济与旅游资源要素的错配程度；石家庄市作为省会城市，经济实力雄厚，基础设施建设水平、社会支持和科技支撑能力较强，自然资源和文化资源丰富，旅游产业发展基础好，但石家庄市长期处于正向资源错配区，预期旅游产业发展水平高于实际旅游产业发展水平，其旅游产业仍有较大发展空间，要充分利用旅游资源配置要素对旅游经济的贡献作用。

（3）从空间资源错配指数空间演化格局看，区域整体要素错配程度呈现下降的趋势，长城（河北段）空间资源错配指数由2010年的0.384降低到2022年的0.139，旅游产业发展与旅游资源配置要素的空间协调性逐渐提高；研究区地市空间资源错配程度异质性较强，廊坊市的空间资源错配指数波动较大，呈逐年增长趋势，由2010年的－33.655负向高资源错配转向2022年的4.502正向中资源错配，旅游经济与旅游资源要素呈现负向错配，究其原因是廊坊市的旅游发展水平高，生态环境得分和社会支持得分较高，但其旅游资源禀赋较差，旅游产业占GDP比重低，旅游实际发展水平远低于预期发展水平。唐山市的空间资源错配指数呈波动下降趋势，由2010年9.530的正向高资源错配转变为2022年－1.523的负向低资源错配，唐山市重视旅游业发展，充分挖掘旅游资源特色，带动旅游经济持续发展，从而降低旅游经济与旅游资源要素的错配程度。2022年承德市和秦皇岛市的空间资源错配指数由负向资源错配转向正向资源错配，旅游资源要素对旅游产业发展的贡献较大，究其原因是2022年我国疫情得到控制，但旅游业并未得到恢复，旅游发展受限，因此两市呈现正向资源错配。

第四节　评价结果与存在主要问题

一、评价结果

1.旅游发展水平持续提升,时空波动大

2010—2022年长城文化旅游带省域层面和（河北段）地市层面旅游发

展水平均呈增长趋势，长城文化旅游省域层面旅游发展水平重心由东北向西北转移，长城文化旅游（河北段）地市层面旅游发展重心由外围向省会石家庄转移。

2. 旅游要素资源配置综合指数增长不明显，集中化特征明显

2010—2022年长城文化旅游带省域层面和（河北段）地市层面旅游资源配置综合指数变化均不明显，省域层面首都北京集中化特征明显，（河北段）地市层面省会石家庄集中化特征明显。

3. 长城文化旅游整体要素资源错配程度较低，区域异质性强

无论是长城文化旅游省域层面还是（河北段）地市层面，长城文化旅游资源错配程度均较低，基本处于协调状态；大部分地区处于中、低资源错配区，处于高资源错配区的地区较少，部分地区旅游资源错配程度较为严重。

二、存在问题

（一）行政属地管理条块分割，长城文化旅游区域发展不平衡

一是各行政区划之间协调性不够。长城绵延万里，跨越多个省、市、县等不同区域。各地方政府往往从自身地域的利益出发进行管理和规划，例如在旅游开发方面，可能出现相邻区域各自为政，开发项目缺乏统一协调与衔接，导致游客体验不连贯，甚至出现重复建设、恶性竞争等现象。比如，在长城沿线某些地段，相邻的两个地区可能各自修建相似的游客服务设施和旅游景点，造成资源浪费和市场混乱。

二是部门之间协调性不够。涉及长城管理的部门众多，如文物保护部门、旅游管理部门、自然资源管理部门、林业部门等。各部门依据自身职责对长城的不同方面进行管理，但在实际操作中缺乏有效的沟通与协作机制。例如，文物保护部门侧重于长城的修缮和文物价值保护，可能会限制旅游开发的规模和形式；而旅游部门则希望加大开发力度以吸引更多游客。这种部门之间的目标差异和管理权限交叉，容易出现管理空白或矛盾冲突，使得一些长城旅游项目在审批、建设和运营过程中面临重重困难。

三是区域之间经济发展水平不同。不同地区的经济发展水平直接影响

当地政府对长城保护的资金投入能力。经济发达地区的财政收入高，能够拿出更多的资金用于长城保护，并且这些地区的社会资本也更活跃，更容易吸引投资用于长城的保护和旅游开发；而经济欠发达地区财政紧张，在满足基本公共服务需求后，能够分配给长城保护的资金十分有限。

四是政策导向与资源分配机制不同。在政策层面，目前长城保护资金的分配可能没有充分考虑到长城整体的均衡保护。一些政策重点关注了具有较高旅游价值和知名度的长城段落，导致资金向这些地区倾斜。同时，资金分配机制可能不够灵活和科学，没有充分考虑到长城保护的各个方面，如生态保护、文化研究等项目的资金需求。

（二）长城文化资源挖掘有待深入，长城文化旅游产品体系不够完善

长城作为中华民族的重要文化遗产，具有丰富的历史文化价值，但目前在资源挖掘和文旅产品体系建设方面确实存在一些亟待解决的问题，资源挖掘不足体现在以下三个方面。

一是文化内涵挖掘不充分。长城不仅仅是一道雄伟的建筑防线，其背后蕴含着深厚的历史、军事、建筑、民俗、艺术等多方面的文化内涵。然而，目前对于长城文化的解读多停留在表面，例如大多数游客只知道长城是用于防御外敌，但对于长城在古代军事战略中的具体布局、指挥系统、兵器装备及其在促进民族融合、经济交流、文化传播等方面的作用了解甚少。

二是历史故事传承碎片化。长城有着数千年的历史，其间发生了无数的历史事件和人物故事，但目前这些故事的传承较为零散，缺乏系统性。我们熟知的"孟姜女哭长城"等传说故事只是冰山一角，更多的如古代名将在长城沿线的征战传奇、普通士兵的戍边生活、长城修筑过程中的感人故事等，没有被完整地整理和讲述出来。这种碎片化的历史故事传承，难以让游客形成对长城历史的连贯认知，也无法充分发挥历史故事在文化传播和旅游吸引力提升方面的作用。

三是与非物质文化遗产关联不足。长城周边地区存在着丰富的非物质文化遗产，如民间手工艺（剪纸、木雕、砖雕等反映长城建筑和生活场景的技艺）、传统戏曲（包含长城题材的地方戏曲）、民俗节庆（与长城祭祀、

防御等相关的传统节日活动）等，但目前这些非物质文化遗产与长城资源的整合开发程度较低，没有形成有机的联系和互动，游客在游览长城时很难同时深入体验到这些丰富多彩的非物质文化魅力，造成了文化资源的浪费和旅游体验的单一性。

文旅产品体系体现在以下三个方面。

一是产品类型单一。目前长城的文旅产品以传统的观光旅游产品为主，游客大多是登上长城进行简单的游览拍照，旅游活动缺乏多样性和深度。体验式旅游产品如长城考古发掘体验、长城建筑技艺体验、古代军事生活体验等项目较少；休闲度假产品也严重不足，长城周边的度假酒店、民宿等配套设施不完善，无法满足游客较长时间停留和休闲放松的需求；文化创意产品虽然近年来有所发展，但品种有限、创意不足，多数是长城模型、钥匙链、明信片等简单的纪念品，难以满足不同游客群体的多样化购物需求和对文化内涵的追求。

二是产品品质参差不齐。部分长城景区的旅游服务设施和产品质量有待提高。一些景区的讲解服务不够专业，导游对于长城的历史文化知识掌握不全面，讲解内容简单乏味；景区内的餐饮和住宿卫生条件、服务水平参差不齐，影响游客的旅游体验；旅游线路的设计也不够合理，存在交通拥堵、景点串联不顺畅等问题，导致游客花费大量时间在路途上，而真正用于欣赏长城文化和风景的时间被压缩，降低了游客对长城旅游的满意度和回头率。

三是缺乏系统性整合。长城文旅产品在开发过程中，缺乏对长城全线资源以及周边其他旅游资源的系统性整合。长城横跨多个地区，每个地区的长城段落都有其独特的历史文化特色和自然景观，但目前各地区之间缺乏有效的合作与联动，没有形成统一的品牌形象和旅游线路规划，游客往往只能选择个别知名的长城景区进行游览，无法全面领略长城的多样魅力。同时，长城旅游与周边的自然生态旅游、乡村旅游、民俗文化旅游等资源整合不够，未能形成具有吸引力的综合旅游产品体系，限制了长城文化旅游产业的规模扩张和效益的提升。

（三）文化旅游设施建设不健全，长城文化旅游公共服务水平不够高

长城作为重要的历史文化遗产和旅游资源，其公共服务设施的完善和公共文化旅游空间的拓展具有重要意义。

（1）交通设施。

许多长城景区周边的公共交通网络不够发达，公交线路少、车次间隔长，导致游客前往景区不太方便，尤其在旅游旺季，容易造成交通拥堵。而且景区内部的道路标识有时不够清晰明确，游客可能会迷失方向，增加游览的不便和安全隐患。

（2）游客中心。

部分长城景区的游客服务中心规模较小，功能不够齐全，无法提供足够的休息场所、餐饮服务和旅游咨询，不能很好地满足游客的多样化需求。

（3）环卫设施。

长城景区内的垃圾桶分布不均，在游客密集区域可能存在数量不足的问题，导致垃圾被随意丢弃的现象时有发生，影响景区的环境卫生和景观风貌。同时，公共厕所的数量和卫生状况也有待改善，一些厕所设施陈旧，缺乏必要的清洁用品和维护，给游客带来不好的体验。

（4）安全防护设施。

长城历经岁月侵蚀，部分墙体和路段存在一定的安全隐患，但相应的安全防护设施却不完善。

长城公共文化旅游空间提升方面存在差异。

（1）文化展示空间。目前长城的文化展示多集中在景区内的小型博物馆或展览室，展示形式较为单一，以图片、文字展板和少量文物陈列为主，缺乏互动性和体验感。

（2）休闲游憩空间。长城景区内的休闲区域较少，导致游客在游览过程中缺乏足够的休息和放松空间。

（3）科普教育空间。长城蕴含着丰富的历史、地理、建筑、军事等知识，但目前针对青少年群体的科普教育空间和活动相对不足。

（4）文化创意空间。长城文化具有独特的魅力和广阔的创意开发前景，但目前景区内的文化创意产品种类较少、品质不高，缺乏具有代表性和创

新性的产品。

（四）社会资源投入不足，长城文化遗产保护力度不够

一是长城分布广泛，不同地区长城的保护资金差异巨大。经济发达地区的长城段落，如北京八达岭长城，由于其旅游收益高、地方财政相对充裕，能够获得较为充足的资金用于保护。这些地区有能力开展定期的维护工程，包括墙体修缮、周边环境整治等。而在一些经济欠发达地区，如部分位于偏远山区的长城段落，资金投入则非常有限，导致长城墙体坍塌、砖石剥落等情况得不到及时修复，甚至出现自然和人为破坏加剧的趋势。从区域来看，东部地区的长城保护资金通常比西部地区多。东部地区交通便利，旅游基础设施相对完善，更容易吸引资金投入。例如，一些沿海省份能够利用当地的旅游资源优势，将长城旅游纳入区域旅游线路开发中，为长城保护筹集更多资金，而西部地区的长城段落可能由于地理位置偏远、交通不便等因素，在资金分配上处于劣势。

二是保护项目差异。在保护资金的分配上，重点往往倾向于长城墙体和主要建筑（如烽火台、敌楼等）的修复，而对于周边生态环境的保护、考古研究等项目的资金相对较少。这使得长城的保护不够全面，生态环境的恶化可能会进一步威胁长城的长期稳定性。例如，长城沿线植被破坏、水土流失等问题没有得到足够的资金支持来解决，进而影响到长城墙体的基础安全。

三是长城文化的展示和宣传方面资金分配不均衡。一些著名的长城景区能够投入大量资金建设现代化的博物馆、文化展示中心来传播长城文化，而其他段落的长城文化挖掘和展示工作则因资金不足而进展缓慢，导致公众对长城文化的认知存在局限性，主要集中在少数几个热门景区。

（五）科技融合智慧旅游发展滞后，长城文化旅游新场景创新不足

目前，已有部分长城景区实现了智慧化，但是科技支撑还有待强化，科技融合产生的新场景、新模式有待深入挖掘。

一是技术应用表面化。目前，部分长城景区虽已引入科技元素，例如简单的电子导览、线上购票系统等，但大多只是将传统服务模式进行电子化改造，并未充分挖掘科技在深度呈现文化内涵、提升游客体验方面的潜

力。例如，讲解内容可能只是单调的文字或语音，缺乏利用虚拟现实（VR）、增强现实（AR）等技术让游客沉浸式感受长城历史变迁、建筑工艺等深层次文化的应用。

二是数据整合与利用不足。景区内各个环节产生的数据，包括游客流量、游览偏好、消费行为等，没有得到有效地整合和深度分析挖掘。这使得景区难以根据游客的实际需求精准优化旅游产品和服务，也无法为科技融合提供有力的数据支撑来进一步改善游客体验，比如根据游客流量数据实时调整景区内的交通疏导和设施开放策略，利用游客偏好数据精准推送个性化的文化体验项目等。

三是科技设备维护与更新滞后。部分景区由于资金、技术人员等方面的限制，对于引入的科技设备，如智能监控系统、互动展示装置等，不能及时进行维护和更新，设备故障频发，影响游客正常使用，降低了游客对科技体验的满意度，也削弱了科技在文化旅游中本应发挥的作用。

（六）长城生态环境保护意识不够强，长城文化旅游绿色低碳发展水平不够高

一是部分游客缺乏环保意识。在长城景区游玩过程中，随意丢弃食品包装袋、饮料瓶、纸巾等垃圾，对长城周边的土壤、植被等生态环境造成污染，不仅破坏了景区的美观，还可能影响当地生态系统的平衡。有些游客为了抄近路、拍照或者出于好奇等，践踏、攀折长城周边的花草树木，这直接破坏了当地的植被。

二是部分长城景区在生态保护宣传方面力度不够，未能通过多种渠道和形式向游客普及生态保护知识，强调其重要性。景区内的宣传栏、标识牌数量可能较少，内容不够生动形象、通俗易懂，无法引起游客的足够重视；导游在讲解过程中，也可能侧重于长城的历史文化知识，而对生态保护方面的介绍较少，导致游客在游览过程中缺乏生态保护的意识。对于游客践踏植被、破坏生态环境等行为的防护设施和监管措施不到位（如在一些容易出现游客践踏植被的区域没有设置有效的隔离带或防护栏），景区也缺乏专门的人员进行巡逻监管和及时制止不文明行为。一些长城景区在开发和规划过程中，没有充分考虑生态保护的整体性和系统性，过于注重旅游经济效益，忽视了生态环境的承载能力。

三是许多当地居民可能没有充分意识到长城周边生态系统的复杂性和脆弱性。他们不了解自己的一些日常行为，如在河道倾倒生活污水、随意丢弃生活垃圾等，会对周边的土壤、水体和生物造成长期的危害。当地居民可能对国家和地方有关生态保护的法律法规了解甚少，这使得他们在进行一些破坏生态环境的行为时，没有意识到自己已经违法。一些传统的生活习惯在一定程度上也对生态保护产生负面影响。当地居民由于长期处于相对封闭的环境中，对于生态保护的新观念和新技术接受速度较慢。

三、长城文化旅游要素资源配置优化策略

为了推动长城沿线文旅产业绿色高质量发展，缩小区域差异，总体上应采取升级旅游业产业结构、提升清洁能源消费比重、提高景区承载力、完善环境治理机制等措施。旅游业绿色发展政策措施需要细化到旅游产业的方方面面，并通过旅游业相关政策推动各类型旅游企业、景区进行低碳改造与绿色升级，提高各地区的旅游业资源配置综合效率，各地区依据各项因素的具体影响效应采取相适应的对策。

（一）完善公共服务体系建设，拓展公共文化空间

加强长城沿线旅游公路建设，建设长城绿道系统，串联沿线的乡镇、村庄、遗产点段和景区，建设景观路、风景道、健身步道和自行车骑行道等长城游憩带。在长城重点建设点、段建设长城站和观景平台。构建长城文化解说系统，在长城景区合理设立游客中心、分中心和集散点。游客服务设施应兼具长城遗产、长城文化展示和阐释功能。设立区域性旅游应急救援基地，以及休憩健身、旅游厕所等旅游公共服务设施，改造升级沿线景区水电、安全消防、医疗救援设施和科研、会展等公益设施，还要对宾馆、酒店和文化消费等商业设施进行优化。此外，应推进绿色能源的使用，健全标准化服务体系。推动长城文博单位景区化、文化产业旅游化，加大长城资源基础信息开放力度，完善长城文物、文化资源基础数据库，支持、推动长城相关文博单位景区化。通过演绎与长城相关的战事、故事、传说，为游客提供研学、体验的机会，以此推动长城文化研学旅游基地的建设。同时，要加强专题文艺创作，鼓励电影、电视剧、纪录片等多种艺术形式

围绕长城文化展开创作，从而传播和弘扬长城文化。此外，还应建设中国长城美术馆，并推出一批能够体现长城文化特色、适合在长城沿线重点地段开展的"长城记忆"系列文艺演出活动。

（二）深挖内涵整合资源，完善文旅产品体系

一是邀请历史学家、文化学者、民俗专家、考古学家等组成专业团队，对长城文化进行全面、深入、系统的研究，从不同角度解读长城的历史文化价值，梳理出完整的文化脉络和丰富的内涵体系，并将研究成果以通俗易懂的方式呈现给游客，如出版学术著作、科普读物，拍摄专题纪录片等。

二是开展长城历史故事的普查和收集工作，通过查阅古籍文献、走访当地居民、收集民间传说等方式，挖掘更多鲜为人知的历史事件和人物故事，并进行整理、编辑和艺术加工，形成系列的长城历史故事集或故事绘本。通过景区讲解、文化活动、线上平台等多种渠道传播给游客，增强游客对长城历史的了解和兴趣。

三是对长城周边地区的非物质文化遗产进行全面调查和分类整理，将与长城文化相关的非物质文化遗产进行有机整合，在长城景区内或周边设置专门的展示和体验区域，邀请非遗传承人现场展示技艺，让游客亲身参与制作过程，感受非物质文化遗产的独特魅力，同时开发以非物质文化遗产为主题的旅游纪念品和文化活动，丰富长城旅游的文化内涵。

四是完善文旅产品体系。基于长城所具备的自然景观特色与深厚历史文化底蕴，精心设计并推出一套涵盖生态康养、休闲度假、科教研学、历史文化体验等主题的旅游产品体系，全面覆盖食、住、行、游、购、娱等旅游要素，为游客提供沉浸式的体验。

五是推动长城文化旅游与其他相关产业深度融合，如与农业、林业、体育、教育、文化创意等产业相结合，开发出具有特色的综合旅游产品。

六是针对长城景区的导游、讲解员、酒店服务人员、餐饮从业人员等，开展定期的专业培训，提高他们的服务意识和业务水平。

（三）科技赋能文旅融合，打造长城文旅新场景

加大对长城文化遗产保护和展示的科技投入，积极引入现代科技手段，提升文化遗产的保护水平和展示效果。例如，利用卫星遥感、无人机测绘、

三维激光扫描等技术，对长城进行全方位、高精度的数字化测绘和建模，建立长城文化遗产数据库，为保护修复、研究管理、展示传播提供数据支持；运用AR技术在长城景区内实现虚拟导游、文物信息增强展示等功能，让游客通过手机等终端设备随时随地获取丰富的长城文化信息；开发基于大数据和人工智能的长城文化旅游智能服务平台，为游客提供个性化的旅游行程规划、导览讲解、信息查询等服务，提升游客的旅游体验。推进物联网技术在旅游场景中的应用，利用人脸识别、指纹识别、虹膜识别等技术改进用户体验，改变其组织形态和运营方式，创新沉浸式历史文化体验场景、互动式文化创意场景、智慧化生态旅游场景等长城文旅新场景。

（四）多措并举筹措资金，争取多方社会支持

1.多方筹措资金

（1）加大政府财政投入。各级政府应将长城文化旅游发展纳入财政预算，设立专项保护与开发资金，用于长城的修缮维护、基础设施建设、文化研究与展示、旅游宣传推广等方面。

（2）引入社会资本。制定优惠政策和投资引导机制，吸引社会资本参与长城文化旅游项目。同时，对于参与长城保护与旅游开发的企业，给予税收减免、土地使用优惠等政策支持，提高社会资本的投资积极性。

（3）鼓励金融机构参与。引导银行、证券、保险等金融机构创新金融产品和服务，为长城文化旅游企业和项目提供融资支持。

2.争取社会支持

（1）通过各种媒体渠道，包括电视、网络、社交媒体、公益广告等，开展长城文化价值、历史意义和保护重要性的宣传活动，提高公众对长城的认知和保护意识，激发社会大众对长城文化旅游的热爱和责任感，促使他们积极参与到长城文化旅游的保护与发展中来。

（2）建立长城文化旅游志愿者服务体系，面向社会广泛招募志愿者，参与长城景区的讲解引导、环境保护、游客秩序维护等工作。

（3）鼓励和引导各类社会组织，如文化遗产保护协会、环保组织、旅游行业协会、高校社团等，参与长城文化旅游项目。

（五）加强绿色宣传教育，提升生态保护意识

一是加强宣传推广。当地政府和相关环保组织可以定期在社区举办生态保护知识讲座、培训和宣传活动。这些活动可以采用通俗易懂的方式，如通过播放有趣的生态保护纪录片、举办生态知识竞赛等形式，向居民讲解长城周边生态系统的重要性、生态保护的基本方法以及破坏生态环境的危害。制作图文并茂的生态保护宣传手册、海报等资料，用当地居民熟悉的语言，详细介绍生态保护的法律法规、生态保护的实际案例以及居民可以采取的生态保护行动。并且，通过社区工作人员、志愿者等将这些资料发放到每一户居民家中，确保宣传的覆盖面。

二是建立激励机制。对于积极参与生态保护的居民，如主动减少对自然资源的过度开发利用、积极配合生态修复工作的居民，政府可以给予一定的经济补偿或奖励。例如，对那些将农家乐、民宿进行生态化改造，减少对周边环境影响的居民，给予一定的资金补贴或者税收优惠。提供更多与生态保护和可持续旅游相关的就业机会，引导居民转变经济发展方式。比如，培训居民成为生态导游、生态农业技术员或者生态保护志愿者等，让他们能够从生态保护工作中获得经济收益，从而提高他们的生态保护积极性。

三是加强监管和执法力度。明确当地政府各部门在长城文化旅游生态保护中的监管职责，如环保部门、文物保护部门、旅游管理部门等要加强协作，形成监管合力。同时，要加强执法队伍建设，确保对于破坏生态环境和长城文化遗产的行为能够及时发现、严肃查处。加大对破坏生态环境行为的处罚力度，让违法者承担高昂的经济和法律责任。例如，对于非法猎捕野生动物、在长城保护范围内乱砍滥伐等行为，除了依法给予罚款外，还要责令其进行生态修复，提高其违法成本，从而有效遏制破坏生态环境的行为。

第六章　长城文化旅游融合协调发展评价

深化文旅融合，推进文化、生态、旅游协同发展是长城文化旅游高质量、可持续发展的内在要求。本章以共生理论和耦合协调理论为基础，构建长城文化—旅游—生态共生耦合协调评价指标体系，对长城文化旅游区8省（自治区、直辖市）文化—旅游—生态共生耦合协调的时空特征及机制进行研究，积极探索促进长城文化—旅游—生态融合协调发展的有效对策。

第一节　长城文化—旅游—生态共生耦合协调关系

一、理论基础

（一）共生理论

"共生"（Symbiosis）一词最早由德国真菌学家德贝里（Aton de Bray）在1879年提出，用于描述不同物种共同生存、协同进化的关系[1]。生态学家HT.Odum在1936年提出了生态共生的概念，强调生态系统中不同生物体之间的相互依存关系。共生理论旨在描述不同生物种群之间相互依存、相互作用、互利共赢的现象。它强调了不同物种之间的相互关系不仅仅是竞争或捕食，还可以相互合作、互惠互利的关系[2]。我国学者袁纯清于1998年在《共生理论——兼论小型经济》一书中首次引入共生理论，并运用共生理论对我国小型经济问题进行了分析，他认为共生不仅是一种生物现象，也是一种社会现象；共生不仅是一种自然状态，也是一种可塑状态；共生不仅是一种生物识别机制，也是一种社会科学研究方法[3]。共生理论聚焦共生单

---

[1]　Caullery M,《Parasitism and symbiosis》,2006。

[2]　宋姗姗,《创业生态系统的共生形成及演化研究》,2018。

[3]　袁纯清,《共生理论——兼论小型经济》,1998。

元、共生模式和共生环境三大基本要素，它们之间的相互作用构成共生系统。其中，共生单元是构成共生体或形成共生关系的基本能量生产和交换单元；共生模式是指共生单元相互作用的方式或策略，这一概念涵盖了物质、信息和能量的交换关系，同时也涉及共生单元之间作用的方式和强度；共生环境是指共生关系发生的外部环境，包括生物群落、生态系统等。共生环境为生物物种提供了各种资源和条件，促使不同物种之间发展出共生关系并保持其稳定状态。共生环境按照属性可以分为正向环境、中性环境和反向环境。

共生理论也逐渐在社会、经济、管理学等领域得到广泛应用。在共生基础上通过耦合、协调和控制达成共生状态的质变，共生理论也构成了耦合协调理论的基础。本研究借鉴共生理论探讨长城文化、旅游与生态环境的协同效应，创新性地在耦合协调研究中引入共生概念，这既是本文进行耦合协调研究的理论源头，更是指导共生协同研究的理论根基。长城文化旅游是依赖于自然、人文和生态资源禀赋，能够为当地经济带来较大推动力的旅游活动频繁的复合系统，包含文化子系统、旅游子系统和生态子系统。其中，以生态子系统为核心和纽带，通过协调作用自觉调节各子系统；而文化和旅游子系统相互渗透，具有扎实的共生基础。因此，文化、旅游和生态三者具有共生性，通过相互依存、相互促进，形成和谐共生的复合体系。

（二）耦合协调理论

耦合源于物理学中的概念，原指两个或两个以上的系统之间相互亲和、相互作用，进而结合为一个新的功能体，耦合的系统之间具有相互促进的作用。耦合概念最早被引入社会科学领域用于研究教育组织系统的相互关系[①]，之后，耦合的内涵逐渐向"协调"引申。廖重斌（1999）给出了"协调"的定义，即系统之间或系统内部构成要素之间相辅相成、和谐一致的良性互动关系，从而形成耦合协调理论。该理论的概念为"解释和解决协调与发展问题的思想、论述和方法的总称"，其核心是"协调"。通过计算系统间的耦合协调度来对系统在发展演化中彼此和谐一致、达到整体协同

---

① 何甜，朱翔，黄拓夫，等，《乡村振兴背景下花垣县生态农旅动态耦合过程及路径研究》，2022。

发展状态进行重要度量，反映了系统间协同演进的历史变化及未来发展趋势。自2015年起，耦合协调理论模型被广泛应用于经济、社会、管理等领域，旅游方面的耦合研究主要集中于旅游系统内部子系统和旅游系统与外部系统两个方面。共生、耦合协调及共生耦合协调的含义及相互关系如图6-1所示。

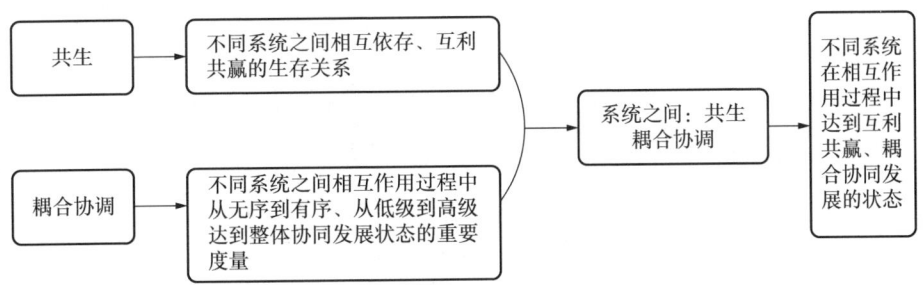

图6-1 共生、耦合协调及共生耦合协调的含义及相互关系

综上，本文以共生理论和耦合协调理论为基础，构建长城文化、旅游和生态共生耦合协调体系，明晰系统之间的共生关系，进而测度系统之间的耦合协调程度，并探析共生耦合协调的影响机制，以期为文化、旅游和生态三者的互利共赢和整体协同发展提供科研依据。

二、国内外研究进展

（一）文化、旅游与生态共生的相关研究

中国式现代化是人与自然和谐共生的现代化[①]。人与自然和谐共生是社会主义生态文明的核心理念与价值诉求，是马克思生态文化观在新时代的理论创新与生动实践[②]。文化、旅游与生态的相互依存关系也是人与自然和谐共生的具体体现之一。因此，随着共生理论逐渐应用于社会经济学和产业协同领域，诸多学者开始使用共生理论来研究文化、旅游与生态的协同问题，源于共生理论作为种群生态学的核心，在复杂物种之间的信息传递、物质交换、能量传递和合作共生研究中具有良好的兼容性和适用性。

共生理论的概念源自 H. T. Odum 在 1936 年提出的生态共生观点。

---

① 习近平，《在庆祝中国共产党成立100周年大会上的讲话》，2021。

② 邹广文，李晓白，《人与自然和谐共生：马克思生态文化观的时代回响》，2024。

2020—2024年期间，文化、旅游与生态共生方面的研究主要聚焦于以下内容。

（1）旅游共生体系理论研究：旅游业具有广泛关联、综合性强的特点，将旅游发展与经济、政治、文化、社会、生态构建出"五位一体"的旅游共生体系[1]。熊海峰和祁吟墨（2020）[2]提出共生理论框架，阐释了文化和旅游融合共生的条件、单位、界面、模式和环境，分析了文化和旅游融合发展的内在逻辑与机理，以大运河文化带建设为例，阐述了其在融合发展中的现状与问题，并就此提出了增强共生单元能量、优化共生环境、构建一体化互惠共生模式、拓展共生领域等发展策略。

（2）文化共生逻辑理论研究：主要体现在特色文化产业[3]，以共生理论为视角，以共生单元、共生环境、共生模式三要素为切入点，深入探讨特色文化产业生态系统构建所遵循的产业定位、环境优化和发展趋势问题，为特色文化产业在新时期实现高质量发展提供理论依据。

（3）文化与旅游共生实证研究：旅游共生是一个具有时空耦合特点的复杂社会现象[4]。旅游业与文化产业之间互相渗透，共生的基础较扎实，如果合理开发，将发挥更全面的积极共生作用[5]。文旅融合发展是推动文化和旅游高质量发展的重要路径，引入"共生理论"，将客观评价标准引入文旅融合领域[6]。如京津冀旅游共生体系统整体处于明显的进化过程中，表现为京津冀旅游—经济共生体和旅游—社会共生体进化良好，旅游—政治共生体和旅游—文化共生体进化较好，旅游—生态共生体进化一般[7]。文旅融合从交互到共生是深度融合的表征和走向，具体表现在文旅融合的产品、业态、要素、市场、价值五个维度[8]。以共生理论为基础，依据红色文化旅游

---

① 孙振杰，《京津冀旅游共生体系统协调演化研究》，2020。

② 熊海峰，祁吟墨，《基于共生理论的文化和旅游融合发展策略研究——以大运河文化带建设为例》，2020。

③ 周慧玲，《旅游共生的研究述评》，2014。

④ 邵明华，张兆友，《特色文化产业发展的模式差异和共生逻辑》，2020。

⑤ 孔少华，李瀚尊，余子怡，《西藏文旅融合特征测度与比较分析——基于投入产出理论与共生理论》，2024。

⑥ 王秀伟，《从交互到共生：文旅融合的结构维度、演进逻辑和发展趋势》，2021。

⑦ 孙振杰，《京津冀旅游共生体系统协调演化研究》，2020。

⑧ 熊海峰，祁吟墨，《基于共生理论的文化和旅游融合发展策略研究——以大运河文化带建设为例》，2020。

内涵要素与发展特征，以共生单元、共生界面、共生环境为基点构建红色文化旅游共生发展系统，并从市场主体共生、产品共生与利益共生三个维度对其运作机理进行阐释[①]。在乡村振兴背景下，乡村产业呈现出多产业融合、多主体共生的形态。由于自然地理环境复杂多样，村庄资源禀赋与经济基础各不相同，农文旅产业融合形态多样。基于青海省德吉村、重庆市华溪村和广西壮族自治区毛竹山村的实践，提炼出以共生资源池为基础、以共生单元交互为核心、以共生价值创造为导向的乡村农文旅产业融合运营机制[②]。

（4）旅游与生态环境共生研究："双碳"目标明确了我国经济社会发展全面绿色转型的战略方向，是生态文明建设的必然要求。"双碳"目标符合人与自然和谐共生的内在要求，人与自然和谐共生是中国式现代化的重要特征。加快旅游发展方式绿色转型，要深刻把握自然规律和经济社会可持续发展的一般规律，加快形成节约资源和保护环境的产业结构、生产方式、生活方式和空间格局，探索人与自然和谐共生的发展范式，走出一条生产发展、生活富裕、生态良好的文明发展道路[③]。旅游与生态的协调共生是实现"人与自然和谐共生"的重要方面，也是国家生态文明建设背景下保障旅游生态安全的基本要求。基于共生理论构建了旅游与生态共生研究理论框架，并引入Lotka-Volterra模型判定旅游与生态的共生模式，结合共生度与回归分析对旅游生态安全状态进行综合判定，对国家重点生态功能区安徽省黄山区进行2005—2019年的历史性实证研究[④]。边境省域旅游与生态的共生关系及旅游生态安全状态，对边境地区旅游产业和生态安全协调发展具有重要意义。通过DPSIR模型构建边境省域旅游与生态共生评价指标体系，引入Lotka-Volterra共生模型分析旅游产业和生态环境的共生关系和旅游生态安全状态，并运用障碍度模型、灰色关联度模型分析其影响因素[⑤]。

① 邵明华，张兆友，《特色文化产业发展的模式差异和共生逻辑》，2020。

② 雷明，王钰晴，《交融与共生:乡村农文旅产业融合的运营机制与模式—基于三个典型村庄的田野调查》，2022。

③ 钟林生，《"双碳"目标下中国旅游业绿色转型要求与路径》，2023。

④ 袁宏瑞，王群，《旅游与生态共生演进模式与生态安全判定——以国家重点生态功能区安徽省黄山区为例》，2022。

⑤ 田里，闫子豪，张鹏杨，《基于共生理论的中国边境省域旅游生态安全评价》，2024。

（二）文化、旅游与生态环境耦合协调的相关研究

随着生态文明建设、绿色发展理念以及中国式现代化的持续推进，文化、旅游和生态环境三者之间的耦合互动关系逐渐受到学术界的关注。相关研究主要集中于以下方面：

（1）水平测度与时空格局。截至 2024 年 12 月，学术界普遍通过构建耦合协调评价指标体系，借助耦合协调度模型、灰色关联分析等方法探讨文化—旅游—生态三大子系统的互动关系及时空耦合协调程度[1][2][3][4][5][6][7][8][9]。

（2）影响机制和实践路径。面向建设中国式现代化并结合中国推进文化强国、旅游强国的实践，学者们在分析三者耦合协调中存在的问题的基础上，现有文献多从文化—旅游—生态内生机制出发，利用障碍度模型探讨文化产业、旅游产业和生态环境耦合协调发展的主导障碍因素；或从外部驱动机制，着重对产业结构、政府行政力、市场需求、经济发展水平和对外开放水平等因素的驱动效应进行了识别[1][2][3]，进而从影响机制的角度探讨了三者耦合协调发展的实践路径与推进措施[8]。

（3）研究尺度趋于精细化。文化—旅游—生态耦合协调尺度日益增多，由省域[1]、大运河文化带[3]、黄河流域[4][5][6]等宏观尺度逐渐向淮海经济区[7]、县域等中微观尺度过渡。综合来看，目前文化—旅游—生态耦合协调评价研究主要聚焦在黄河流域，尽管文化—旅游—生态耦合协调评价研究的关

① 贾垚焱,胡静,刘大均,等,《中国省域生态—文化—旅游协调发展时空分异及影响因素研究》,2021。

② 陈思玮,傅云新,《旅游—文化—环境耦合协调发展分析和预测——以广东省为例》,2020。

③ 厉建梅,单梦琦,齐佳,《大运河文化带沿线城市文化—生态—旅游耦合协调发展》,2022。

④ Gui M,Kaiyong W,Fuyuan W,Yaojia D,《Analysis of the tourism-economy-ecology coupling coordination and high-quality development path in karst Guizhou Province,China》,2023。

⑤ Mengdi L,Yifang D,Xiaoman W,《Evaluation of the coupling and coordination degree of eco-cultural tourism system in the Jiangsu-Zhejiang-Shanghai-Anhui region》,2023。

⑥ 刘洋,许继红,刘媛媛,《黄河流域生态环境与文旅产业耦合协调关系研究》,2024。

⑦ 王雨婷,沈正平,李永乐,《淮海经济区文化-生态-旅游耦合协调发展的时空演化及驱动因素》,2024。

⑧ 赵静,郭佩云,汪辉,《黄河流域文化产业—旅游产业—生态环境耦合协调研究》,2024。

⑨ Yang Z,《Research on the coupling coordination and obstacles analysis of cultural-tourism economy and ecological environment in the middle reach of the Yellow River Basin,China》,2024。

注度有所提升。然而，长城文化旅游带作为多系统复合特性的空间仍然未得到学界的充分关注，其文化—旅游—生态的耦合协调特征较少被研究。

综上，学者们对文化—旅游—生态开展了较多研究，对三者的互动关系也进行了有益探索，但目前仍然存在部分不足有待深化。首先，现有文献多是从理论角度概括三者之间的相互关系，但对三者之间的耦合关系类型及其关联机理仍缺乏科学系统的认知和评价；其次，三者协同关系的时空过程也亟待加强，特别是对典型区域单元的实证研究较少；再次，三者的耦合协调受到内生机制和外生机制的双重影响，以往研究很少对内生机制和外生机制进行联合分析，导致对机制的认识存在局限。同时，驱动机制中缺乏能反映数字化、高质量发展水平、新质生产力等方面的因素，故而针对各地存在的实际问题，提出实践路径的探索明显不足。

鉴于此，本研究以长城文化旅游带为研究对象，在解析文化—旅游—生态环境共生耦合协调机理的基础上，运用熵值法、种群共生模型和耦合协调度模型对三者共生耦合协调关系及水平进行测度，然后借助障碍度模型和地理探测器对共生耦合协调的内外机制进行分析，以期从根源上探究影响三者共生耦合协调的主导因素。此外，对长城这一独特的线性文化遗产沿线地区的文化、旅游和生态三者耦合研究也相对较少。现有研究仅探讨了河北省长城沿线县域旅游产业、生态环境与社会效益三大子系统耦合协调性时空发展格局与空间效应[①]，而加强文化—旅游—生态协同发展方面的研究，是促进长城区域经济高质量发展的真正需要，也为长城国家文化公园建设提供科学依据。

第二节　长城文化—旅游—生态共生耦合协调机制

一、长城文化—旅游—生态的共生体系框架及共生内涵

（一）文化—旅游—生态的共生体系框架

自然界中不同类型的资源和不同种类的个体之间存在相互制约、相互

---

① 白翠玲,雷欣,杨丽花,等,《长城沿线县域TES系统耦合协调性时空格局与空间效应》,2024。

依赖的千丝万缕的关系，在自然环境的作用下共同进化发展，形成了有机、复杂的生态环境大系统。文化—旅游—生态关联中也存在类似于生态系统的发展模式。因此本研究将文化—旅游—生态关联与社会、经济、自然子系统相结合，根据共生理论，构建了文化、旅游、生态共生体系。该系统清楚地反映了文化、旅游、生态共生单元生存于社会—经济—自然系统构成的外部共生环境，通过由政策、市场、资源、产业、技术等要素构成的共生界面，把物质、能量和信息作用于各个共生单元。文化—旅游—生态共生体系框架如图6-2所示。

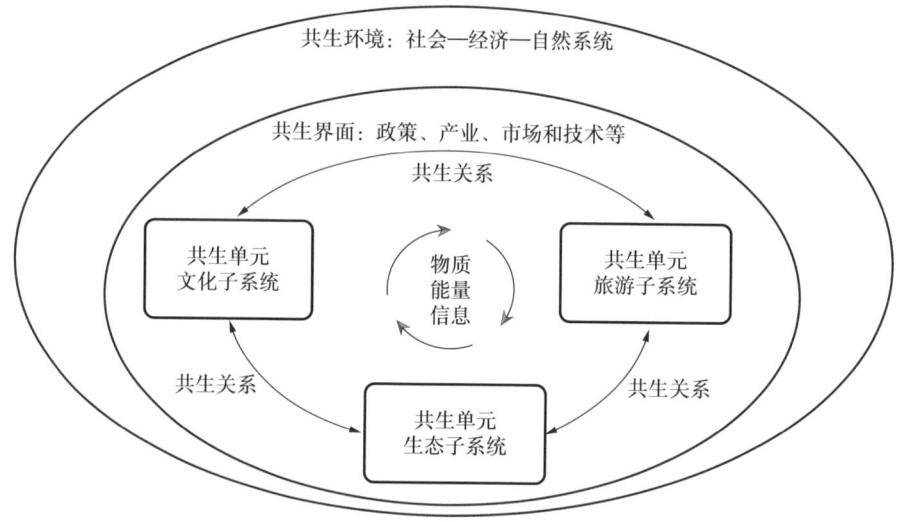

图6-2　文化—旅游—生态共生体系框架

（二）文化—旅游—生态共生体系的内涵

根据共生理论，文化—旅游—生态共生体系的目标是达到互惠互利的平衡共生状态。这种共生状态强调各共生单元是平等的、协同的，各共生单元在保障自身发展的基础上相互促进，推动共生系统整体的共生进化。因此，这种共生状态包含共生单元各自进化与共生系统共同进化并存的协同发展状态。

基于共生理论，共生体系的内涵可细分为以下四个方面。

（1）共生单元。

共生单元是构成共生体或共生关系的基本能量生产和交换单位，它是形成共生体的基本物质条件。文化—旅游—生态共生体系中有文化、旅游、生态三个共生单元，以生态为基础、以文化为核心、以旅游为载体的共生系统，建立在文化、旅游和生态子系统内部的和谐稳定发展基础上。各个子系统的进化推动整个共生系统的共同进化。共生单元中生态的承载能力决定了共生能量增加的上限。共生单元中生态资源的数量、质量、结构和功能越稳定，其承载能力越强，系统的共生水平越高。

（2）共生关系。

共生关系是指共生单元之间相互依赖、相互作用的关系。当前，文化—旅游—生态共生系统的可持续发展不仅要求共生单元内部稳定且达到共存状态，更要求共生单元之间维持互惠互利的共生关系。在中国式现代化是人与自然和谐共生的现代化的时代背景下，文化、旅游和生态之间的相互作用是影响共生能量增加的内在驱动力。共生单元彼此在数量、结构和功能上的匹配程度以及资源利用过程的协调程度影响着共生能量增加的数量和速度。共生关系的适配程度越高，系统的共生发展越稳定。

（3）共生环境。

共生单元以外的所有要素的总和统称为共生环境，共生环境是共生关系及其单元产生和发展的基础条件，共生环境由共生界面和共生能量组成。社会—经济—自然系统作为文化—旅游—生态共生系统的共生环境，文化与旅游的和谐共生意味着在满足人们日益增长的生活需要和经济发展的资源需求的同时，需要维护自然生态的可持续发展。文旅资源开发对生态的影响越小，其产生的社会、经济效益就越大，从而保证了相关产品和服务的可持续供给。文化—旅游—生态的共生程度越高，共生系统的结构越稳定，可承担的不确定因素带来的风险越大，系统的共生水平越高。

（4）共生界面。

共生单元之间的接触方式和机制的总和称为共生界面，它是共生单元之间进行物质、信息和能量传导的媒介或载体，是共生关系形成和发展的基础。在文化—旅游—生态共生系统中，政策、市场、资源、产业、技术等要素不仅作为能量生产的共生界面，还承担着信息传输功能、物质交流功能、能量传导功能。其中，政府和市场把握着资源发展的前进方向，产业控制着资源发展的具体进程，技术拓展了资源利用的上限。诸多要素共同作用维持资源的稳定发展，避免资源供需失衡。在共生系统内，共生单元与共生环境之间接触机制越高效，物质、能量和信息的交换越频繁，资源的供需关系越稳定，系统的共生水平越高。

综上所述，文化—旅游—生态共生系统的三个共生单元不仅受到共生环境（社会—经济—自然）中生产力水平、劳动者、科技创新、经济发展、生态治理等外部因素的影响，还受到共生界面中政策、市场、资源、产业、技术等要素的影响。文化—旅游—生态共生系统与外部环境相互联系、相互依存，故而文化—旅游—生态共生系统承载力代表着空间容量，是维系文化、旅游与生态三个共生单元和谐共生的基础，具体关系见图6-3。

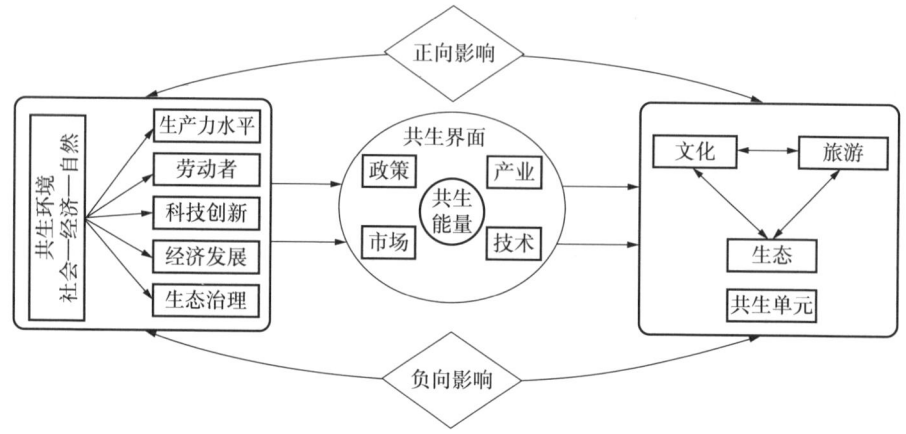

图6-3 文化—旅游—生态共生体系的内涵

二、长城文化—旅游—生态共生耦合协调评价指标体系构建

（一）评价指标体系的建立

基于长城文化、旅游和生态三者之间的共生关系，构建出文化—旅游—生态共生耦合协调评价指标体系，测度文化、旅游与生态共生单元的耦合协调程度，因学术界尚无统一指标能同时涵盖三者的综合发展属性，故而在遵循系统性、全面性、科学性和数据可获取性等原则的基础上，并在参考相关文献[1][2]的基础上，构建了长城文化—旅游—生态共生耦合协调评价指标体系，该体系包括文化、旅游和生态3个子系统，合计37个指标（见表6-1）。

---

① 贾垚焱,胡静,刘大均,等,《中国省域生态—文化—旅游协调发展时空分异及影响因素研究》, 2021。

② 厉建梅,单梦琦,齐佳,《大运河文化带沿线城市文化—生态—旅游耦合协调发展》,2022。

表 6-1 长城文化—旅游—生态共生耦合协调评价指标体系

子系统层	指标层	单位	符号	性质
文化子系统	国家级重点文物保护单位数量	家	C1	正
	省级重点文物保护单位数量	家	C2	正
	国家级非物质文化遗产数量	个	C3	正
	省级非物质文化遗产数量	个	C4	正
	国家级历史文化名村名镇数量	个	C5	正
	中国重要农业文化遗产	个	C6	正
	博物馆数量	家	C7	正
	公共图书馆机构数	个	C8	正
	公共图书馆图书总藏量	万册	C9	正
	分地区规模以上文化及相关产业企业营业收入	亿元	C10	正
	文化市场机构营业总收入	亿元	C11	正
	文化事业费	亿元	C12	正
旅游子系统	4A级以上景区数量	个	T1	正
	四星级以上饭店数量	家	T2	正
	公路路网密度	km/km^2	T3	正
	中国美丽休闲乡村数量	个	T4	正
	国家级旅游休闲街区数量	个	T5	正
	全国乡村旅游重点村镇数量	个	T6	正
	全国甲级乙级旅游民宿数量	个	T7	正
	全国地理标志农产品数量	个	T8	正
	国内游客人数	万人次	T9	正
	入境旅游人数	万人次	T10	正
	国内旅游收入	亿元	T11	正
	国际旅游收入	百万美元	T12	正
	旅游总收入占第三产业增加值比重	%	T13	正
	第三产业增加值占GDP比重	%	T14	正
生态环境子系统	国家级自然保护区数量	处	E1	正
	国家级自然保护区面积	公顷	E2	正

文旅融合视角下长城文化旅游发展模式创新研究

子系统层	指标层	单位	符号	性质
生态环境子系统	国家自然公园数量	个	E3	正
	城市建成区绿化覆盖率	％	E4	正
	森林覆盖率	％	E5	正
	碳排放量	吨	E6	负
	细颗粒物（PM2.5）	$\mu g/m^3$	E7	负
	空气质量优良天数	天	E8	正
	污水集中处理率	％	E9	正
	生活垃圾无害化处理率	％	E10	正
	工业固体废物综合利用率	％	E11	正
文化—旅游—生态共生耦合系统承载力	低碳交通（人均公路里程）	千米／万人		正
	智慧旅游（互联网普及率）	％		正
	旅游资源丰度（每万人4A级及以上景点数量）	个		正
	旅游接待能力（每万人星级饭店数量）	个		正
	绿色生态（森林覆盖率）	％		正
	污染物排放强度（碳排放量）	千克		负
	旅游交通承载能力（旅客周转量）	人千米		正

　　文化子系统选取国家级重点文物保护单位数量、省级重点文物保护单位数量、国家级非物质文化遗产数量、省级非物质文化遗产数量、国家级历史文化名村名镇数量、中国重要农业文化遗产、博物馆数量、公共图书馆机构数、公共图书馆图书总藏量、分地区规模以上文化及相关产业企业营业收入、文化市场机构营业总收入和文化事业费12个指标，其中国家级重点文物保护单位数量、省级重点文物保护单位数量、国家级非物质文化遗产数量、省级非物质文化遗产数量、国家级历史文化名村名镇数量和中国重要农业文化遗产，反映了文化资源禀赋与开发利用水平；博物馆数量、公共图书馆机构数和公共图书馆图书总藏量反映了文化设施条件；分地区规模以上文化及相关产业企业营业收入、文化市场机构营业总收入和文化事业费，反映了文化产业的经济效益水平。

旅游子系统选取4A级及以上景区数量、四星级及以上饭店数量、公路路网密度、中国美丽休闲乡村数量、国家级旅游休闲街区数量、全国乡村旅游重点村镇数量、全国甲级乙级旅游民宿数量、全国地理标志农产品数量、国内游客人数、入境游客人数、国内旅游收入、国际旅游收入、旅游总收入占第三产业增加值比重和第三产业增加值占GDP比重14个指标，其中4A级及以上景区数量、中国美丽休闲乡村数量、国家级旅游休闲街区数量、全国乡村旅游重点村镇数量、全国甲级乙级旅游民宿数量、全国地理标志农产品数量，反映了旅游资源禀赋与开发利用水平；四星级及以上饭店数量反映了旅游产业的接待能力与水平；公路路网密度反映了区域交通的承载能力；国内游客人数、入境游客人数、国内旅游收入和国际旅游收入反映了旅游产业的发展规模；旅游总收入占第三产业增加值比重、第三产业增加值占GDP比重反映了旅游产业的发展水平和对经济的贡献程度，集中体现了旅游的带动作用。

生态环境子系统从生态资源禀赋、生态压力、生态治理三个维度，选取国家级自然保护区数量、国家级自然保护区面积、国家自然公园数量、城市建成区绿化覆盖率、森林覆盖率、碳排放量、细颗粒物（PM2.5）、空气质量优良天数、污水集中处理率、生活垃圾无害化处理率、工业固体废物综合利用率11个指标。其中，国家级自然保护区数量、国家级自然保护区面积、国家自然公园数量，反映了生态资源禀赋与开发利用水平；城市建成区绿化覆盖率反映了城市居民的生活环境和生活质量；森林覆盖率是衡量一个地区生态环境质量的重要指标之一。碳排放量和细颗粒物（PM2.5）反映了该区域面临的环境压力和污染负荷；空气质量优良天数、污水集中处理率、生活垃圾无害化处理率、工业固体废物综合利用率反映了该区域应对环境压力的措施和治理效果。

文化—旅游—生态共生耦合协调承载力从低碳交通、智慧旅游、旅游资源丰度、旅游接待能力、绿色生态、污染物排放强度、旅游交通承载能力7个维度，分别选取人均公路里程、互联网普及率、每万人4A级及以上景点数量、每万人星级饭店数量、森林覆盖率、碳排放量、旅客周转量7个指标进行评价。

（二）驱动因素评价指标体系的建立

新质生产力是由技术革命性突破、生产要素创新性配置、产业深度转型升级而催生的当代先进生产力，它以劳动者、劳动资料、劳动对象及其优化组合的质变为基本内涵，以全要素生产率提升为核心标志。长城文化—旅游—生态共生耦合协调受到共生环境（社会—经济—自然）系统中新质生产力各要素的共同影响。因此，探析长城文化—旅游—生态共生耦合协调发展的驱动机制，综合考虑长城沿线地区发展特征和数据的可得性，选取表征新质生产力的19个指标构建驱动因素体系（见表6-2）。

表6-2 长城文化—旅游—生态共生耦合协调驱动因素评价指标体系

维度	指标内涵	衡量指标	单位
生产力水平	高科技	科技进步贡献率	％
	高效能	全员劳动生产率	％
	高质量	全要素生产率	％
劳动者	劳动者生产率	人均GDP	元
	劳动者素质	人均受教育年限	年
		教育财政支出	亿元
		普通高校在校生人数	万人
劳动对象	产业结构转型水平	产业结构合理化指数	负
		产业结构高级化指数	正
		第三产业增加值占GDP比重	％
	绿色发明成果	绿色专利申请数	件
	绿色投资水平	环境污染治理投资占比	％
	生态环境保护水平	节能环保财政支出占比	％
劳动资料	数字化水平	互联网普及率	％
		移动电话年末用户数	户
		数字专利申请量	个
	科技创新水平	研究与试验发展R&D经费投入强度	％
		发明专利授权数	件
	能源利用水平	单位GDP能耗	吨标准煤/万元

三、研究方法与数据来源

（一）研究方法

1.综合发展水平评价

首先，为了测算三个单元共生耦合协调程度，需要各个共生单元的综合发展水平。

评价模型的建立，首先要确立功效函数用来消除指标量纲差异，其标准化公式为：

$$x_{ij}' = \frac{x_{ij} - \min x_{ij}}{\max x_{ij} - \min x_{ij}} \left(x_{ij}\text{为正向指标} \right) \tag{1}$$

$$x_{ij}' = \frac{\max x_{ij} - x_{ij}}{\max x_{ij} - \min x_{ij}} \left(x_{ij}\text{为逆向指标} \right) \tag{2}$$

采用熵值法确定各指标权重，从而减弱主观因素对评价结果的影响，计算方法为：根据各指标标准化后的数据求出第 i 个研究单元的第 j 项指标值的比重，通过公式（3）—（6）计算得到第 j 项指标的权重值，由公式（7）加权求和测算出各子系统的综合发展指数。

$$P_{ij} = \frac{x_{ij}'}{\sum_{i=1}^{m} x_{ij}}, \quad k = \frac{1}{\ln m} \tag{3}$$

$$e_j = -k \sum_{i=1}^{m} P_{ij} \ln P_{ij} \tag{4}$$

$$d_j = 1 - e_j \tag{5}$$

$$w_j = \frac{d_j}{\sum_{j=1}^{n} d_j} \tag{6}$$

计算共生单元的综合发展指数：

$$U_i = \sum_{j=1}^{n} w_j x_{ij}' \tag{7}$$

式中，x_{ij} 表示研究单元 i 的指标 j 的样本值；x_{ij}' 为第 i 个研究单元的第 j 个指标值；P_{ij} 为第 i 个研究单元第 j 个指标的归一化值，也为系数；m 为研究单元总数；e_j 为指标 j 的熵值；d_j 为指标 j 的熵值冗余度；w_j 为指标 j 的权重；

U_i 为系统综合发展指数。

2.共生关系评价模型

采用种群共生模型 Lotka-Volterra 对研究多个物种（系统）之间的相互作用机制具有很好的效果，因此，利用该模型分别验证文化—旅游、文化—生态、旅游—生态系统间是竞争关系还是共生关系。模型的具体形式如下：

$$\frac{\mathrm{d}N_1}{\mathrm{d}t} = r_1 N_1 \left(\frac{K_1 - N_1 - \alpha N_2}{K_1} \right) \tag{8}$$

$$\frac{\mathrm{d}N_2}{\mathrm{d}t} = r_2 N_2 \left(\frac{K_2 - N_2 - \beta N_1}{K_2} \right) \tag{9}$$

式（8）中，r_1 表示的是种间的竞争系数，即在空间容量为 K_1 的前提下，α 个 N_2 所占的容量是一个 N_1 所占据的。不难看出，此时的竞争系数是种群1竞争抑制种群2的效果。式（9）中各量含义类同。若以上方程式等于0，就得到稳定状态下的情况：

$$N_1 = K_1 - \alpha N_2; \quad N_2 = K_2 - \beta N_1 \tag{10}$$

达到协调共存的条件是：当 $K_1 < K_2/\beta$，$K_2 < K_1/\alpha$ 时，两物种都是种群内部的竞争小于种群彼此之间的竞争，且不排斥与对方竞争。这种竞争与合作同生同存的局面则是种间共生模式微积分方程式所描述的场景。由于物种之间的互动关系并不是简单的竞争和合作，E.P.Odum 将种间关系的效应具体类型进行了分类（见表6-3）。

表6-3　文化—旅游—生态共生协调发展评判标准

竞争系数	RHS	共生关系类型
$\alpha < 0, \beta < 0$	RHS$\in [-\sqrt{2}, -1]$	良性互动
$\alpha > 0, \beta < 0$	RHS$\in [-1, 1]$	偏利共生
$\alpha < 0, \beta > 0$		
$\alpha > 0, \beta > 0$	RHS$\in [1, \sqrt{2}]$	相互竞争

根据竞争系数 α 和 β 判定两个系统的关系为相互竞争，还是偏利共生或良性互动。判定子系统之间在实现均衡发展的前提下，是否互利共生、协同发展。用公式（10）求解出的竞争系数构造两个子系统之间的共生协调

关系指数 RHS，公式如下：

$$\mathrm{RHS} = \frac{\alpha + \beta}{\sqrt{\alpha^2 + \beta^2}} \qquad (11)$$

3. 耦合协调度模型

耦合度是衡量系统相互作用程度的重要指标，而协调度则可以反映系统要素之间的关联程度。由于文化、旅游产业与生态环境三者是相互作用的系统，因此，为探究三者的融合发展程度，需要构建文化资源、旅游产业与生态环境的耦合协调度模型来反映。

耦合度 C，计算公式为：

$$C = \{ \frac{U_1 U_2 \cdots U_n}{(U_1 + U_2 + \cdots + U_n)^n} \}^{\frac{1}{n}} \qquad (12)$$

式中，C 为系统耦合度，且 $C \in [0, 1]$。C 值越大，表明系统间要素互动情况越良好；U_n 为第 n 个子系统的评价指数。

虽然耦合度模型可反映区域文化资源、旅游产业与生态环境融合发展的一致性，但其计算结果却无法反映三者互动发展的整体功效与协同效应。因此，为评价文化—旅游—生态耦合互动发展的协调程度，需构建三大子系统间的耦合协调度模型。耦合协调度 D，计算公式为：

$$D = \sqrt{T \times C}, \; T = \alpha U_1 + \beta U_2 + \gamma U_3, \; \alpha + \beta + \gamma = 1 \qquad (13)$$

式（13）中，D 为文化—旅游—生态复合系统的耦合协调度；T 为文化产业、旅游产业与生态环境复合系统的综合评价指数，反映三者的整体协同效应；U_i（$i = 1,2,3$）为子系统的综合评价指数；α、β 和 γ 为待定系数，$\alpha + \beta + \gamma = 1$。通过专家评分发现文化、旅游与生态三大子系统在互动发展中处于平等地位，故设定 $\alpha = \beta = \lambda = 1/3$。为直观反映文化产业、旅游业与生态环境的耦合协调水平，本书参考廖重斌[①]的研究，将耦合协调度划分为如表6-4所示的10个等级。

[①] 廖重斌，《环境与经济协调发展的定量评判及其分类体系——以珠江三角洲城市群为例》，1999。

表 6-4　耦合协调度等级划分标准

序号	协调度区间	协调等级	序号	协调度区间	协调等级
1	0.00—0.09	极度失调	6	0.50—0.59	勉强协调
2	0.10—0.19	严重失调	7	0.60—0.69	初级协调
3	0.20—0.29	中度失调	8	0.70—0.79	中级协调
4	0.30—0.39	轻度失调	9	0.80—0.89	良好协调
5	0.40—0.49	濒临失调	10	0.90—1.00	优质协调

4. 障碍度模型

长城文化—旅游—生态环境复合系统综合评估指标的多维度决定了其对长城文化与旅游深度融合、生态保护和未来高质量发展的复杂影响。借助障碍度模型,对各指标因子进行障碍度测算并排序,以确定长城文化旅游带各障碍因素对其文化—旅游—生态协调发展的影响程度,为促进长城文化旅游带高质量发展提供定量依据。参考王松茂、牛金兰(2022)的算法[①],计算公式为:

$$F_j = \frac{W_j X_{ij}}{\sum_{j=1}^{n} W_j X_{ij}} \times 100\% \tag{14}$$

式中,W_j 为第 j 项指标权重;X_{ij} 为第 i 个研究单元的第 j 个指标的标准化值;F_j 为第 j 项指标对长城文化旅游带的文化—旅游—生态协调发展的障碍程度,数值越大表示该项指标对长城文化旅游带的文化—旅游—生态协调发展的阻碍程度越大。

5. 地理探测器模型

地理探测器是探测某一现象空间分异性及其驱动机理的一种空间分析模型。本书借助此模型探测文化—旅游—生态环境耦合协调发展水平空间分异的主导因素,识别因子在多大程度上解释其空间分异以及双因子耦合作用的效应。计算公式如下:

$$q = 1 - \frac{1}{n\sigma^2} \sum_{i=1}^{m} n_i \sigma_i^2 \tag{15}$$

式中,q 为文化—旅游—生态环境耦合协调发展空间分异的影响指标;n 为

---

① 王松茂,牛金兰,《山东半岛城市群城市生态韧性的动态演化及障碍因子分析》,2022。

参与回归的市的数量；m 为影响因素的数量；n_i 为影响因素的样本数；σ^2 为文化—旅游—生态耦合协调发展度的全局离散方差；σ_i^2 为第 i 市的离散方差，当 $\sigma_i^2 \neq 0$ 时模型成立。$q \in [0, 1]$，当 q 趋近于 0 时，表明地级市内文化—旅游—生态耦合协调发展呈现随机分布，不受影响因素的干扰；反之，影响因素的解释能力越强。

（二）数据来源

本书以长城文化旅游研究区中资源丰富的九边重镇涉及的8个省（自治区、直辖市）为研究对象，对 2009—2022 年文化、旅游和生态环境三大子系统发展水平的耦合协调发展度进行量化研究。指标体系中的原始数据均直接或间接来源于《中国统计年鉴》、各省市以及河北省内各地级市统计年鉴、生态环境质量状况公报，中华人民共和国文化和旅游部官方网站、国家文物局官方网站、各省市文物局官方网站、各省文化和旅游厅和全国博物馆年度报告信息系统，以各省市统计年鉴、各省市国民经济与社会发展统计公报中的相关数据作为必要补充。对于少量缺失数据，依据历年平均增长率进行推算后赋值。

第三节 长城文化—旅游—生态共生耦合协调评价

一、长城文化—旅游—生态共生关系类型分析

（一）长城文化旅游省域层面文化—旅游—生态共生关系类型分析

共生关系类型由竞争系数 α、β 和共生关系指数 RHS 决定。为了更好地探究研究期内共生协调演化的时空变化特征，选取 2010 年、2015 年、2019 年和 2022 年为时间节点。由表6-5可知，北京、辽宁、陕西、甘肃和宁夏5地文化与旅游的发展均处于相互竞争状态；天津由 2010 年的偏利共生退化到 2015 年、2019 年和 2022 年的相互竞争状态；河北由 2010 年的相互竞争进化到 2015 年和 2019 年的偏利共生，进而进化到 2022 年的良性互动；山西始终处于偏利共生的状态，旅游发展依赖于文化发展。

表 6-5　长城文化旅游省域层面文化与旅游共生关系类型

指标	年份	北京	天津	河北	山西	辽宁	陕西	甘肃	宁夏
α	2010	1.93	0.62	0.48	−0.27	1.22	1.34	3.58	6.02
	2015	0.79	0.56	−0.37	−0.15	1.15	1.94	2.89	12.83
	2019	0.56	1.46	−0.18	−0.23	0.99	1.06	2.21	11.57
	2022	0.28	2.14	−0.37	−0.15	1.25	1.36	1.18	7.11
β	2010	3.67	−0.83	0.78	0.51	1.22	1.34	1.78	2.51
	2015	0.90	0.48	0.45	0.54	1.11	1.56	1.64	14.17
	2019	0.73	1.41	0.18	0.23	0.98	1.07	1.60	13.89
	2022	0.07	3.13	−0.12	0.27	1.30	1.27	1.25	13.39
RHS	2010	1.35	−0.21	1.38	0.41	1.41	1.41	1.34	1.02
	2015	1.41	1.41	0.14	0.70	1.41	1.41	1.36	1.41
	2019	1.40	1.41	0.01	0.00	1.41	1.41	1.40	1.41
	2022	1.21	1.39	−1.26	0.38	1.41	1.41	1.41	1.35

由表 6-6 可知，北京、陕西和宁夏的文化与生态发展始终处于相互竞争状态。天津除 2019 年文化与生态处于相互竞争的状态，2010 年、2015 年和 2022 年处于偏利共生。河北由 2010 年偏利共生进化到 2015 年、2019 年和 2022 年的良性互动。山西由 2010 年的良性互动，退化到 2015 年、2019 年和 2022 年的偏利共生，生态发展依赖于文化发展。辽宁 2010 年和 2019 年处于相互竞争，2015 年和 2022 年处于偏利共生，文化发展依赖于生态发展。甘肃文化与生态的关系始终处于偏利共生，文化发展依赖于生态发展。

表 6-6　长城文化旅游省域层面文化与生态共生关系类型

指标	年份	北京	天津	河北	山西	辽宁	陕西	甘肃	宁夏
α	2010	1.93	0.43	0.11	−0.10	0.56	0.58	0.29	1.00
	2015	0.66	0.34	−0.14	−0.07	0.45	0.54	0.36	1.14
	2019	0.45	0.64	−0.14	−0.24	0.73	0.86	0.40	1.55
	2022	0.45	0.76	−0.32	−0.20	0.55	0.69	0.54	1.41
β	2010	3.67	−2.86	−0.56	−0.20	0.00	0.04	−1.67	0.35
	2015	0.80	−0.31	−0.19	0.05	−0.04	0.04	−0.75	2.76
	2019	0.59	0.27	−0.03	0.26	0.49	0.81	−0.66	6.01

指标	年份	北京	天津	河北	山西	辽宁	陕西	甘肃	宁夏
β	2022	0.57	−0.22	−0.25	0.36	−0.22	0.54	−0.41	5.13
RHS	2010	1.35	−0.84	−0.78	−1.33	0.99	1.07	−0.82	1.27
	2015	1.41	0.07	−1.40	−0.16	0.91	1.07	−0.47	1.31
	2019	1.40	1.31	−1.20	0.07	1.39	1.41	−0.34	1.22
	2022	1.41	0.68	−1.40	0.41	0.55	1.40	0.20	1.23

各省旅游与生态的关系如表6-7所示，北京由2010年、2015年和2019年的相互竞争，进化到2022年的偏利共生，生态发展依赖于旅游发展。天津由2010年的良性互动退化到2015年偏利共生，进而退化到2019年和2022年的相互竞争。河北由2010年、2015年和2019年的偏利共生，进化到2022年的良性互动。山西由2010年的偏利共生，退化到2015年、2019年和2022年的相互竞争。辽宁2010年和2019年处于相互竞争，而2015年和2022年处于偏利共生，旅游发展依赖于生态发展。陕西和宁夏始终处于相互竞争，而甘肃却始终处于偏利共生，旅游发展依赖于生态发展。

表6-7　长城文化旅游省域层面旅游与生态共生关系类型

指标	年份	北京	天津	河北	山西	辽宁	陕西	甘肃	宁夏
α	2010	1.27	−0.12	0.44	0.46	0.54	0.58	0.47	0.84
	2015	1.51	0.24	0.43	0.61	0.59	0.74	0.60	1.14
	2019	0.99	0.69	0.20	0.38	0.52	0.76	0.58	1.53
	2022	−0.05	0.81	−0.12	0.55	0.46	0.80	0.38	1.32
β	2010	1.27	−0.60	−1.32	−0.52	0.00	0.04	−5.57	0.01
	2015	1.62	−0.26	−0.47	0.13	−0.05	0.07	−2.22	2.69
	2019	0.98	0.30	−0.05	0.42	0.35	0.71	−1.33	4.93
	2022	0.35	0.48	−0.30	0.61	−0.23	0.61	−0.34	2.59
RHS	2010	1.41	−1.18	−0.63	−0.09	0.99	1.07	−0.91	1.01
	2015	1.41	−0.04	−0.06	1.19	0.91	1.09	−0.70	1.31
	2019	1.41	1.32	0.75	1.41	1.39	1.41	−0.51	1.25
	2022	0.84	1.37	−1.30	1.41	0.44	1.40	0.08	1.34

（二）长城文化旅游（河北段）地市层面文化—旅游—生态共生关系类型分析

由表6-8可知，河北省各地市中石家庄文化与旅游的关系由2010年和2015年相互竞争进化到2019和2022年的偏利共生，旅游发展依赖于文化的发展。承德和秦皇岛始终处于相互竞争；张家口2010年和2022年处于相互竞争，2015年和2019年处于偏利共生，旅游发展依赖于文化的发展。唐山由2010年和2015年的相互竞争进化到2019年的偏利共生，进化到2022年的良性互动。保定和邯郸由2010年的偏利共生，进化到2015年、2019年和2022年的良性互动。邢台由2010年和2015年的相互竞争，进化到2019年和2022年的良性互动。廊坊除2019年处于偏利共生外，其余年份处于相互竞争。

表6-8　长城文化旅游（河北段）各地市文化与旅游共生关系类型

指数	年份	石家庄	承德	张家口	秦皇岛	唐山	保定	邢台	邯郸	廊坊
α	2010	0.99	1.70	3.80	1.99	1.43	−0.28	0.40	−2.44	0.76
	2015	0.63	1.06	−0.24	3.31	0.39	−0.69	0.13	−3.96	0.29
	2019	−0.38	0.62	−0.20	2.35	−0.87	−0.80	−1.54	−2.06	−0.45
	2022	−0.93	1.62	0.89	2.57	−0.58	−0.76	−1.04	−2.82	0.32
β	2010	0.99	2.90	1.89	13.73	1.27	0.29	0.29	0.30	0.84
	2015	0.68	1.04	0.47	19.09	0.55	−0.08	0.34	−0.06	0.59
	2019	0.25	0.67	0.33	5.41	0.20	−0.34	−0.15	−0.19	0.30
	2022	0.17	1.37	0.92	3.50	−0.24	−0.44	−0.30	−0.10	0.69
RHS	2010	1.41	1.37	1.34	1.13	1.41	0.02	1.40	−0.87	1.41
	2015	1.41	1.41	0.45	1.16	1.39	−1.11	1.29	−1.02	1.34
	2019	−0.29	1.41	0.32	1.32	−0.75	−1.31	−1.09	−1.09	−0.27
	2022	−0.81	1.41	1.41	1.40	−1.30	−1.37	−1.24	−1.03	1.33

由表6-9可知，石家庄文化与生态关系始终处于相互竞争的状态，承德由2010年、2015年和2019年的偏利共生，退化到2022年的相互竞争。张家口2010年和2019年处于偏利共生，2015年处于良性互动，2022年处于相

互竞争。秦皇岛由2010年的偏利共生，退化到2015年、2019年和2022年的相互竞争。唐山由2010年、2015年和2019年的偏利共生，进化到2022年的良性互动。邢台由2010年和2015年的偏利共生，进化到2019年和2022年的良性互动。保定和邯郸始终处于良性互动，而廊坊始终处于偏利共生。

表6-9　长城文化旅游(河北段)各地市文化与生态共生关系类型

指数	年份	石家庄	承德	张家口	秦皇岛	唐山	保定	邢台	邯郸	廊坊
α	2010	0.81	0.47	0.40	0.92	0.28	−0.13	0.14	−0.37	0.18
	2015	0.42	0.24	−0.06	0.99	0.14	−0.48	0.05	−1.01	0.08
	2019	0.37	0.23	0.19	0.72	0.21	−0.51	−0.11	−0.26	0.12
	2022	0.42	0.71	0.92	0.96	−0.33	−0.63	−0.42	−0.16	0.31
β	2010	0.81	−4.13	−0.81	−1.21	−1.27	−0.38	−1.80	−0.83	−1.36
	2015	0.26	−1.10	−0.72	0.69	−0.74	−0.36	−0.84	−0.68	−1.05
	2019	0.23	−1.64	−1.43	0.37	−0.78	−0.36	−2.28	−1.36	−3.58
	2022	0.48	0.06	0.88	0.92	−0.22	−0.39	−0.57	−1.48	−2.33
RHS	2010	1.41	−0.88	−0.46	−0.19	−0.76	−1.26	−0.92	−1.32	−0.86
	2015	1.38	−0.76	−1.08	1.39	−0.80	−1.40	−0.94	−1.39	−0.92
	2019	1.38	−0.85	−0.86	1.34	−0.70	−1.39	−1.05	−1.17	−0.97
	2022	1.41	1.08	1.41	1.41	−1.39	−1.38	−1.40	−1.10	−0.86

由表6-10可知，石家庄旅游与生态的关系由2010年和2015年的相互竞争进化到2019年和2022年的偏利共生。承德由2010年、2015年和2019年的偏利共生，退化到2022年的相互竞争。张家口由2010年和2015年的偏利共生，进化到2019年的良性互动，退化到2022年的相互竞争。秦皇岛由2010年的偏利共生，退化到2015年、2019年和2022年的相互竞争。唐山和邢台由2010年和2015年的偏利共生，进化到2019年和2022年的良性互动。保定和邯郸由2010年偏利共生，进化到2015年、2019年和2022年的良性互动。廊坊除2019年处于良性互动外，其余年份均处于偏利共生，旅游发

展依赖于生态发展。

表6-10　长城文化旅游(河北段)各地市旅游与生态共生关系类型

指数	年份	石家庄	承德	张家口	秦皇岛	唐山	保定	邢台	邯郸	廊坊
α	2010	0.99	0.30	0.63	0.49	0.40	0.23	0.09	0.22	0.29
	2015	0.54	0.37	0.29	0.73	0.27	−0.09	0.17	−0.07	0.26
	2019	−0.31	0.18	−0.07	1.03	−0.39	−0.89	−0.52	−1.11	−0.09
	2022	−1.03	0.50	0.58	1.13	−0.63	−0.90	−0.94	−1.32	0.07
β	2010	0.98	−1.53	−2.56	−0.09	−2.02	−0.69	−1.53	−4.08	−2.05
	2015	0.31	−1.72	−1.67	0.09	−1.01	−0.55	−1.11	−3.19	−1.80
	2019	0.13	−1.43	−0.80	1.20	−0.33	−0.27	−1.04	−0.53	−1.72
	2022	0.21	0.03	0.58	1.47	−0.17	−0.32	−0.36	−0.42	−1.07
RHS	2010	1.41	−0.79	−0.73	0.80	−0.79	−0.63	−0.94	−0.94	−0.85
	2015	1.37	−0.76	−0.81	1.11	−0.70	−1.15	−0.83	−1.02	−0.84
	2019	−0.55	−0.87	−1.08	1.41	−1.41	−1.25	−1.34	−1.33	−1.05
	2022	−0.78	1.06	1.41	1.40	−1.23	−1.28	−1.29	−1.26	−0.94

二、长城文化—旅游—生态耦合协调度分析

（一）长城文化旅游省域层面文化—旅游—生态耦合协调度分析

峰峦图反映了长城文化旅游研究区8省（自治区、直辖市）历年耦合协调度集中分布情况。由图6-4可知，文化—旅游—生态复合系统耦合协调度峰峦图在2009—2011年峰值集中在0.25—0.30范围内；自2012年开始，呈现出右移且缓慢增加的趋势，到2014年峰值集中分布在0.30—0.35范围内；接着，从2015年至2017年，峰值出现左移并降低，集中分布在0.30；2018年又开始出现右移增加趋势，但突发疫情导致2019年和2020年出现降低又回落至0.30，2021年和2022年开始右移增加，峰值分布在0.30—0.35范围内。

由图6-5可知，随着年份变化，北京耦合协调度处于增加趋势，由轻度失调阶段上升到濒临失调阶段；河北、山西、辽宁、陕西和甘肃耦合协调度均有缓慢上升趋势，由中度失调向轻度失调阶段过渡；但天津的耦合协

调度在0.2左右，处于严重失调阶段或中度失调阶段，宁夏的耦合协调度最低，始终处于严重失调阶段。

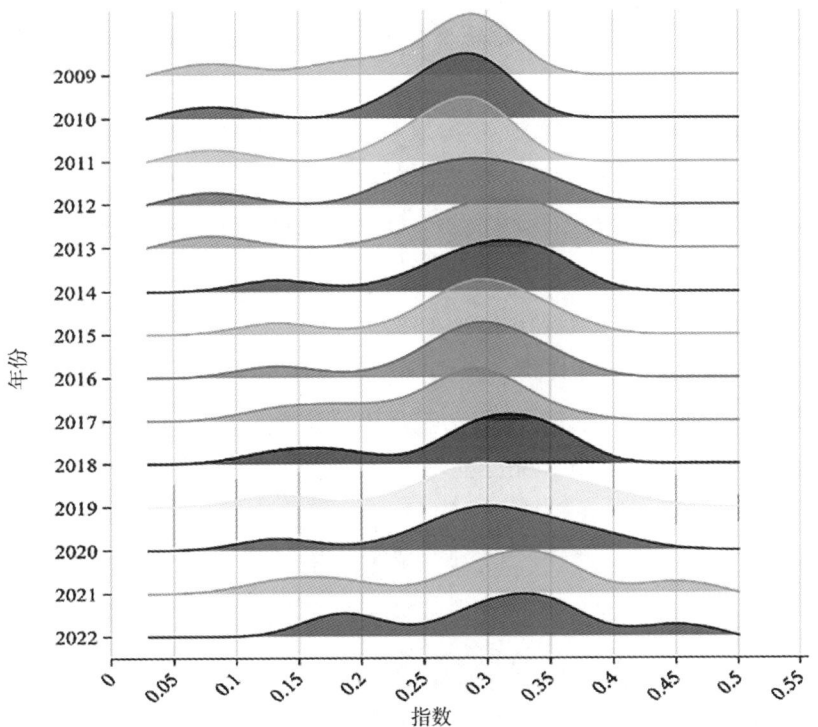

图6-4　长城文化旅游省域层面文化—旅游—生态复合系统耦合协调度峰峦图

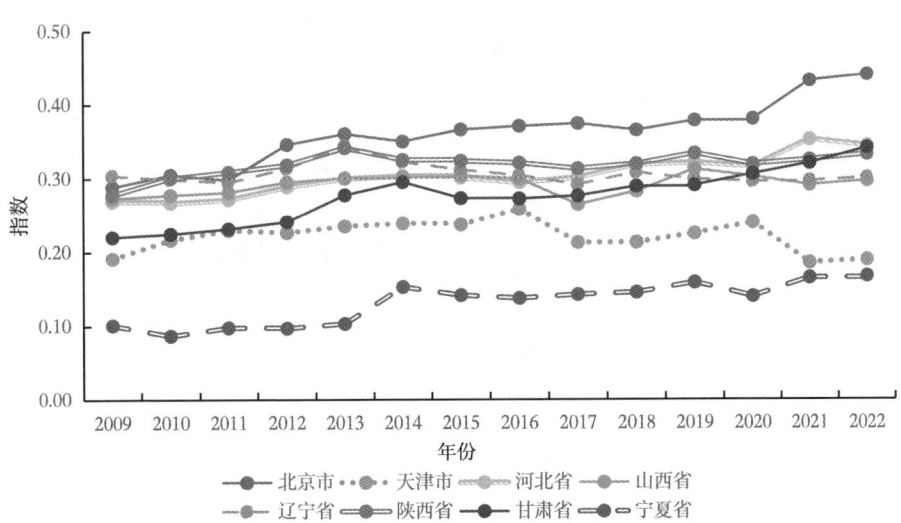

图6-5　长城文化旅游省域层面文化—旅游—生态复合系统耦合协调度变化情况

（二）长城文化旅游（河北段）地市层面文化—旅游—生态耦合协调度分析

由图6-6可知，河北省各地市文化—旅游—生态复合系统耦合协调度峰峦图在2009年峰值分布在0.20—0.25范围内，2010—2013年耦合协调度出现左移降低趋势；2014—2016年出现了"双峰"的极化现象，2017—2018年双峰距离缩短，出现整体左移降低现象；2019年开始右移，双峰逐渐合并到一起；2020年受疫情影响出现左移降低趋势，2021—2022年峰值略微右移增加，稳定在0.30—0.35之间。可见，河北省各地市文化—旅游—生态的耦合协调度整体上处于上升趋势。

由图6-7可知，石家庄市、承德市、张家口市、唐山市、保定市和邯郸市的耦合协调度由中度失调上升为轻度失调；秦皇岛市、邢台市和廊坊市的耦合协调度虽有波动，但始终处于中度失调阶段。

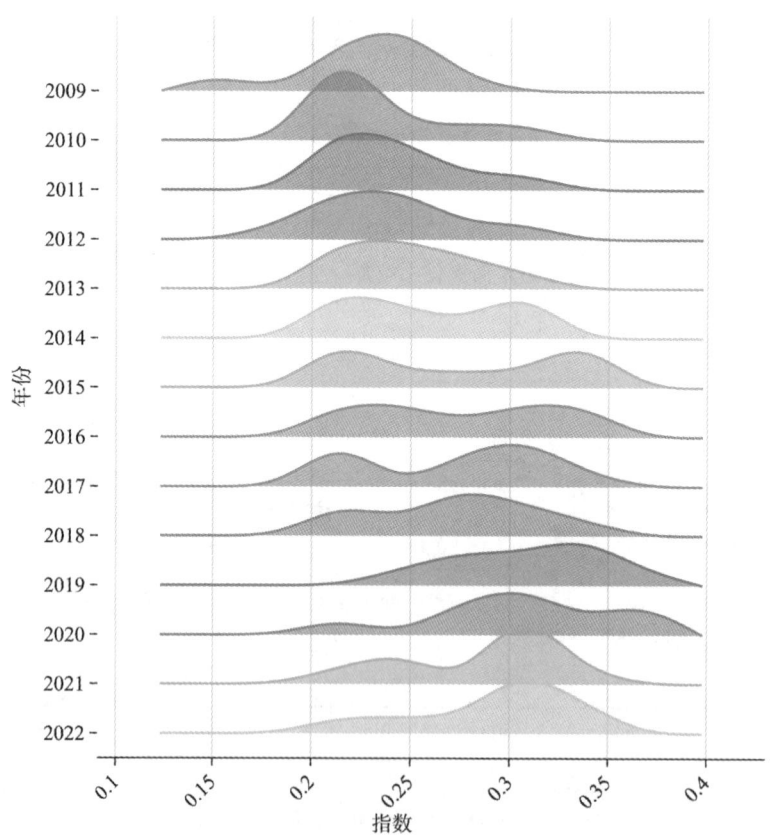

图6-6 长城文化旅游（河北段）地市层面文化—旅游—生态复合系统耦合协调度峰峦图

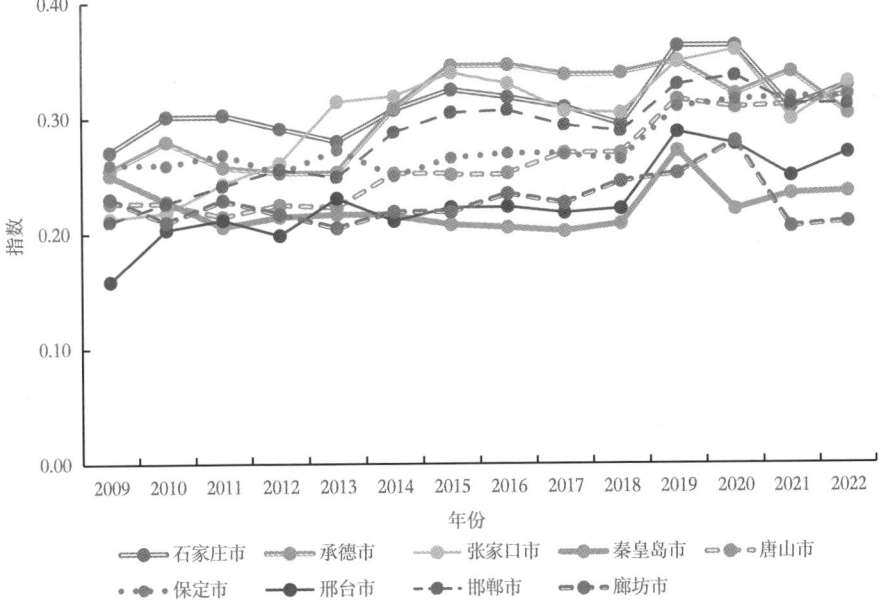

图 6-7 长城文化旅游（河北段）各地市文化—旅游—生态复合系统耦合协调度变化情况

三、长城文化—旅游—生态协调发展机理分析

（一）影响长城文化—旅游—生态耦合协调发展的内生机制

1. 省域层面文化—旅游—生态耦合协调发展的障碍因素识别

运用障碍度模型对长城文化旅游研究区的文化—旅游—生态耦合协调的主要障碍因子进行诊断，进一步辨析制约该地文化—旅游—生态耦合协调发展的内生主导因素。由表 6-11 可知，对 2010 年、2015 年、2019 年和 2022 年各子系统障碍度平均值进行排序：北京市为生态＞文化＞旅游；天津、辽宁、陕西和宁夏 4 省为文化＞旅游＞生态；河北和甘肃 2 省为旅游＞文化＞生态，而山西省为旅游＞生态＞文化。

表 6-11 长城文化旅游省域层面各子系统障碍因子

年份	子系统	北京	天津	河北	山西	辽宁	陕西	甘肃	宁夏
2010	文化	0.39	0.33	0.17	0.11	0.24	0.23	0.22	0.28
	旅游	0.11	0.33	0.53	0.52	0.43	0.42	0.53	0.43

续表

年份	子系统	北京	天津	河北	山西	辽宁	陕西	甘肃	宁夏
2010	生态	0.50	0.34	0.30	0.37	0.33	0.35	0.24	0.30
2015	文化	0.39	0.48	0.43	0.41	0.52	0.50	0.46	0.45
	旅游	0.13	0.23	0.28	0.27	0.24	0.26	0.33	0.30
	生态	0.48	0.29	0.29	0.32	0.25	0.23	0.20	0.25
2019	文化	0.36	0.42	0.41	0.37	0.48	0.47	0.44	0.42
	旅游	0.23	0.30	0.26	0.25	0.19	0.19	0.36	0.32
	生态	0.41	0.29	0.34	0.38	0.29	0.34	0.20	0.26
2022	文化	0.38	0.38	0.33	0.30	0.39	0.34	0.41	0.37
	旅游	0.28	0.44	0.46	0.46	0.46	0.48	0.45	0.45
	生态	0.34	0.18	0.21	0.24	0.15	0.18	0.14	0.18

鉴于数据指标较多，选取各省市前5个障碍因素进行分析（见表6-12）。研究发现，国家级自然保护区面积（23次）、国家级历史文化名村名镇数量（21次）、国际旅游收入（21次）、文化市场机构营业总收入（21次）、分地区规模以上文化及相关产业企业营业收入C10（21次）是影响该区域文化—旅游—生态耦合协调发展的主要障碍因子。

进一步分析发现，北京主要受国家级自然保护区面积、国家级历史文化名村名镇数量、博物馆数量和公共图书馆机构数的制约。天津、辽宁、陕西主要受国家级自然保护区面积、国家级历史文化名村名镇数量、分地区规模以上文化及相关产业企业营业收入和文化市场机构营业总收入的制约。河北、山西主要受国家级自然保护区面积、国际旅游收入、分地区规模以上文化及相关产业企业营业收入和文化市场机构营业总收入的制约。甘肃主要受国际旅游收入、国家级历史文化名村名镇数量、分地区规模以上文化及相关产业企业营业收入、文化市场机构营业总收入和工业固体废物综合利用率的制约。宁夏主要受自然保护区面积、国家级历史文化名村名镇数量、国际旅游收入、文化市场机构营业总收入和分地区规模以上文化及相关产业企业营业收入的制约。长城文化旅游省域指标层障碍因子如表6-12所示。

表 6-12 长城文化旅游省域指标层障碍因子

年份	北京市		天津市		河北省		山西省		辽宁省		陕西省		甘肃省		宁夏省	
2010	E2	0.22	E2	0.14	E2	0.14	E2	0.15	T4	0.16	E2	0.16	E2	0.12	E2	0.09
	C5	0.11	C5	0.08	T4	0.13	T4	0.14	E2	0.14	C5	0.09	T4	0.08	T4	0.09
	C8	0.08	T12	0.06	T12	0.08	T12	0.08	C5	0.10	T12	0.08	C5	0.06	C5	0.06
	T8	0.07	E5	0.06	C5	0.07	T14	0.08	T14	0.08	T14	0.08	T12	0.06	T12	0.06
	E1	0.07	C1	0.05	T14	0.07	E5	0.05	E11	0.08	E11	0.07	T14	0.06	T14	0.04
2015	E2	0.22	E2	0.14	C11	0.17	C11	0.17	C11	0.18	C11	0.18	C11	0.16	C11	0.12
	C5	0.09	C11	0.12	E2	0.15	E2	0.15	E2	0.14	E2	0.15	E2	0.10	E2	0.10
	C8	0.08	C10	0.07	C10	0.10	C10	0.11	C10	0.11	C10	0.11	C10	0.07	C10	0.08
	C7	0.07	C5	0.06	T12	0.07	T12	0.07	C5	0.07	T14	0.07	T12	0.06	T12	0.05
	C1	0.07	E5	0.05	T14	0.07	T10	0.06	T14	0.06	C5	0.06	C5	0.06	C5	0.05
2019	E2	0.16	E2	0.09	C11	0.14	C11	0.14	C11	0.14	C11	0.15	C11	0.13	C11	0.10
	C5	0.12	C11	0.08	E2	0.12	E2	0.12	C10	0.10	E2	0.12	C10	0.11	C10	0.08
	T8	0.07	C10	0.08	C10	0.11	C10	0.11	E2	0.10	C10	0.11	E2	0.08	E2	0.08
	C7	0.07	C5	0.07	C5	0.07	E11	0.07	C5	0.09	C5	0.09	C5	0.06	C5	0.07
	C8	0.06	T10	0.04	T12	0.06	T12	0.06	E11	0.05	E11	0.07	T12	0.06	T12	0.05
2022	T13	0.15	T10	0.11	T10	0.16	T10	0.14	T10	0.14	T10	0.15	T10	0.15	T10	0.11
	E2	0.15	T12	0.11	T12	0.15	T12	0.13	T12	0.13	T12	0.14	T12	0.14	T12	0.10
	C5	0.11	C11	0.10	C11	0.14	C11	0.13	C11	0.12	C11	0.13	C11	0.13	C11	0.10
	C7	0.07	T13	0.07	C10	0.09	C10	0.09	C10	0.08	C10	0.09	C10	0.10	C10	0.07
	C6	0.07	C10	0.07	T13	0.09	E2	0.08	T13	0.08	T13	0.08	T13	0.06	T13	0.06

2. 长城文化旅游(河北段)地市层面文化—旅游—生态协调发展的障碍因素识别

明晰河北省地市文化—旅游—生态耦合协调的主要障碍因子，对2010年、2015年、2019年和2022年各市障碍度平均值进行排序：石家庄为生态＞文化＞旅游；张家口、唐山、保定3市为生态＞文化≈旅游；承德为文化＞旅游＞生态；秦皇岛文化＞生态＞旅游；邢台和廊坊为生态≈文化≈旅游；邯郸为旅游＞生态＞文化。长城文化旅游（河北段）地市层面各子系统障碍因子如表6-13所示。

表6-13　长城文化旅游(河北段)地市层面各子系统障碍因子

年份	子系统	石家庄	承德	张家口	秦皇岛	唐山	保定	邢台	邯郸	廊坊
2010	生态	0.57	0.32	0.43	0.41	0.42	0.51	0.43	0.45	0.42
	旅游	0.28	0.30	0.37	0.18	0.35	0.33	0.32	0.41	0.35
	文化	0.16	0.38	0.20	0.41	0.23	0.16	0.25	0.15	0.23
2015	生态	0.44	0.29	0.42	0.32	0.40	0.47	0.37	0.44	0.35
	旅游	0.20	0.34	0.34	0.25	0.29	0.26	0.31	0.42	0.33
	文化	0.36	0.37	0.24	0.43	0.31	0.27	0.32	0.14	0.32
2019	生态	0.36	0.20	0.29	0.24	0.34	0.40	0.28	0.34	0.25
	旅游	0.24	0.28	0.29	0.21	0.30	0.21	0.31	0.31	0.32
	文化	0.39	0.52	0.42	0.55	0.37	0.40	0.41	0.35	0.43
2022	生态	0.46	0.20	0.31	0.24	0.36	0.36	0.30	0.27	0.22
	旅游	0.32	0.42	0.34	0.36	0.30	0.29	0.36	0.46	0.42
	文化	0.22	0.39	0.35	0.40	0.35	0.35	0.34	0.27	0.36

由表6-14可知，国家级自然保护区面积（30次）、国家级自然保护区数量（22次）、国家级历史文化名村名镇数量（22次）、中国重要农业文化遗产（16次）和全国乡村旅游重点村镇数量（14次）是影响河北省地市文化—旅游—生态耦合协调发展的主要障碍因子。其中，石家庄主要受国家级自然保护区面积、国家级自然保护区数量和中国重要农业文化遗产数量的制约。承德主要受国家级历史文化名村名镇数量的制约；张家口主要受国家级自然保护区面积的制约；秦皇岛主要受国家级自然保护区面积、国家级历史文化名村名镇数量和中国重要农业文化遗产数量的制约；唐山主要受国家级自然保护区数量、国家级自然保护区面积和国家级历史文化名村名镇数量的制约；保定和廊坊主要受国家级自然保护区数量、国家级自然保护区面积、国家级历史文化名村名镇数量和中国重要农业文化遗产数量的制约；邢台主要受国家级自然保护区数量、国家级自然保护区面积和中国重要农业文化遗产数量的制约；邯郸主要受国家级自然保护区面积的制约。

文旅融合视角下长城文化旅游发展模式创新研究

194

表6-14　长城文化旅游（河北段）各地市指标层障碍因子

年份	石家庄		承德		张家口		秦皇岛		唐山		保定		邢台		邯郸		廊坊	
2010	E2	0.19	T12	0.15	T12	0.15	E2	0.13	E2	0.13	T12	0.14	T12	0.15	T12	0.17	T12	0.13
	E1	0.17	C5	0.11	E2	0.08	T8	0.11	E1	0.13	E2	0.14	E2	0.12	E2	0.13	E2	0.12
	T12	0.17	E7	0.08	T8	0.08	C5	0.10	T8	0.11	E1	0.13	E1	0.11	E1	0.12	E1	0.11
	E8	0.08	E11	0.07	E7	0.06	E1	0.09	C5	0.08	T8	0.09	C5	0.06	T8	0.08	T8	0.08
	C3	0.06	E9	0.06	E4	0.05	C3	0.07	C6	0.07	C5	0.06	E9	0.05	E5	0.05	C5	0.07
2015	C6	0.19	C5	0.13	E2	0.09	C6	0.12	C6	0.11	C6	0.12	C6	0.11	E2	0.11	C6	0.11
	E2	0.13	E7	0.09	E7	0.08	C5	0.08	E2	0.09	E2	0.10	E2	0.09	T4	0.10	E2	0.09
	E1	0.10	E11	0.07	C3	0.07	T4	0.08	E1	0.08	E1	0.09	E1	0.08	E5	0.10	E1	0.08
	T13	0.08	T2	0.06	E5	0.06	E2	0.07	C5	0.08	T4	0.08	E5	0.07	E1	0.09	C5	0.08
	E5	0.08	C3	0.06	T12	0.05	E1	0.05	T13	0.06	E5	0.08	C5	0.05	E8	0.07	T4	0.07
2019	C6	0.15	C5	0.11	C11	0.07	C6	0.10	C5	0.10	C6	0.11	C6	0.10	E2	0.08	C6	0.09
	E2	0.09	T6	0.10	C10	0.07	C5	0.10	E2	0.08	C5	0.09	E2	0.07	C11	0.07	C5	0.08
	C5	0.09	C10	0.08	C3	0.06	C10	0.06	E1	0.07	E2	0.08	E1	0.06	E8	0.06	T6	0.07
	E8	0.08	C12	0.07	T6	0.06	E2	0.05	C11	0.06	E1	0.07	C11	0.06	C12	0.06	E2	0.07
	E1	0.07	C11	0.07	E4	0.06	C3	0.05	T6	0.06	C12	0.05	T6	0.05	T6	0.06	E1	0.06
2022	E10	0.19	T9	0.10	T11	0.07	T6	0.11	T9	0.11	T6	0.14	T6	0.12	T6	0.14	T6	0.10
	T6	0.13	C5	0.09	C11	0.07	C6	0.08	C5	0.09	C6	0.10	C6	0.09	T9	0.11	T9	0.08
	T9	0.10	T11	0.07	T6	0.07	C5	0.07	E2	0.08	C5	0.09	E2	0.07	E2	0.07	C6	0.08
	C6	0.10	T6	0.06	E2	0.06	T11	0.06	E1	0.07	E2	0.08	T11	0.06	T11	0.07	C5	0.07
	E2	0.07	C11	0.06	C10	0.05	E2	0.05	C11	0.05	E1	0.07	E1	0.06	C11	0.06	E2	0.06

（二）影响长城文化—旅游—生态耦合协调发展的外部因素

1. 长城文化旅游省域层面文化—旅游—生态协调发展的地理探测结果

省域层面单因子地理探测结果（见表6-15）表明，以下因子是影响长城文化旅游带各省市文化—旅游—生态协调发展的关键因素：表征生产力高质量发展水平的全要素生产率；表征劳动者素质的普通高校在校生人数、教育财政支出和人均受教育年限；反映劳动对象中产业结构水平的第三产业增加值占GDP比重、反映绿色投资水平的环境污染治理投资和反映生态环境保护水平的节能环保财政支出；劳动资料中反映数字化水平的互联网普及率和移动电话年末用户数、反映科技创新水平的研究与试验发展（R&D）经费投入强度，以及反映能源利用水平的单位GDP能耗。从解释力的整体强度来看，劳动者＞生产力水平＞劳动资料＞劳动对象，集中反映了劳动者、生产力水平和劳动资料是文化—旅游—生态耦合协调发展的主导力量。

表6-15　长城文化旅游省域层面单因子地理探测结果

驱动因素	驱动因子	代码	q值	P值
生产力水平	科技进步贡献率	X1	0.21	0.06
	全员劳动生产率	X2	0.15	0.73
	全要素生产率	X3	0.54	0.00
劳动者	人均GDP	X4	0.15	0.68
	人均受教育年限	X5	0.31	0.00
	教育财政支出	X6	0.51	0.00
	普通高校在校生人数	X7	0.62	0.00
劳动对象	产业结构合理化指数	X8	0.14	0.34
	产业结构高级化指数	X9	0.22	0.38
	第三产业增加值占GDP比重	X10	0.22	0.01
	绿色专利申请数	X11	0.23	0.76
	环境污染治理投资	X12	0.10	0.04

驱动因素	驱动因子	代码	q值	P值
劳动对象	节能环保财政支出	X13	0.32	0.00
劳动资料	互联网普及率	X14	0.11	0.05
	移动电话年末用户数	X15	0.24	0.01
	数字专利申请量	X16	0.24	0.87
	研究与试验发展(R&D)经费投入强度	X17	0.34	0.00
	发明专利授权数	X18	0.29	0.70
	单位GDP能耗	X19	0.46	0.00

省域层面双因子地理探测结果表明（见表6-16），双因子交互作用的驱动力均比单因子独立作用时更强，作用类型包括非线性增强和双因子增强2种。其中，对文化—旅游—生态耦合协调空间异质性影响程度有显著作用的交互因子有X1∩X3、X6、X7、X19；X2∩X3、X6、X7、X17、X19；X4∩X6、X7、X17、X19；X5∩X6、X7；X6∩X7、X12∩X13；X17∩X8、X12、X14；X19∩X8、X9、X10、X11、X12、X14、X15、X16、X18，这表明交互作用对空间异质性的影响更大。整体上来看，全要素生产率和普通高校在校生人数与其他因素的交互作用效果增强最为明显。

2. 长城文化旅游（河北段）地市层面文化—旅游—生态协调发展的地理探测结果

地市层面单因子地理探测结果（见表6-17）表明，河北省地市文化—旅游—生态耦合协调度的空间差异主要受教育财政支出、第三产业增加值占GDP比重、节能环保财政支出、互联网普及率、移动电话年末用户数、单位GDP能耗的显著影响，但作用力都相对较弱，q值均超过0.15。

地市因子交互探测结果表明（见表6-18），长城文化旅游（河北段）地市文化—旅游—生态耦合协调水平不同影响因素的交互作用力同样增强，主要表现为非线性增强或双因子增强，但交互作用较弱，q值均不超过0.30。

表6-16 长城文化旅游省域层面双因子地理探测结果

	X1	X2	X3	X4	X5	X6	X7	X8	X9	X10	X11	X12	X13	X14	X15	X16	X17	X18	X19
X1	0.21																		
X2	0.29	0.15																	
X3	0.76	0.79	0.54																
X4	0.30	0.18	0.83	0.15															
X5	0.42	0.40	0.85	0.45	0.31														
X6	0.67	0.61	0.77	0.64	0.62	0.51													
X7	0.83	0.76	0.68	0.75	0.87	0.81	0.62												
X8	0.36	0.32	0.64	0.29	0.37	0.57	0.65	0.14											
X9	0.32	0.31	0.68	0.34	0.38	0.64	0.82	0.35	0.22										
X10	0.30	0.29	0.74	0.32	0.41	0.69	0.83	0.36	0.28	0.22									
X11	0.33	0.31	0.74	0.28	0.39	0.59	0.78	0.35	0.30	0.39	0.23								
X12	0.32	0.43	0.64	0.35	0.44	0.63	0.66	0.46	0.39	0.30	0.43	0.10							
X13	0.59	0.58	0.70	0.56	0.54	0.65	0.69	0.42	0.56	0.58	0.58	0.54	0.32						
X14	0.39	0.31	0.68	0.30	0.38	0.57	0.69	0.32	0.30	0.37	0.32	0.28	0.45	0.11					
X15	0.35	0.31	0.74	0.33	0.35	0.67	0.85	0.37	0.25	0.33	0.28	0.46	0.56	0.33	0.24				
X16	0.34	0.30	0.71	0.29	0.37	0.59	0.81	0.36	0.30	0.36	0.27	0.39	0.54	0.30	0.27	0.24			
X17	0.41	0.42	0.76	0.40	0.45	0.70	0.87	0.47	0.38	0.38	0.41	0.42	0.59	0.42	0.38	0.39	0.34		
X18	0.33	0.33	0.69	0.32	0.38	0.60	0.83	0.41	0.31	0.34	0.32	0.38	0.54	0.34	0.31	0.30	0.40	0.29	
X19	0.67	0.58	0.75	0.61	0.69	0.71	0.65	0.58	0.68	0.70	0.58	0.63	0.68	0.52	0.66	0.60	0.67	0.65	0.46

表6-17 长城文化旅游(河北段)地市层面单因子地理探测结果

驱动因素	驱动因子	代码	q值	P值
生产力水平	科技进步贡献率	X1	0.00	0.72
	全员劳动生产率	X2	0.00	0.98
	全要素生产率	X3	0.00	0.95
劳动者	人均GDP	X4	0.00	1.00
	人均受教育年限	X5	0.10	0.52
	教育财政支出	X6	0.12	0.02
	普通高校在校生人数	X7	0.08	0.80
劳动对象	产业结构合理化指数	X8	0.00	0.76
	产业结构高级化指数	X9	0.03	0.50
	第三产业增加值占GDP比重	X10	0.05	0.04
	绿色专利申请数	X11	0.10	0.84
	环境污染治理投资	X12	0.11	0.28
劳动资料	节能环保财政支出	X13	0.13	0.00
	互联网普及率	X14	0.11	0.01
	移动电话年末用户数	X15	0.14	0.01
	数字专利申请量	X16	0.06	0.93
	研究与试验发展(R&D)经费投入强度	X17	0.09	0.05
	发明专利授权数	X18	0.07	0.82
	单位GDP能耗	X19	0.04	0.04

表6-18 长城文化旅游(河北段)地市层面双因子探测结果

	X1	X2	X3	X4	X5	X6	X7	X8	X9	X10	X11	X12	X13	X14	X15	X16	X17	X18	X19
X1	0.00																		
X2	0.01	0.00																	
X3	0.07	0.03	0.00																
X4	0.02	0.01	0.04	0.00															
X5	0.13	0.12	0.14	0.12	0.10														
X6	0.17	0.15	0.16	0.14	0.19	0.12													
X7	0.18	0.09	0.10	0.14	0.15	0.17	0.08												
X8	0.03	0.02	0.07	0.02	0.12	0.17	0.12	0.00											
X9	0.05	0.07	0.04	0.04	0.12	0.15	0.11	0.04	0.03										
X10	0.06	0.07	0.08	0.07	0.13	0.14	0.12	0.06	0.06	0.05									
X11	0.13	0.11	0.12	0.11	0.15	0.17	0.14	0.11	0.11	0.13	0.10								
X12	0.14	0.13	0.15	0.13	0.18	0.18	0.15	0.13	0.13	0.13	0.17	0.11							
X13	0.17	0.19	0.15	0.16	0.24	0.30	0.27	0.22	0.23	0.15	0.23	0.24	0.13						
X14	0.13	0.14	0.14	0.13	0.16	0.17	0.19	0.13	0.12	0.13	0.15	0.16	0.21	0.11					
X15	0.20	0.15	0.17	0.16	0.21	0.19	0.18	0.21	0.20	0.22	0.20	0.21	0.36	0.23	0.14				
X16	0.08	0.08	0.11	0.07	0.13	0.15	0.12	0.07	0.07	0.10	0.11	0.14	0.19	0.13	0.20	0.06			
X17	0.16	0.11	0.14	0.10	0.15	0.14	0.14	0.16	0.13	0.11	0.13	0.15	0.26	0.15	0.21	0.11	0.09		
X18	0.11	0.11	0.14	0.09	0.13	0.14	0.12	0.09	0.10	0.10	0.11	0.14	0.22	0.14	0.22	0.08	0.11	0.07	
X19	0.05	0.08	0.10	0.06	0.14	0.15	0.11	0.05	0.08	0.07	0.15	0.13	0.16	0.18	0.18	0.11	0.13	0.11	0.04

第四节　评价结果与存在的主要问题

一、评价结果

基于共生理论、耦合协调理论，以长城文化旅游研究区8个省（自治区、直辖市）为研究对象，选取2009—2022年的面板数据，借助Lotka-Volterra模型和TOPSIS模型分析了长城文化—旅游—生态共生耦合协调的时空演化过程，并运用障碍度和地理探测器模型探析了长城文化—旅游—生态耦合协调演化的影响机制，得出如下结论。

（一）长城文化—旅游—生态的共生关系尚未达到良性互动

从文化—旅游—生态共生关系的时空进化特征来看，在省域尺度上，各省（自治区、直辖市）的共生关系整体上呈现非均衡态势。其中，除河北进化到良性互动阶段外，其余各省（自治区、直辖市）均较差，处于相互竞争阶段，或者退化到相互竞争或偏利共生阶段。可见，长城文化—旅游—生态共生关系有极大的提升空间。

在长城文化旅游（河北段）地市尺度，长城文化—旅游—生态的共生关系，唐山、保定、邢台和邯郸进化到良性互动阶段，承德、张家口和秦皇岛退化至相互竞争阶段。此外，石家庄文化—旅游、旅游与生态的共生关系由相互竞争分别进化到偏利共生和良性互动阶段，而文化—生态的共生关系始终处于相互竞争阶段。廊坊文化与旅游的关系由相互竞争进化到偏利共生，后又退化到相互竞争；文化与生态的关系始终处于偏利共生阶段，但旅游—生态的关系由偏利共生进化到良性互动，后又退化到偏利共生阶段。

（二）长城文化—旅游—生态的耦合协调度处于低水平状态

从耦合协调度的时空格局演化来看，2009—2022年省域层面耦合协调度均值由0.25—0.30增至0.30—0.35，总体呈上升态势，文化—旅游—生态耦合协调发展的成效不断提升。但是，省域间耦合协调度差异显著，北京作为区域发展的核心，极化效应突出，耦合协调度由轻度失调上升到濒临失调阶段；河北、山西、辽宁、陕西和甘肃的耦合协调度由中度失调上升至轻度失调；天津和宁夏的耦合协调度却始终处于严重失调阶段。

河北省地市耦合协调度均值由0.20—0.25升至0.30—0.35，整体呈现上升趋势，时空演化呈现差异性。其中，石家庄、承德、张家口、唐山、保定和邯郸的耦合协调度由中度失调上升到轻度失调阶段，而秦皇岛、邢台和廊坊的耦合协调度却始终处于中度失调阶段。

（三）长城文化—旅游—生态耦合协调发展的主要障碍因素及驱动因素

障碍度模型的结果表明，在长城文化旅游所涉及的8个省（自治区、直辖市）的共生单元子系统层面，北京主要受生态发展缓慢的制约，天津、辽宁、陕西和宁夏4省主要受文化发展缓慢的制约，河北、山西和甘肃3省主要受旅游发展缓慢的制约。在指标层，北京主要受国家级自然保护区面积和国家级历史文化名村名镇数量的制约；天津、河北、山西、辽宁、陕西和宁夏主要受国家级自然保护区面积和文化市场机构营业总收入的制约；甘肃主要受文化市场机构营业总收入和分地区规模以上文化及相关产业企业营业收入的制约。在河北省地市中，石家庄、张家口、唐山、保定4市主要受生态发展缓慢的制约，承德和秦皇岛2市主要受文化发展缓慢的制约，邯郸主要受旅游发展落后的制约，邢台和廊坊2市受文化、旅游和生态同步滞后的制约。

地理探测器模型探测表明，长城文化旅游研究区各省（自治区、直辖市）文化—旅游—生态耦合协调发展，主要受全要素生产率、劳动者素质（普通高校在校生人数、教育财政支出和人均受教育年限）、产业结构转型水平（第三产业增加值占GDP比重）、绿色投资水平（环境污染治理投资）和生态环境保护水平（节能环保财政支出）、数字化水平（互联网普及率和移动电话年末用户数）和科技创新水平（研究与试验发展（R&D）经费投入强度）的显著影响。河北省地市文化—旅游—生态耦合协调发展，主要受教育财政支出、产业结构转型水平（第三产业增加值占GDP比重）、生态环境保护水平（节能环保财政支出）、数字化水平（互联网普及率和移动电话年末用户数）、能源利用水平（单位GDP能耗）的影响更为显著。

二、存在的问题

（一）长城文化—旅游—生态的产业共生体系尚不健全

长城文化旅游研究区各省（自治区、直辖市）文化、旅游和生态发展均不同步。北京的旅游发展过快，而生态环境发展过于缓慢，受到国家级自然保护区面积小的制约，并且旅游与文化的融合程度较低，受到国家级历史文化名村名镇、博物馆和公共图书馆等文化资源数量少的制约。天津、辽宁和陕西3省的生态和文化发展缓慢，主要受国家级自然保护区面积、国家级历史文化名村名镇数量、分地区规模以上文化及相关产业企业营业收入和文化市场机构营业总收入的制约。山西、甘肃和宁夏的生态、旅游和文化三者发展亦不同步，其中国际旅游收入、国家级自然保护区面积、文化产业收入不高，国家级历史文化名村名镇数量均是制约文化、旅游和生态三者良性互动的原因。

长城文化旅游（河北段）各地市也未形成良性互动。石家庄的生态环境发展过于缓慢，受到国家级自然保护区面积、国家级自然保护区数量的制约。廊坊的文化、旅游和生态三者发展同步滞后，主要受国家级自然保护区数量、国家级自然保护区面积、国家级历史文化名村名镇数量和中国重要农业文化遗产数量的制约。承德文化发展落后，主要受国家级历史文化名村名镇数量的制约；张家口生态环境发展落后，主要受国家级自然保护区面积的制约；秦皇岛的生态和文化发展落后，主要受国家级自然保护区面积、国家级历史文化名村名镇数量和中国重要农业文化遗产数量的制约。

（二）长城文化—旅游—生态耦合发展不协调

长城文化旅游研究区的文化—旅游—生态的共生关系未实现良性互动，长城文化、旅游和生态发展不均衡。北京文化、旅游发展速度远远快于生态的发展速度，但是文化、旅游对生态的反哺效果不够显著；天津、辽宁、陕西和宁夏4地文化资源的挖掘与利用程度不够，未能有效转化为文化市场的收益。河北、山西和甘肃3省旅游发展较为缓慢，究其原因是旅游发展起步较晚，景区知名度较低，旅游业发展潜力尚未完全释放，且长城文化遗产系统性保护利用不足，文物资源未能合理有效利用。河北省地市中石家庄、张家口、唐山、保定4市生态发展滞后，承德和秦皇岛文化发展滞后，邯郸旅游发展滞后，邢台和廊坊文化、旅游和生态同步滞后。可见，长城文化—旅游—生态三者发展不同步是导致该区域文化—旅游—生态耦合发展不协调的主要原因。

（三）长城文化旅游带文化—旅游—生态生产力水平较低

长城文化—旅游—生态耦合协调发展受到多种驱动因素的共同影响。首先，劳动者素质中普通高校在校生人数、教育财政支出和人均受教育年限是首要驱动因素，解释比例分别为62%、51%和31%；其次，生产力高质量发展水平的全要素生产率的解释比例为54%；再次，劳动资料中反映能源利用水平的单位GDP能耗的解释比例为46%，反映科技创新水平的研究与试验发展（R&D）经费投入强度的解释比例为34%，反映数字化水平的移动电话年末用户数和互联网普及率的解释比例分别为24%和11%。最后是劳动对象中表征生态环境保护水平的节能环保财政支出占GDP比重，反映产业结构水平的第三产业占GDP比重以及反映绿色投资水平的环境污染治理投资占GDP比重，三者的解释比例分别为32%、22%和10%。可见，劳动者素质水平、生产力高质量发展水平、产业结构转型水平、绿色投资水平、生态环境保护水平和能源利用水平皆是阻碍长城文化旅游研究区文化—旅游—生态生产力水平提升的主导因素。

三、优化策略

（一）构建生态优先的现代化文旅产业共生体系，打造绿色低碳发展高地

在长城文化旅游研究区，生态环境构成了关键约束条件，因此构建以生态优先为核心的现代化文旅产业共生体系迫在眉睫。长城沿线各地共同构建生态保护利益责任共同体，建立健全生态补偿机制，共同探索资源有偿使用、生态足额补偿和利益有效协调机制，促进资源地与产业区之间、重点开发区与限制或禁止开发区之间资源共享、优势互补，打造绿色低碳发展高地，形成长城文化旅游研究区的生态廊道。

一是推动传统文旅产业的产业生态化。聚焦产业创新驱动发展，加快数智化转型，采用绿色清洁能源，加快能源结构转型，培育文旅绿色低碳产业。

二是在生态资源丰富地区推动生态产业化发展。挖掘长城文化旅游研究区非红线区域的自然资源和历史文化资源，根据不同地区的产业基础和基础设施配置情况，合理布局生态产业，形成绿色产业集群。例如，构建绿色文旅服务产业集群，着力打造现代文旅服务业基地，深入推动传统文旅产业的产业链延伸和升级。构建生态康养产业集群，建设生态康养基地，引入医养结合、康复养生等创新模式，与医疗机构合作，运用自然疗法、草本疗法等，提升个性化康养服务的吸引力，打造独特的文旅康养度假产业圈，共建国家级生态康养胜地。构建绿色农业产业集群，着力培育绿色有机农产品，集中推广绿色种植、有机养殖技术，从而提高农业生产效益和产品质量，建立全面的现代化有机农业生产体系。

（二）强化文化引领的文化—旅游—生态产业协同联动，集聚高质量发展新动能

长城文化旅游研究区各省市的产业结构、资源禀赋和生态环境基础不尽相同。因此，强化区域差异化，通过长城文化引领的文旅产业协同联动，是集聚高质量发展新动能的必然路径。

第一，构建长城文旅创意产业集群，为游客提供独特而丰富的旅游体验和文化魅力。一方面，应加强挖掘文化内涵、创新产品与服务形式，打造非物质文化遗产的展示窗口，开放国际产业合作平台。另一方面，吸引并扶持艺术家、设计师和创意人才入驻，打造充满活力的艺术街区和创意产业集群。

第二，构建跨区域的特色文旅产业集群。长城文化旅游带处于北方游牧与农耕地区交融地带，各民族的生活方式、民族风情和历史底蕴各不相同，为特色文化旅游提供了重要素材。如京津冀通过建设高水平国际长城文化旅游示范区，推动长城沿线的文旅融合与对外交流。

第三，打造多种类型的文化廊道，讲好长城故事。如打造历史文化廊道，感受历史变迁；打造生态文化廊道，领略自然风光，传播生态保护理念；打造民俗文化廊道，沉浸式体验长城沿线地区多姿多彩的民俗文化活

动；打造研学文化廊道，感悟民族精神，传承长城文化，增强全民文化自信，筑牢强国建设的文化根基。

（三）科技创新驱动文化—旅游—生态产业绿色转型升级，加快培育新质生产力

长城文化旅游研究区通过科技创新驱动文化—旅游—生态产业绿色转型升级，加快培育新质生产力，形成绿色产业廊道。要把握好以下三点：一是打造新型劳动者队伍，通过加大教育财政支出力度，提升人均受教育水平，增加普通高校在校生人数，培养能够创造文旅新质生产力的战略人才，以及能够熟练掌握文旅新质生产资料的应用型人才。二是科技赋能新型劳动资料，特别是通过数智技术、绿色技术促进文旅行业资源整合和产业转型升级，并激励三产深度融合，加快建设形成长城文化旅游研究区的绿色农业、绿色工业和绿色服务业的绿色产业廊道。三是凝练新文旅产业需求，优化创新体系布局，健全跨区域的文旅产业协同长效机制。长城文化旅游研究区的各级政府要尝试打破行政分割及体制壁垒，借助"一带一路"各地区协同发展契机，打通束缚新质生产力发展的关键卡点，实现生产要素的共享和高效配置，提升该区域的全要素生产率。

第七章　长城文化旅游发展模式
创新与结构优化

长城文化旅游产业带是新型的经济形态，是长城大型线性文化遗产地整体性保护利用的一种产业组织安排和提高资源配置效率的制度创新，是以绿色产业体系发展为重点、注重产业关联与融合的一种新型发展模式，有利于推进长城文化旅游由传统的旅游景区布局发展模式向绿色产业体系布局发展模式转型。遵循发挥比较优势、突出生态效率、追求协调发展、培育新区位因素等发展原则，提出构建长城文化保护传承利用体系、打造长城文化世界级旅游消费目的地、建设长城文化—旅游—生态协同发展绿色产业体系的长城文化旅游产业带发展目标。从类型结构、要素结构和空间结构三个方面进行长城文化旅游结构优化。

第一节　长城文化旅游发展模式创新

一、长城文化旅游产业带发展模式

（一）长城文化旅游产业带发展条件已成熟

随着长城国家文化公园建设的有序推进，关于长城文化带、长城文化旅游带、长城文化经济带等方面的研究与产业实践受到各界的关注与重视。汤羽扬、刘昭祎等基于区域协同发展理论，提出以北京长城遗产及其赋存的山川地貌为核心价值体系，与其他遗产资源、景观资源、聚落资源整合，建构地理景观、遗产景观、聚落景观多层级的相互渗透、协同合作的北京长城文化带空间构架设想。刘玮、张杰（2022）以北京长城文化带沿线乡村为例，从制度选择与分析框架入手，研究北京长城文化带作为线性文化遗产对乡村旅游发展的效应评估。长城（河北段）是长城国家文化公园重点建设区域，程瑞芳和徐灿灿（2020）在分析长城（河北段）沿线地区文旅资源要素及旅游化利用情况的基础上，利用增长极理论和旅游中心地理论，提出构建长城文化旅游带"一带、三区、八核"空间结构，以促进文旅融合发展和长城文化旅游新格局的形成。董耀会认为，长城经济首先是历史上的农耕经济和游牧经济在长城区域的碰撞与融合。历史上长城的修筑和守护伴随着屯田活动的开展，数以百万计的屯垦军民带来中原先进的生产工具和生产技术，带动了长城沿线地区的农业生产和经济社会发展，依托产出及其历史文化形成长城区域文化经济带。

2019年，《北京市长城文化带保护发展规划（2018年—2035年）》发布，北京长城段自东向西经平谷、密云、怀柔、延庆、昌平、门头沟等6区，全长520.77千米。北京市长城文化带的空间布局确定为"一线五片多点"，"一线"为长城线，"五片"为5个核心集中展示区，"多点"为长城关口、城堡、堡寨等与长城相关文化传承发展的主要载体。北京市长城文化带横贯北京北部生态涵养区，它以燕山和太行山两大山脉为基底，以潮白河、永定河、温榆河和沟河四大水系为脉络，以长城墙体为主线，呈带状展开，规划总面积达到4929.29平方千米，约占北京市域面积的30%。北京市长城文化带展现出这一地带丰富的文化多样性，反映了长城对这一地理区域的人地关系产生的深刻影响，遵循文化遗产保护与生态涵养并重的原则，以优化生态环境、展示长城文化为重点，打造生态长城，展现长城历史文化及景观价值，对推进区域经济绿色发展、历史文化旅游和生态休闲发挥着积极作用。

河北省发挥长城国家文化公园重点建设区优势，2021年发布《河北省文化和旅游"十四五"发展规划》，提出发展长城文化旅游带，建设具有河北特色的长城国家文化公园文旅融合示范带。长城河北段分布在河北省的秦皇岛、唐山、廊坊、承德、张家口、保定、石家庄、邢台、邯郸等9个地市59个县（市、区），特别是明长城遗存位居全国第一，河北省域内明长城总长1338.63千米，种类齐全，建筑精美，堪称明长城的典型代表。长城河北段覆盖燕山、坝上草原、太行山等地貌单元，形成燕山长城、坝上草原长城、太行山长城三段，呈环形带状，成为当时拱卫北京的军事防御体系。这一地理区域，文化遗产资源、文化设施资源、自然生态资源、山地农业资源赋存丰富，强化区域协同和资源整合，弘扬长城文化和太行山精神，加强遗产旅游、红色旅游、乡村旅游、生态观光、康养度假等旅游业态建设，推进长城文化、旅游、生态共生协调融合发展，以生态长城、文化长城为标识，打造长城文化旅游国际品牌。

长城国家文化公园建设整合长城沿线15个省（自治区、直辖市）的文物和文化资源，以核心点段为支撑，线性廊道为牵引，通过区域连片整合、环境配套提升、数字技术赋能，加强长城文物和文化资源保护传承、长城精神文化研究发掘及长城文化和旅游深度融合发展，建立符合新时代要求的长城保护传承利用体系。长城沿线各省（自治区、直辖市）充分发挥长城国家文化公园建设的引领和辐射带动作用，加快推进区域旅游转型发展。辽宁省积极发展辽西长城文化带和辽东长城文化带旅游片区，山西省打造了融自然风景与历史文化于一体的长城一号旅游公路，陕西省着力打造关中综合文化产业带、陕北民俗及红色文化产业带和陕南自然风光生态旅游产业带，宁夏回族自治区深化文旅融合，统筹推进长城国家文化公园、长征国家文化公园、黄河主题文化公园重大规划建设项目，甘肃省实施建设河西走廊国家遗产线路、长城保护与文旅产业展示带、黄河文化展示和产业集聚区、长征文化线路保护利用示范段。这些省（自治区、直辖市），以长城文化为主线，以省域行政区划为空间范围，构成长城文化旅游带状布局结构，为建构和发展长城文化旅游产业带，提供了适宜的自然地理环境、多元的人文景观资源和丰沛的产业要素基础。

（二）长城文化旅游产业带是新型的经济形态

自中华人民共和国成立以来，随着国家经济社会的不断进步与发展，长城文化旅游经历了计划经济时期的萌芽期、改革开放时期的快速成长期、党的十八大以后新时代的转型升级期以及党的二十大以后现代化强国建设阶段的高质量发展期，旅游形式由初期单一的长城景区观光旅游逐步发展为文旅融合多新业态协同发展的新格局，旅游功能亦由初期单一的服务外宾接待活动逐步演进为经济、文化、生态、社会等多元价值功能。

长城文化旅游传统发展模式通常以长城旅游景区发展为重点，注重旅游产品业态的创新和旅游景区服务质量的提升，往往忽略区域资源的统筹整合与产业间的关联协同发展。长城的修筑与守护造就了中国北方从东北到西北农牧交错带的千年文脉，是中华民族的精神象征和中华文明的标志性符号，是涵养社会主义核心价值观的重要源泉。在长城沿线地带，构建以长城文化为标识的新型文化空间，是文化遗产保护利用的一个重要场域，是传承中华优秀传统文化、增强中华文明传播力影响力的重要内容。构建以长城文化景观为主轴线的文化遗产廊道和绿色生态廊道，发展长城文化旅游产业带，是大型线性文化遗产地整体性保护利用的一种产业组织安排和提高资源配置效率的一种制度创新，具有积极的政策意义和实践价值。

长城文化旅游产业带是一种地域空间的产业布局形态，是长城文化旅游及关联产业在长城沿线地域上的动态组合分布。长城文化旅游产业带应该是以长城大型文化遗产的整合串联能力为统领，面向长城沿线各省区市以及县域乡村，以强化长城文化、旅游、生态协调发展能力建设，夯实并增强长城文化旅游资源优势与生产优势为基础，以实现旅游产业集聚并打造一二三产融合发展的绿色产业体系，持续形成长城沿线地区旅游产业优势和经济优势为重点，最终增强长城文化遗产保护传承、带动区域经济特别是乡村振兴发展为目标的新型旅游经济形态。长城文化旅游产业带布局受自然环境、社会经济、科学技术等多重因素的影响，其总体目标是产业的合理布局和经济资源在空间上的有效配置。

长城文化旅游产业带的发展模式以绿色产业体系发展为重点，注重产业关联与融合，突出产业链延伸、价值链提升和区域协同发展。发展长城文化旅游产业带，有利于发挥长城大型线性文化遗产的整合与串并能力，推进长城文化旅游由传统的旅游景区布局发展模式向绿色产业体系布局发展模式转型，促进长城沿线地区产业结构合理化和高度化升级发展。

二、长城文化旅游产业带发展原则

发展长城文化旅游产业带，要进一步夯实长城沿线地区的生产基础，集聚资源优势发展旅游产业，以加强生态保护和文化传承为重点，以提升竞争力、可持续力为导向，抓好长城文化旅游产业链、价值链、供应链"三链协同"，培育一批旅游示范城市、示范区县和旅游村镇，打造一批高等级的特色旅游景区、休闲度假区和乡村旅游项目，发展一批旅游骨干企业和龙头企业，提升旅游产业链水平，带动一二三产融合发展，形成旅游兴、产业旺、经济强的多业态融合发展绿色产业体系。

发展长城文化旅游产业带应突出四个关键特征：一是要以提升长城文化遗产保护利用传承体系能力为核心目标，二是要以深入实施长城生态保护和文旅融合发展为基础路径，三是要以建设长城文化、生态、旅游协同发展的绿色产业体系为重点任务，四是以构建各地协同多主体参与的长城文化旅游绿色治理格局为发展导向。

发展长城文化旅游产业带应遵循以下四个原则。

（1）发挥比较优势的原则。

要注重发挥区域比较优势，在专业分工合作中扩大经济利益，以此来促进区域产业竞争优势不断提升。根据经典分工理论，只有依靠自身比较优势从事专业化生产，才能在分工协作和贸易中获取最大利益。在违背比较优势的经济战略性区域，产业不可能形成和保持竞争优势，就不会吸引更多的投资进入该产业，产业发展难以为继。符合比较优势的产业活力可能性高，投资的企业会很多，分工就可以比较细，新的相关和支撑型企业将不断出现，企业和产业竞争优势才会出现。各地区要根据自身要素禀赋形成的比较优势决定产业发展战略，发挥具有比较优势的产业的作用。

（2）突出生态效率原则。

构建产业带应遵循生态效率的原则，将生态保护作为产业发展的前置条件与核心约束，统筹生态基底与文旅功能的空间适配性，构建绿色产业链条，最大限度地降低产业带的物耗、能耗和水耗，减少污染物排放，提高资源利用效率和经济效益。同时创新生态价值转化路径，探索碳汇增量交易、生态补偿基金等市场化机制，将文化遗产保护成效转化为经济收益，确保旅游开发强度与生态系统自愈能力动态平衡，形成"以生态定产业、以技术控损耗、以制度保长效"的可持续发展模式。

（3）追求协调发展原则。

产业区位要根据不同产业对区位要素的要求和不同区位所具备的区位要素优势，分层次有序布局，实现均衡协调发展。发达与欠发达地区之间，中心城市与周边区域之间，由于具备的区位要素显著不同，适宜发展不同水平的产业，因而产业布局应遵循梯度发展理论的布局模式。

（4）培育新区位因素的原则。

经济全球化和知识经济时代的到来，使得传统区位因素的相对重要性降低，新的柔性区位因素重要性提高。这些柔性无形的区位因素是可以培育的。每个区域只有在原有的区位因素优势基础上，根据产业发展需求，注重新型区位因素的培育，保持和提升区域对产业的吸引力，强化自身的区位因素优势，才能长期保持和提升区域对相应产业的吸引力。

三、长城文化旅游产业带发展目标

长城文化旅游绿色产业带的建设需加快绿色产业体系构建的步伐，促进产业绿色化。长城文化旅游绿色产业带的产业布局是为了更好地构建长城文化保护传承利用体系，推进世界级旅游休闲胜地建设，打造富有长城特色的文化和旅游消费目的地。在此基础上，建立集约、高效、持续、健康的社会—经济—生态复合系统和新型经济发展模式，逐步实现可持续发展和现代化是长城文化旅游绿色产业带构建的最终目标。

（一）构建长城文化保护传承利用体系

长城是我国古代劳动人民创造的伟大建筑奇迹，是中华民族重要的文化遗产。坚持"保护第一"，在保护的基础上，突出活化传承和合理利用，从挖掘弘扬长城文化的时代价值、推进长城文化遗产保护利用、推进长城文化创新发展三个方面构建长城文化保护传承利用体系，将长城国家文化公园打造成中华民族精神永续传承的重要标志、全球线性文化遗产保护的重要典范、彰显中华文化自信的重要载体、促进中外人文交流互鉴的重要平台。

（1）挖掘弘扬长城文化的时代价值。

长城文化旅游绿色产业带的建设可以更好地向世界宣传推介长城悠久的历史文化，传承弘扬长城蕴含的伟大精神价值，充分展现长城壮美的自然人文景观，更好地宣传我国长城保护管理成效，诠释新时代中国文化遗产保护先进理念，进一步坚定文化自信，充分彰显中华优秀传统文化持久影响力、社会主义先进文化强大生命力。

（2）推进长城文化遗产保护利用。

长城文化旅游绿色产业带的建设可以更好地保护长城古代军事防御工

程建筑遗产，保护各历史时期长城文物本体的形制、结构、材料、营造技术与工艺，保护各类长城所承载的我国古代北方军事防御制度等历史信息，保护长城与周边环境共同形成的独特文化景观，协调长城保护与生态保护、基本农田保护、地方经济社会发展的关系，减少各种自然和人为因素对长城的消极影响。

（3）推进长城文化创新发展。

长城文化旅游绿色产业带的建设可充分挖掘长城世界文化遗产的资源价值，以文化为引领，适度发展文化旅游、特色生态等产业，推动长城文化创造性转化、创新性发展，促进沿线生态环境保护修复，统筹沿线经济、城乡、环境等高质量发展，构建京津冀城市群重要的文化功能区，推动沿线地区积极融入国家"一带一路"建设、京津冀协同发展以及雄安新区规划建设，促进贫困地区乡村振兴和经济社会可持续发展。

（二）打造富有长城文化特色的世界级旅游消费目的地

（1）营造高品质文化和旅游消费空间。

创建文化和旅游消费试点城市、示范城市。积极培育壮大文化和旅游消费新业态新模式，全面提升文化和旅游消费质量和水平，推动文化产业和旅游产业高质量发展。创建和培育国家级夜间文化和旅游消费集聚区，打造"24小时城市"和拓展景区夜游、夜娱、夜读、夜宵、夜购等夜间消费业态，探索设立国际旅游自由购物区。

（2）丰富文化和旅游消费多元业态。

推进文化和旅游业态融合、产品融合、市场融合，推动旅游演艺、文化遗产旅游、文化主题酒店、特色节庆展会等提质升级，支持建设集文化创意、旅游休闲等于一体的文化和旅游综合体。鼓励在城市更新中发展文化旅游休闲街区，盘活文化遗产资源。建设一批国家文化产业和旅游产业融合发展示范区。推进文化、旅游与其他领域融合发展。利用乡村文化资源，培育文旅融合业态。发展工业旅游，活化利用工业遗产，培育旅游用品、特色旅游商品、旅游装备制造业。促进文教结合、旅教结合，培育研学旅行项目。发展中医药健康旅游，建设具有人文特色的中医药健康旅游示范区（基地）。结合传统体育、现代赛事、户外运动，拓展文旅融合新空间。实施一批品牌培育项目，推动文旅融合品牌化发展。探索推进文旅融合 IP 工程，用原创 IP 讲好中国故事，打造具有丰富文化内涵的文旅融合品牌。

（3）优化文化和旅游消费市场环境。

落实平安文旅建设，提高市场治理水平，健全安全管理体系，强化标准化建设和优化大众旅游发展环境，建立公平、公正、诚信、守法的经营环境，营造安全、文明、有序的消费环境。完善消费设施，改善消费环境，不断提升文化消费水平。培育新型消费、信息消费、定制消费等，培育消费增长点。推进国家文化和旅游消费示范城市建设，推动试点城市成为示范城市、区域文化和旅游消费中心城市。大力发展夜间经济，推进国家级夜间文化和旅游消费集聚区建设。把文化消费嵌入各类消费场所，建设集合多种业态的消费集聚区。鼓励各地制定促消费优惠政策，举办消费季、消费月等活动。

（三）建设长城文化、旅游、生态协同发展绿色产业体系

构建"文化—旅游—生态"协同发展绿色产业体系是长城文化旅游带绿色产业带产业布局的前提条件，也是目标。文化—旅游—生态是具有耦合特征的复合系统，三者的互动协调是实现区域绿色、可持续发展的重要条件。在区域高质量发展视角下，文化—旅游—生态协调发展的文化内涵是增强国民的文化自信，促进文化强国建设，培育文化共同体和民族文化认同；旅游内涵是带动经济转型升级，促进文化和生态得以保护和传承，讲好中国故事；生态环境内涵是发挥"生态先行、绿色发展"的引领作用，树牢"绿水青山就是金山银山"理念，贯彻生态文明建设，实现人与自然和谐共生的中国式现代化，为最终实现美丽中国奠定坚实基础。长城文化旅游绿色产业带的建构，能破除长城文化旅游产业体系建设过程中的产业固化，促进各产业最大限度地发挥各自优势，并互为补充。能解决产业结构不协调、文化旅游产业布局不合理等问题，推动产业之间实现共同进步发展、协调发展、一体发展，大大提高内聚合力、联动发展的效果，以此助推长城文化旅游绿色产业体系建设与产业发展。

综上所述，长城文化旅游产业带的构建既是新时代文旅融合发展的战略举措，也是活化利用世界文化遗产的创新实践。在产业带发展条件全面成熟的背景下，通过发挥长城文化资源的比较优势与生态效率，打造文化、

旅游、生态三位一体的协同发展体系，不仅能够实现文化遗产保护与经济发展的良性互动，更能培育出具有国际竞争力的文旅消费新业态。未来发展中，应持续深化类型结构的主题化升级、要素配置的集约化整合以及空间布局的联动化重构，将长城沿线打造成为彰显中华文明的世界级文旅走廊。这需要政产学研多方协同创新，以数字技术赋能文化传播，以生态理念引领产业升级，最终实现文化遗产保护、区域经济发展与生态文明建设的多维共赢。

第二节　长城文化旅游产品结构优化

一、旅游产品结构优化的重点内容

旅游产品结构是旅游经济结构的重要组成部分，是旅游生产者提供的旅游产品构成及其在旅游经济运行过程中的比例关系的总称。它也是各种旅游产品和组成要素之间的比例关系[①]。旅游产品结构一般分为组合结构、要素结构和消费结构。旅游产品要素结构，即为满足旅游者在旅游活动中六要素（食、住、行、游、购、娱）的各种需要，旅游产业不同行业和部门所提供的各种服务要素之间的结构和比例关系，表现为同一旅游产品之间的结构比例关系[②]。旅游产品的组合结构，指按照一定的旅游需求和旅游供给条件，把各种单项旅游产品有机组合起来，在一定区域内形成具有不同内容、档次和时间分配的旅游产品结构，主要表现为同一行业和部门所提供的旅游产品之间的结构比例关系。旅游产品消费结构，是指旅游者在旅游过程中所消费的各种类型旅游产品的比例关系，以及旅游者在不同的消费层次和消费水平的比例关系。旅游产品结构也可分为类型结构和时间结构[③]。类型结构，即根据旅游产品的类型形成的旅游产品结构。时间结构，主要包括旅游产品的销售时间结构和替代型旅游产品推出的时间结构。

①　钟诚，《杭州城市旅游产品结构优化研究》，2010。

②　肖忠东，《我国旅游产品结构的转换》，1999。

③　肖忠东，《我国文化旅游产品的系统开发》，2000。

旅游产品销售时间结构，是指旅游产品的销售时间比例，例如一般旅游产品都有销售淡季和销售旺季之分；替代型旅游产品推出的时间结构，是指为了防止旅游产品被市场淘汰，在旅游产品不能满足消费者需求之前，及时开发出旅游新产品，来替换原有旅游产品，这种推出和替换的时间结构。

产业结构优化是一个动态的过程，其核心目标是对产业结构进行优化调整，使各个产业实现协调发展，并且与区域经济的发展相适应，从而满足经济社会发展与产业结构相耦合的要求。旅游产业结构优化一般遵循两个基本原则：一是产业结构合理化，二是产业结构优化升级。可见，旅游产业结构优化是一个动态演化行为，是旅游产业发展过程中，不断优化生产要素在各个部门之间的配置关系，释放旅游产业各个主体对社会经济发展的动态驱动力（赵宁，2017）。旅游产品结构优化是指以市场研究为导向，结合当地的旅游资源和旅游发展条件，不断调整、完善各种旅游产品在规模、数量、类型和层次等方面的比例和组合关系，从而逐渐形成适应市场、满足不同消费群体需求，同时也有利于经济社会发展的旅游产品结构体系。旅游产品结构优化，就是优化各种旅游产品在规模、数量、类型、层次等方面的组合关系，包括各种旅游产品间合理的数量比例、同种旅游产品在不同消费者之间合理的数量比等。旅游产品结构优化包括类型结构优化、要素结构优化以及空间结构优化。优化旅游产品构成要素，需要优化餐饮、住宿、交通、游览、购物、娱乐六大要素的比例，使其合理、层次分明。根据长城沿线的实际情况，本书主要研究长城沿线旅游产品在要素结构、类型结构方面的优化。目前，长城沿线旅游产品单一，依然停留在以长城文化为核心、长城遗址为主景的观光模式，长城旅游形象尚未得到充分体现。对自然资源、历史文化、红色文化资源的开发利用也还很不充分。因此，要积极倡导全域旅游，扎实推进文化兴旅，深度挖掘长城文化基脉，精准提炼长城文化元素，不断提升长城文化品位，创新旅游业态，丰富旅游产品，延伸产业链条，提升旅游服务质量和社会经济效益，打造长城文化旅游特色品牌，真正使文化旅游成为景区转型升级的新引擎、新支柱。要积极适应旅游业态新变化，完善"食、住、行、游、购、娱"传统旅游六要素，融入"商、养、学、闲、情、奇"新型旅游六要素，大力发展生态游、商务游、休闲游、乡村游、旅游养老、会展旅游等旅游新业态。要运用好发展乡村旅游这一契机，通过建设乡村品牌，改善农村基础设施和服务设施，建设富有当地特色、吸引游客流连忘返的独特乡村，着力补齐旅游短板，大力发展冬季旅游，努力实现全年旅游、全域旅游，带动景区文化旅游产业转型升级、跨越发展。长城沿线旅游产品结构优化要结合旅游发展趋势和客源市场的需求，弘扬长城世界文化遗产特色，以生态保护为核心，以市场为导向，围绕长城文化、地质科考和生态旅游建立景区"三足鼎立"的旅游格局，打造特色多元旅游功能区。支持互联网旅游企业发展，积极推动互联网与旅游相结合，培育新型互联网旅游龙头企业。要紧跟时代潮流和科技发展，努力开发旅游电子商务产品，鼓励当地宾馆、饭店和娱乐场所运用互联网处理日常业务。要结合脱贫攻坚、乡村旅游和全域旅游等发展要求，在旅游产品结构优化的同时，助力当地经济社会发展。通过创新发展，将长城沿线发展成为国内一流、世界知名的旅游目的地。

二、长城旅游产品类型结构优化

根据游客问卷调查，65％以上来长城的游客只选择自然观光产品和休闲度假产品，仅有少数为会展、商务、探亲、节庆活动等。因此，长城应着重调整旅游产品的基础水平，实现传统观光游向深度体验游发展，重点发展休闲度假游等旅游产品；从中长期来看，基础的观光休闲度假正逐步向特色新业态旅游转变，优化旅游产品的结构。根据旅游产品的分类，将长城旅游产品的优化分为初级、提升、专业三个层次。

（一）升级长城文化遗产旅游产品

国家文化公园在生活共同体的基础上依靠线性文化的连通性，凝聚着不同地域和族群的价值共识，形成了价值共同体。再通过遗产教育、遗产旅游来实现价值引领和价值共享，在遗产命运、民族命运和国家命运之间建立起桥梁[①]。长城文化遗产旅游业态主要基于长城国家文化公园的建设，具有管控保护、主题展示、文旅融合及传统利用四大功能，形成文化遗产

---

① 刘鲁，郭秋琪，吴巧红，《立足新时代，探索新路径——"国家文化公园建设与遗产活化"专题研讨会综述》，2022。

的科学保护、活态传承展示和文旅融合发展模式。

长城文化遗产旅游带具有保护中心、展示中心、文化基地、文化主题公园、文化产业区和传统利用区等六种功能分区和产品空间布局。

第一，保护中心主要是基于长城本体的原状保护和局部展示的管控保护区，进行长城修缮保护、长城沿线文物和文化资源保护普查等工作，进行数字基础设施建设、官方网站和数字云平台建设，完善长城资源管理信息平台，推进"可阅读"长城建设。

第二，展示中心通过博物馆、艺术馆、展览馆、文化传承场所、特色街区等形式展示长城文化，是参观游览、文化体验的主体区。比如，将山海关、大境门、金山岭等长城开发利用较完善区段作为核心展示园，而山海关长城、金山岭长城、白羊峪长城等长城段可以作为集中展示带，板厂峪长城砖窑遗址群、张家口堡等可以作为特色展示点。

第三，文化基地依托长城文化体系，构建文化产业园、文化传承中心等，进行长城（河北段）文化和精神价值研究发掘、长城文化艺术创作、长城精神主题宣传、整理发掘长城非遗资源等工作。

第四，依托长城国家公园打造文化主题公园，主要开展文化娱乐、文化参与、文化教育和文化体验等活动。

第五，文化产业区由主题展示区及其周边的历史文化和自然生态、现代文旅优质资源组成，主要包括"长城＋历史文化""长城＋生态""长城＋现代"三类文旅融合区。打造提升一批标志性长城文化参观游览区，推出长城游览联程联运经典线路、长城塞上生态文化旅游产品，开发长城文化创意商品，建设"燕赵长城"国家风景道体系，联动推进"全景长城"整体品牌塑造。

第六，传统利用区主要涵盖城乡居民生活区、企业生产区等传统生活与生产区域。在此类区域，应合理留存传统文化生态，适度推进文化旅游、特色生态产业的发展，并着力建设长城关堡类、长城戍边类和特色资源类这三类传统利用区。

（二）提升生态康养休闲旅游产品

对自然生态类型的观光产品进行资源整合，充分利用当地自然资源和生态资源，开发生态观光产品；根据产品生命周期阶段的特点，对传统景观旅游产品进行升级改造，并结合休闲旅游资源，形成具有互补优势的产品体系，增加游客体验。长城沿线区域内分布着大兴安岭、燕山、太行山、阴山、贺兰山、六盘山、祁连山、天山等山地资源，且位于平原、高原、丘陵、盆地、山地等农牧交错地带，生态环境好，区位条件优越。

按照主题引领、板块聚集、资源整合的原则，综合考虑热点焦点、自然肌理、文化脉络、市场圈层、交通体系、产业布局等因素，通过创新发展机制、提升核心景区、丰富区域产品体系、完善公共服务、延伸产业链、深化产业融合等措施，建立协调联动的旅游管理体系，依托大兴安岭、燕山、太行山、阴山、贺兰山、六盘山、祁连山、天山，平原、高原、丘陵、盆地、山地等休闲资源富集、市场基础好的区域，实施生态休闲观光提升、文化遗产旅游创新、乡村旅游提质等系列工作，培育乡村休闲度假产品、滨水休闲度假产品和文化休闲度假产品等不同主题和风格的旅游度假区，逐步建立健全休闲度假产业体系，为游客提供具有审美和教育功能的娱乐休闲项目，并增加休闲旅游产品的附加值，促进长城沿线旅游产业率先转型发展。

（三）创新文化旅游新业态产品

2024年初，国家发展改革委修订发布了《产业结构调整指导目录（2024年本）》，在行业类目、条目设置和表述规范等方面作出了新规定。与2019年的版本相比，此次修订对鼓励类的文化产业和旅游产业相关内容进行了充实完善。沉浸式体验等文化产业新业态和冰雪旅游等旅游产业新业态列入《产业结构调整指导目录（2024年本）》鼓励类，推动新型业态加速发展和传统业态提质升级，有利于加强和改善宏观调控、引导社会资本流向、促进文化和旅游产业结构调整和优化升级。文化旅游、康养旅游、乡村旅游、生态旅游、海洋旅游、森林旅游、草原旅游、湿地旅游、湖泊旅游、冰雪旅游、红色旅游、城市旅游、工业旅游、体育旅游、游乐及其他旅游资源综合开发、旅游基础设施建设和运营、旅游信息等服务，智慧旅游、科技旅游、休闲度假旅游、自驾游、低空旅游、邮轮游艇旅游及其他新兴旅游方式服务体系建设，有助于丰富旅游产品供给、满足多元消费需求，助力旅游产业高质量发展。

持续推进"文化＋旅游"战略实施，拓展发展领域，形成一批产业融合发展的综合体、产业集群。推进与农业深度融合。加强历史文化名村保护，传承优秀地域文化和乡村风貌，做好"中国重要农业文化遗产"申报工作。建设一批休闲农庄、特色村镇等产品，培育农业嘉年华、星级农（林、牧、渔）家乐等品牌，重点建设中国美丽休闲乡村，打造环京津生态休闲农业示范带。推进与体育深度融合。抓住冬奥契机，推动崇礼冰雪旅游度假区、富龙四季小镇、翠云山等冰雪旅游度假区和景区建设，打造世界冰雪运动胜地。发展壮大京张、承秦唐、太行山三条冰雪旅游带，丰富冰雪旅游产品。依托承德塞罕坝、保定涞源、张家口崇礼等一批国家冰雪运动训练基地资源，建设冰雪特色小镇，培育高等级冰雪景区、度假区。推进雄安新区体育旅游创新发展，建设高端体育赛事产业聚集区。发展壮大太行山、燕山山地户外运动产业带，秦唐沧滨海运动产业带，坝上森林草原生态体育旅游度假区，促进沧州武术、邯郸太极拳等特色体育运动活动和群众性体育活动的旅游化开发，培育一批文化体育融合型企业和运营机构，做大文体融合产业规模，建设体育文化旅游大省。推进与工业创新融合。做好工业文化资源的发掘整理和"中国工业遗产保护名录"申报工作，提升文化与工业的源头融合设计能力，提升品牌价值。利用开滦煤矿、唐山南湖、京张铁路等工业遗址遗迹，建设工业博物馆、工业遗产主题公园，注入旅游、商贸、艺术、会展等元素，提升中国长城葡萄酒、德龙钢铁、君乐宝奶业等一批工业旅游示范点的品质。改造老工业厂房，建设文化产业园区、创新创业基地等。促进旅游业与电子信息、生物医药、新材料、新能源等战略性新兴产业相融合，让旅游成为企业品牌展示窗口和体验销售的重要渠道。推进与康养深度融合。瞄准京津冀健康消费市场需求，整合传统养生文化、中医药资源，建设安国、内丘、巨鹿、滦平、馆陶等一批健康旅游示范基地，开发集高端医疗、中医药特色、康复疗养、休闲养生为一体的健康旅游产品，构建沿太行山、沿大运河、沿长城等文旅康养高质量发展示范带。推进与教育深度融合。建设一批研学实践教育基地和景区，培育多元化的研学旅游项目。积极培育在线教育、研学游学等融合业态，打造一批服务全国的在线文化教育品牌机构和教育研学实践基地。

三、长城旅游产品要素结构优化

长城旅游产品要紧跟国际旅游产品结构调整的趋势，不断地增加旅游附加值，推进旅游产品由低级产品向高级产品转变，产品结构由低效益向高效益转变。确定结构优化的发展方向和重点：根据现有消费水平，对交通、住宿、餐饮等要素部分保持一定的优化比例，对娱乐、购物等收入弹性大的区域，应通过优化结构实现其比重的不断上升。旅游六要素比重呈不均衡现象，其中食、住、行消费比重较大，娱乐、购物消费占比太少，且交通旅行所耗时间较多。

（一）打造长城餐饮品牌，让游客记住长城味道

长城作为中国最具代表性的文化遗产之一，不仅因其雄伟壮丽的建筑风格闻名于世，也因其丰富多样的美食文化让世人瞩目。长城周边地区拥有许多特色美食与饮品，这些独特的口味既是当地人的日常饮食，也是游客品尝地方风味的佳选择。长城周边地区的美食文化具有悠久的历史传统，其形成与长城的地理环境和人文历史息息相关。长城作为中国古代边防工事，吸引了大批士兵和建筑工人来此修建。这些人不仅带来了各地的饮食习惯，也将各自地方的烹饪技艺带到了长城周边地区。长期以来，这里形成了独特的美食文化，融合了多个地域的特色，充分展现了中国饮食的丰富多样性。

深入挖掘直隶官府菜、宫廷塞外菜、冀东沿海菜和冀中南平原菜等传统菜系以及民间传统小吃，在平原、高原、丘陵、盆地、山地等重点地区，打造一批以地方特色小吃、品牌餐饮为核心吸引物的新型旅游街区和景区。发展美食街、文化主题饭店、演艺型饭店，举办"长城味道大赛"，做大美食旅游。着力提高旅游餐饮服务水平，统一品牌、统一标识、统一标准、统一要求，推动形成有竞争力的餐饮品牌和企业集团，构建"长城味道"旅游餐饮品牌体系，制定长城舌尖计划，设置"品味长城"美食提升目标，升级美食体验场景。

（二）对接游客需求，优化住宿业布局

推出多元住宿产品。一方面，重点对接微度假群体，建设亲子酒店、度假酒店、主题酒店、乡村酒店等主题酒店，培育有竞争力的住宿品牌，培育具有地域文化特色的乡村精品民宿、客栈，形成布局合理、特色鲜明的旅游住宿体系。围绕长城特色文化资源，重点打造冰雪文化、草原文化、

温泉文化、红色文化主题酒店，将文化主题酒店作为提升旅游吸引力的新亮点。另一方面，制定美宿计划，通过现有住宿业态优化＋新住宿业态引入＋品质服务提升＋休闲氛围营造，大力发展精品民宿等乡村旅游项目，推出以"长城人家"为品牌的旅居群落及"百营工程"露营地计划。对于现有酒店，主要是改善服务质量、增加个性化服务，加强与景区景点合作，提供丰富旅游套餐，打造集生态、温泉、田园、中医、非遗、民俗等多元综合业态。提升现有民宿品质，打造乡村康养别院、非遗传承聚落、温泉旅居乡筑、专家田园宅院、乡村电商营地等5种院落类型，加强装修和设施改善住宿舒适度和品质，开展特色文化体验活动，提高参与度，如手工制作、民俗展示、文化研学等。

推出"百营工程"，通过出租营位、收取门票或停车费、开展设备租赁、进行商品销售，以及举办各类活动等方式实现多元化经营。打造风景道自驾营地、房车营地、集装箱营地、森林树屋营地、农场星空营地、温泉木屋营地、帐篷营地等长城营地游。

推出以"长城人家"为品牌的旅居群落，涵盖精品民宿、乡村旅馆、自驾车营地、汽车旅馆、青年客舍等多种类型。针对长城沿线村庄，开展村容村貌整治提升工作，突出对长城文化、传统村落文化、非物质文化遗产的保护、挖掘、展示、传承、利用，同时巧妙融入奥运元素。在此基础上，适度发展文化旅游、特色生态产业，强化村史馆、文化馆等综合展示功能，发展以长城主题、奥运主题为特色的精品民宿，完善公共服务配套设施，广泛拓展长城带社区文旅融合新业态。

（三）建立"立体游长城"网络，为游客提供多元化体验

一是建设中国长城风景道体系。结合长城各个区段主题展示区、文旅融合区、传统利用区等的规划建设，按照"主题化、网络状、快旅与慢游结合"的原则，选择合适区段，推进步道、自行车道建设，打造融交通、文化、体验、旅游于一体的复合廊道。

二是优化长城外部大交通体系。强化与长城周边机场、车站等的衔接，构建以国道、省道为骨干，以县、乡公路和农村道路为基础的路网体系，打通断头路，贯通重要节点，全面提升长城沿线旅游公路的通行能力和服务水平。

三是完善标识体系。标识系统由视觉信息传达和信息载体装置两部分组成，分为记名类标识、定位标识、引导类标识、解说类标识和禁止、警告、规制标识五大类。记名类标识是表示道路名、区域名、人文历史景点名、设施名的标识。定位类标识是通过区域地图等信息，让来访者了解其所在位置及周边状况的标识。引导类标识是采用箭头加文字等图形引导来访者到达目的地的标识。解说类标识是通过文字、图片、图形等形式，对特定事物进行讲解和说明的标识。禁止、警告、规制类标识是通过文字、图形等形式，对来访者行为进行规范的标识。长城标识系统应结合国家文化公园、文旅融合区、文化线路进行设置。标识系统的设计与建设须统一执行，采用"长城国家文化公园"标志。标识的文字、图案、规格和色彩统一规范设计，标识的材质、内容设置等各地可结合实际自行确定。串珠成线、连线成片，打造广为人知的视觉形象识别系统。

四是加强沿线生态环境修复。加强长城文化景观及周边自然景观、生态环境保护，保护长城沿线山体、林带、植被等特色环境区域。依托生态修复工程，加大长城两侧区域生态系统保护的力度，落实退耕还林还草政策，提高生态系统水源涵养与土壤保持功能。加强附近区域水源水库主要集水区的生态保护与恢复，控制面源污染，恢复、提升生态环境质量，改善长城及沿线区域体验环境。

五是完善公共服务体系。在长城重要区段和景区合理设置旅游咨询中心、游客集散中心、分中心和集散点，兼具长城遗产、长城文化展示和阐释功能。完善休憩健身、旅游厕所等旅游公共服务设施，科研、展示等公益设施，以及宾馆、酒店和文化消费等必要商业设施，推进绿色能源使用，健全标准化服务体系。

六是长城游览联程联运经典线路打造工程。以长城为纽带，整合精品文旅资源，丰富"食、住、行、游、购、娱"体系，完善集散、停车、导览和解说等服务，开发中华长城精神传承线、长城民族自信展示线、长城人与自然融合互动景观线、长城多民族交流融合体验线4条文化旅游线路。

（四）提升核心产品品质，激发游客出游动机

在旅游要素发展中融入河北特色的文化元素和资源，提升旅游的文化内涵。推进富有文化底蕴的世界级旅游景区和度假区建设，打造一批文化

特色鲜明的国家级旅游休闲城市和街区。统筹推进文化生态保护区和全域旅游协同发展，推动传统技艺、文化艺术、非遗项目进重点旅游景区、旅游度假区、休闲街区，推进红色旅游演艺、文化遗产旅游、主题公园、文化主题酒店、文化特色节事等已有融合业态提质升级。支持开发集文化创意、度假休闲、康体养生等于一体的文化和旅游综合体，推出更多研学寻根、文化遗产等专项文化旅游精品线路和项目。增强旅游公共服务设施的文化内涵，在旅游集散中心、汽车营地、旅游驿站等地，增加地域文化展示、民俗活动展演、非遗体验等展示地方文化的空间，提升旅游的文化内涵。

推出"长城 fun"主题游线，设计符合年轻客群偏好、旅行社市场推广意愿、大众游客实际参考价值的路线，对内引导长城延长现有路线、创造新路线、带动产旅融合，对外加强京津廊文旅协同、宣传推介更具吸引力。长城内部游线 7 条：长城文化遗产游、戏剧 walk 艺术游、市井烟火美食游、短剧创客影视游、疗愈康养度假游、时尚体育活力游、产旅融合研学游等；长城跨区串线 6 条：跟着课本去旅行、跟着赛事去旅行、跟着电影去旅行、跟着丝绸之路去旅行、沿着长城去旅行、沿着丝绸之路去旅行等。

（五）深入挖掘长城文化内涵，培育旅游购物要素

大力开发文创和旅游商品。大力开发文创产品和旅游商品，深入挖掘长城特色文化资源，以创意设计大赛为载体，加强设计、研发支持力度，鼓励文物、馆藏单位与景区景点、文创街区、创意设计机构等深度合作，推出一批具有自主知识产权和鲜明地方特色的文创品牌，打造"长城游礼""长城纪念品"品牌。积极发展文创购物商店、文创街区、文创市集、文创展会，推动文创进景区、进酒店、进文化场馆等，拓展文创产品营销网络。提升辛集皮革、白沟箱包、安国中药、香河家具、清河羊绒等旅游购物景区，发展旅游休闲购物街区。重点扶持大型旅游商品生产企业、旅游商品交易中心、旅游商品创意园区建设。谋划自贸区免税店。结合长城非遗文化、特色产业，通过地方文化挖掘和特色产品打造，构建"乐购长城"购物体系，开发长城文化纪念品、风味小吃、生态农产品等特色旅游商品。

（六）结合当前形势，打造特色娱乐产品

繁荣发展影视演艺娱乐产业。加强影视演艺精品创作，促进文化休闲

娱乐业繁荣发展。加快影视业发展，支持大厂影视小镇、张家口清河影视基地等基地发展，推动创作更多影视精品。推动广播电视业转型升级，大力发展智慧广电媒体、智慧广电网络、智慧广电服务，打造涵盖电视剧、纪录片、动画片、节目栏目、网络视听作品在内的广播电视精品内容，不断丰富高品质视听产品和服务供给。繁荣发展演艺业，大力推动舞台艺术精品创作，推动演艺业上线上云。加快歌舞娱乐、游艺娱乐等文化娱乐业转型升级，引导文化市场主体发展新业态、新模式，提升服务质量，拓展服务人群。

依托山地资源和红色文化资源，大力发展登山、攀岩、徒步、骑行、冰雪、漂流、野营露宿、拓展训练、峡谷探险等多样化山地运动和体验赛事产品。培育太极拳文化、国潮文化、民俗文化等特色文化，打造在国内外有影响力的广场舞、健美操、瑜伽等体育旅游消费热点赛事项目，促进文化优势向产业优势转变。线上线下相结合，在"赛事＋音乐、摇滚、健身、展演、直播"上做文章，打造体育旅游消费新场景、新模式。根据本地资源打造特色品牌，不断丰富户外运动产品供给体系，增加本地化、个性化、品质化的户外运动产品和服务供给，重视赛事的推动作用，打造一批"跟着赛事去旅游"的品牌活动。鼓励支持旅居车、帐篷、服装、户外运动、生活装备器材等户外运动行业相关装备生产企业丰富产品体系。

开展抢花、满族婚礼、萨满舞、蝴蝶舞、中幡表演、舞龙表演等特色民俗活动。依托特色村庄开展长城艺术节、民俗文化节、消夏避暑节等特色旅游活动。

第三节　长城文化旅游空间结构优化

长城文化旅游绿色产业带是一种地域空间的产业布局形态，即长城文化旅游在长城沿线地带的分布与组合。从纵向来看，是长城文化旅游在长城各区段沿线地区的配置与关联；从横向来看，是聚集于长城沿线地带的长城文化旅游与区域内各产业的关联与组合。长城文化旅游绿色产业带的构建是以绿色产业体系发展为重点，注重产业关联与融合，突出产业链延伸、价值链提升和区域协同发展；发挥长城的整合与串联能力，推进长城沿线旅游景区布局向绿色产业体系布局转型。

一、长城文化旅游产业带空间结构布局

点轴理论认为增长极的极点是点轴开发的点，点与点之间不是孤立无援。随着增长极的快速发展，境内交通网络逐步完善并向外延伸对接省内要道，因此将增长极同周边城市串联在一起形成轴线，从而带动周边城市的发展，形成以增长极为核心的城市经济圈。同时经济圈在不断向外扩展，待一定时间后经济圈会出现交集直至完全融合，最终形成一张连接有序的产业网络。根据点轴理论，综合考虑自然和社会经济条件、生态系统特征，以县（市、区）为基本单元，长城文化旅游绿色产业带可以形成"多极联动、多线连通、三区引领"的整体空间布局。长城文化旅游绿色产业带示意图如图 7-1 所示。

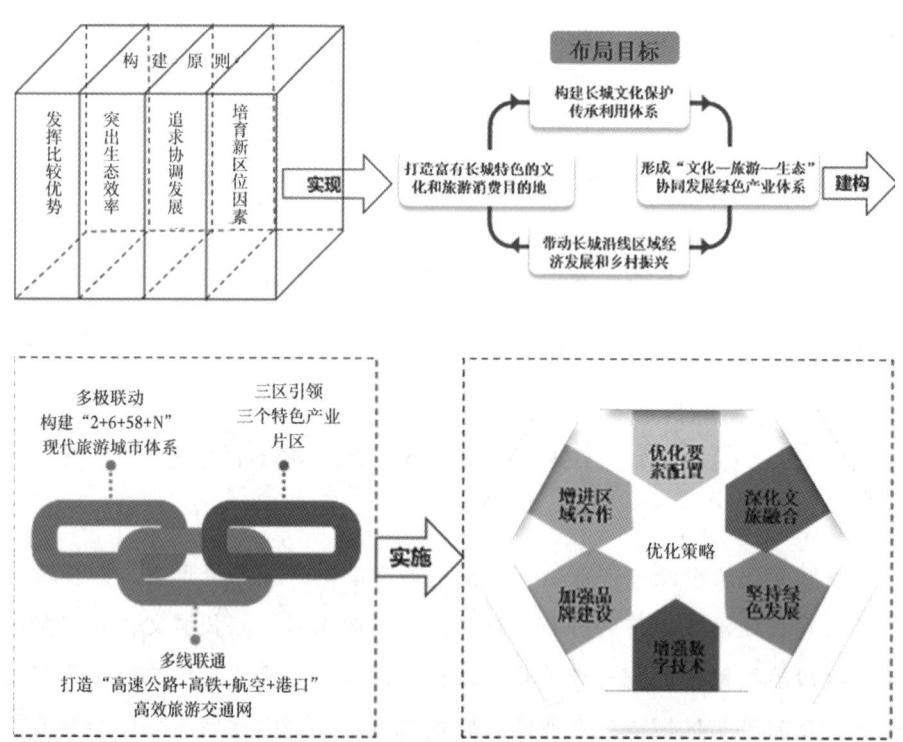

图 7-1　长城文化旅游绿色产业带示意图

（一）多极联动——构建"2+6+58+N"现代旅游城市体系

点轴理论体系中的"点"是各级居民区、中心城镇和区域的集聚点，是促使区域持续发展的各级中心城镇。经济增长是以不同强度出现于一些增长点或增长极上，并通过不同渠道向外扩散，从而对整个区域经济发展产生较大影响。旅游开发是以长城沿线的城市[①]旅游综合经济实力、交通可达性、发展水平差异和旅游资源禀赋差异为基础，形成不同层次的发展轮廓。根据长城沿线旅游资源分布情况，明确了四个层次的旅游增长点，通过高等级目的地辐射带动，通过资源合理配置、政策适当倾斜，构建"2+6+37（58）+N"四级中心地体系，打造长城文化旅游绿色产业带的增长极，通过空间规划和业态规划推动产业快速、有序、可持续发展。

2个核心——北京、西安。一级中心依托首都北京和西安，核心资源，长城遗产及周边资源，打造世界级旅游目的地。北京市和西安市旅游区位优势明显，国际交通通达度良好，长城旅游资源集聚性比较强，旅游基础配套设施比较齐全，旅游产业规模大，因此为一级增长点。

6个二级增长点——天津、石家庄、太原、兰州、银川、沈阳。二级旅游中心地，作为省会城市，地理位置优越，提供交通枢纽、旅游集散等功能，承接一级中心地的旅游外溢辐射效应，有效连接省内外城市，旅游产业有较大发展潜力，因此为二级增长点。

37（58）个次增长极——长城沿线地级市，形成三级旅游中心地体系。交通通达度较弱，可进入性差，虽然景点游览价值高，但县区与景区之间基础设施不完善，需要依靠各个省会城市吸引游客，因此为三级增长点。

N个次增长极，长城沿线县城及特色乡镇，形成四级中心地体系。交通通达性不便利，而且景点游览价值不高，需要依托各县区景点旅游集群来发展，所以为三级增长点。

---

① 注:长城沿线地级市有:大连市、鞍山市、抚顺市、本溪市、丹东市、锦州市、营口市、阜新市、辽阳市、盘锦市、铁岭市、朝阳市、葫芦岛市、唐山市、秦皇岛市、邯郸市、邢台市、保定市、张家口市、承德市、沧州市、廊坊市、衡水市、大同市、朔州市、忻州市、阳泉市、吕梁市、晋中市、长治市、晋城市、临汾市、运城市、宝鸡市、咸阳市、铜川市、渭南市、延安市、汉中市、榆林市、安康市、商洛市、石嘴山市、吴忠市、固原市、中卫市、嘉峪关市、金昌市、白银市、天水市、武威市、张掖市、平凉市、酒泉市、庆阳市、定西市、陇南市、临夏回族自治州、甘南藏族自治州等。

（二）多线连通——打造"高速公路+高铁+航空+港口"高效旅游交通网

从"点—轴"理论内涵看，除重视"点"的增长辐射带动作用，还强调"轴"的串联作用，而"轴"（交通干线或重要河流廊道）能在一定方向上连接不同级别的中心城镇，形成相对密集的人口和产业带。在长期发展过程中，这些区域已具备较好的发展基础、较强的经济实力以及较大的发展空间和潜力，从而成为能辐射带动区域经济社会发展的"增长轴"。

基于长城沿线地理特点，遵循资源一体、景观延续、文化一脉和产业集聚原则，依托平原、高原、丘陵、盆地、山地、滨海等旅游资源富集的线性自然文化廊道，利用"高速公路＋高铁＋航空"高效旅游交通网，以主要公路、铁路、水路、航线等为纽带，串联景区、度假区、城市、小镇、园区和乡村，全面推进跨区域资源要素整合，积极构建协同发展、联动发展新格局，推进城乡融合、区域融合，推进长城文化旅游绿色产业带的高质量发展。

（三）三区引领——三个特色产业片区

核心—边缘理论认为，区际不均衡增长不可避免，核心区的发展会通过"涓滴效应"带动外围区发展，从而在"点—轴"发展基础上，形成组团式、集群式的面状区域格局。主要是依托大兴安岭、燕山、太行山、贺兰山（宁夏西北部）、六盘山（北起宁夏固原寺口子，南至宁夏回族自治区南界，与甘肃的陇山相连，山脉南北狭长，全长130千米）、祁连山（中国青海省东北部与甘肃省西部边境）、坝上草原、黄土高原、河西走廊、海滨等，形成三个旅游资源富集的线性自然文化片区。

东部片区，大兴安岭—燕山—太行山—坝上草原—滨海（北京、天津、河北、辽宁、山西）。位于长城沿线文化旅游板块的东部，东部区域旅游资源丰富，有长城文化、历史文化、军事文化、建筑文化、皇家文化、京剧文化、驿传文化、漕运文化、河海文化、城厢文化、寺庙文化、移民文化、商埠文化、码头文化、租界文化、慈善公益文化、红色文化、滨海文化、关东文化、渤海文化、民族文化、医药文化、美食文化等。对内对外和区域内景点之间的联系主要有大兴国际机场、首都国际机场、滨海国际机场、石家庄正定国际机场、邯郸机场、唐山三女河机场、张家口宁远机场、秦皇岛北戴河机场、邢台褡裢机场、沈阳桃仙国际机场、大连周水子国际机场、大连金州湾国际机场、朝阳三燕机场、丹东浪头机场、锦州湾机场、鞍山腾鳌机场、长海大长山岛机场、营口兰旗机场等机场，天津港、秦皇岛港、唐山港、黄骅港、大连港、锦州港、营口港、丹东港、葫芦岛港等港口，京哈、京沪、京台、京深、京广和京昆、京兰线等交叉相连，各国家级、省级、县级铁路和公路穿插其间。

中部片区，秦岭—黄土高原（山西、陕西）。位于长城沿线文化旅游板块的中部，该区域旅游资源丰富，有长城文化、晋派建筑、三晋文化、晋商文化、宗教文化、关中文化、陕北文化和陕南文化等。对内对外和区域内景点之间的联系主要有西安咸阳国际机场、榆林榆阳机场、延安南泥湾机场、汉中城固机场、安康富强机场、太原武宿国际机场、大同云冈机场、运城张孝机场、忻州五台山机场、长治王村机场、吕梁大武机场和临汾尧都机场等机场，太焦铁路、瓦日铁路和同蒲铁路、西延高铁、西十高铁、西康高铁、康渝高铁、延榆高铁等交叉相连，各国家级、省级、县级铁路和公路穿插其间。

西部片区，贺兰山—六盘山—祁连山—河西走廊（宁夏、甘肃）。位于长城沿线文化旅游板块的西部，该区域旅游资源丰富，有长城文化、黄河文化、游牧文化与农耕文化、戍边历史、水利文化、移民文化、西夏文化等。对内对外和区域内景点之间的联系主要有兰州中川国际机场、嘉峪关酒泉机场、庆阳机场、敦煌莫高国际机场、张掖甘州机场、陇南成县机场、金昌金川机场、甘南夏河机场、天水麦积山机场、银川河东国际机场、固原六盘山机场和中卫沙坡头机场等机场，包银高铁、银西高铁和银兰高铁、兰合铁路、兰张三四、柳沟至红沙梁专用铁路等交叉相连，各国家级、省级、县级铁路和公路穿插其间。

二、长城文化旅游空间结构优化策略

（一）优化要素配置，促进长城文化旅游带各要素协同发展

旅游资源要素方面，加强优质旅游资源的开发和培育。特别是在保护

的基础上，对旅游资源进行适当开发和培育，通过 A 级旅游景区的评定，增加旅游资源转化利用效率，优化高等级旅游景区空间结构。旅游接待设施要素方面，增加接待设施数量，完善旅游服务功能。首先，应当加强对长城沿线高星级酒店的建设，提升长城文化旅游带星级酒店的整体品质及旅游接待能力，提高服务水平；其次，增加旅行社数量，并培育一批规模大、实力强的旅行社企业，为长城文化旅游带的文化旅游发展提供推广和宣传服务。旅游交通要素方面，完善区内旅游交通网络体系，提高旅游交通通达性。第一，改善地区交通运输方式，如开通水上交通客运港口，增加客运港口对外海上航线，增加民用机场的数量及航线，为发展国外市场提供新路径；第二，加强区域内城市与北京、天津的交通线路连接，增强其与长城文化旅游带内其他城市的交通通达度，同时增加落后区域内的公路路网密度，提高其到达区域内 4A 级以上旅游景区的交通通达度。旅游客源市场方面，明确市场定位，有序开发多元旅游客源市场。入境旅游客源市场，选择港澳台地区、日本和韩国作为一级市场，二级市场为亚洲、欧洲、美洲地区的马来西亚、新加坡、俄罗斯、英国等国家，其余国家均作为三级市场。国内客源市场，选择京津冀作为长城文化旅游带一级客源市场；二级客源市场为河北省周边省份及中近程距离的省会城市，这些地区距离较近，且经济发展水平高，消费能力强；三级客源市场为西北、西南、华中南部及东北北部地区，这些市场在空间上距离较远，经济发展水平较华东、华南地区低，在做好前期市场调研的情况下，可选择个别重点城市进行开发推广。

（二）增进区域合作，加强长城文化旅游品牌影响力

在长城文化旅游带内建立"三级运作，充分协调"的区域合作机制。三级运作由长城文化旅游带内三大片区之间的合作、片区内部中心城市的合作以及各中心城市内部县区之间的合作组成。长城文化旅游带内东部大兴安岭—燕山—太行山—坝上草原—滨海片区、中部太行山—秦岭—黄土高原片区、西部贺兰山—六盘山—祁连山—河西走廊片区，三大片区之间需要建立多部门协同机制，统一发展目标，制定营销策略，在政策上形成衔接和配套，指引长城文化旅游带发展方向；片区内部中心城市需要打破行政区划的界限，统筹考虑片区内资源禀赋、人文历史、区位特点等，衔

接好上下级的工作；各中心城市内县区之间需要做好基础设施、环境形象统一等方面的协同工作，共同推进河北长城文化旅游的品牌建设。同时，利用微信、微博、抖音等新媒体和电视、报纸等传统媒体，通过创作旅游宣传视频和举办一些长城主题活动，如"长城脚下话非遗""自驾游长城"等，多元、立体展示和传播长城文化旅游品牌，增强长城文化旅游品牌的影响力。

（三）深化文旅融合，推动长城文化旅游带新业态发展

在燕山长城文化旅游区培育长城遗产文化游、滨海生态体验游、自然生态休闲游等新业态，打造"滨海·长城·山地"文旅融合一体化发展特色与旅游产业定位；在张家口长城文化旅游区培育草原生态文化游、历史文化民俗游、冰雪体育文化游等旅游新业态，打造"草原·长城·冰雪"文旅融合多业态并举发展特色与旅游产业定位；在太行山长城文化旅游区培育山岳自然生态游、红色文化遗产游、乡村生态休闲游等旅游新业态，打造"山岳生态旅游＋红色旅游＋乡村休闲游"文旅融合景观综合体发展特色与旅游产业定位。在旅游基础设施不断完善、交通通达性不断提高、增长极外溢辐射效应不断扩展的作用下，促进三大片区不断延展融合发展，从而实现整个长城文化旅游带地区的联动和共赢。

（四）加强品牌建设，提升长城文化旅游带品牌影响力

发展长城文化旅游，加强长城文化品牌建设，是加强长城文化保护、利用和传承的重要举措。要深度挖掘长城历史遗产文化的内涵与宣传推广，推进长城文化及周边资源的整体性保护与创新性转化利用，在旅游开发中促进长城文化的保护传承与传播，提升长城文化旅游品牌形象和市场竞争力，增强长城文化旅游的吸引力和影响力。具体做法如下：第一，实施长城文化资源普查工程。在长城国家文化公园建设背景下，通过对长城及周边各类资源的系统调查、整理与研究，建立长城文化资源数据库，构建开放共享的河北长城文化公共数字平台，提高对长城文化的解释能力和解读能力，推进长城文化的宣传推广能力；第二，开发长城文化IP。发挥长城文化旅游带多元地貌和多元文化的资源优势，推进数字科技赋能文旅产业，研发数字长城与实体经济有机结合的新型文旅项目和文创产品，强化长城

文化认知；第三，加强长城文化旅游重点文旅项目建设，长城沿线省市要遵循"资源共享、信息互通、交通互联、营销互动"的原则，打破地域界限，引导各类资源统筹整合、优化配置、聚集发展，丰富长城文化旅游景观体系和形象审美内容，培育具有产业带动力、文化影响力的龙头企业和示范项目，增强旅游吸引力和竞争力，提升长城文化旅游品牌形象和市场影响力。

（五）增强数字技术，促进长城文化旅游带智慧化发展

在"数字中国"战略提出、文旅行业不断变革、旅游市场需求变化迅速的背景下，要抓住数字经济发展机遇，促进长城文化旅游带的数字化、网络化、智能化发展。具体做法如下：第一，打造线上数字旅游产品。通过 5G、VR、AR 等技术的应用，探索"云展览、云旅游、云体验"等模式，培育数字展览馆、数字美术馆、数字图书馆等"线上文体游娱"新业态。例如，在线上云游大境门景区、山海关景区等，让博物馆馆藏可以突破时空限制，真正"活起来"，增加游客的真实体验。第二，实现旅游景区智慧化。景区之间的联动、综合管理以及安全防范方面要实现智能化，景区内要实现信息智能化服务，包括建立景区官方门户网站、建立移动端应用，实现游览攻略、客流量发布、周边景点推送、一键救援等功能。同时，借助数字技术，加速文旅产业深度融合，改善景区旅游产品体验。第三，建立长城文化旅游带智慧旅游公共服务平台。通过智慧旅游公共服务平台，游客可以提前查询旅游线路、购买旅游产品等，为游客提供在线信息服务功能；旅游管理者可以提高其管理部门监督管理的信息化发展水平及跨区域的联动管理能力，实现区域间信息共享、营销联动等目标。

（六）坚持绿色发展，建立长城文化旅游带绿色发展模式

在绿色发展理念指导下，发挥长城文化旅游带独特的资源优势和生态优势，构建以保护生态环境为基础，以培育绿色产业为重点，以低碳增长为方向，以政府、企业、社区及游客为保障的绿色发展主体，以实现生态、经济、社会等综合效益为目标的绿色发展模式。在确定长城文化旅游带旅游业绿色发展的基础、重点及方向上，明确相关主体责任，才能有助于长城文化旅游带旅游业绿色发展综合效益目标的实现。一是政府层面，做到

绿色统筹。政府应出台相应的绿色发展政策，指导和引领企业进行绿色化生产；完善绿色发展约束制度，建立长城文化旅游带绿色发展的监管机制。二是企业层面，做到绿色生产。要在充分调研的基础上，遵循生态环境保护原则，进行旅游资源的绿色开发及绿色旅游产品的供给。三是社区层面，做到绿色建设。社区居民是当地资源环境的主要建设者和维护者，要主动保护地方环境，积极参与到长城文化旅游带的绿色建设和发展中。四是游客层面，做到绿色践行。游客应树立环保意识，将生态保护意识贯穿于旅游活动的各个环节，同时树立绿色消费观念，倡导绿色旅游消费的观念。

第八章 结论与建议

第一节 研究结论

一、深化文旅融合,大力发展长城文化旅游意义重大

长城作为中国现存体量最大、分布最广的大型线性文化遗产,历经春秋战国、秦汉、南北朝、隋、唐、五代、宋、辽、金、西夏、明等朝代,拥有两千多年的修建史,分布于北京、天津、河北等15个省(自治区、直辖市),自东向西横亘在中国的北方,成为人类历史上宏伟壮丽的建筑奇迹和无与伦比的文化景观。长城作为一项重大的古代军事综合防御工程,是由多种遗存及其所处自然环境共同构成的,具有独特的审美价值和突出的文化景观价值,反映了中国古代农耕文明和游牧文明的相互碰撞与交流,承载着中华民族坚韧自强、崇尚和平的民族精神。长城建筑形象高大雄伟,具有巨大的影响力和号召力,为全世界人民所熟知,成为向世界展示中华文明的重要窗口。长城与沿线地带广袤的自然环境浑然一体,承载着人与自然和谐共生的哲学思想,体现着多民族交往交流交融发展的时代特征和中华民族共同体意识,发展长城文化旅游已成为保护长城遗产、传承长城文化、厚植爱国情怀、提升美好生活品质的重要途径。

本研究在长城国家文化公园建设范围基础上,遵循长城本体及沿线区域资源环境整体性保护和统筹利用原则,结合长城资源赋存、长城历史文化影响、长城旅游发展基础、长城沿线自然地理环境等因素,特将古代历史上明朝九边重镇所在地区确定为研究区域范围,具体包括现在的北京、天津、河北、辽宁、山西、陕西、宁夏、甘肃8个省(自治区、直辖市),总面积超过122万平方千米,2023年常住人口达25737万人,该区域是中国北方重要的生态屏障和农牧生产生活聚集区。这一区域是古代历史上长城

修筑的重点地区，长城遗址遗存资源丰富，但这一地区经济发展水平整体不高，且发展不平衡，特别是长城沿线山区、沙漠地带的广大农村更是发展相对落后。2009—2023年，这一区域的地区生产总值占全国地区生产总值的比重呈明显持续下降的态势，除北京和天津外，河北、辽宁、山西、陕西、宁夏、甘肃6省区市的人均地区生产总值、一二三产业结构、人均消费支出均低于全国平均水平。旅游产业综合性强、带动性大，发挥长城大型线性文化遗产对周边资源的统筹整合串联能力，深化文旅融合，大力发展长城文化旅游，对加强长城遗产保护利用、带动长城沿线地区经济发展和乡村振兴意义重大。

二、长城文旅资源丰富，形成长城文化旅游多业态发展格局

文化和旅游具有天然的内在关联性。文旅资源即文化和旅游资源，具有多样性和时代延展性特点。本研究将长城文旅资源划分为物质文化遗产资源、非物质文化遗产资源、文化设施资源和自然生态资源四种主要类型，并进行调查分析。截至2024年5月，长城文化旅游研究区拥有物质文化遗产1847处，占全国总量的29.89％。其中，全国重点文物保护单位1596处，占全国总量的31.55％；国家级历史文化名城名镇名村共有214处，占全国总量的22.94％；中国重要农业文化遗产计37项，占全国总量的19.68％。长城文化旅游研究区拥有国家级非物质文化遗产代表性项目789项，占全国总量的21.86％；拥有已定级的博物馆257家，占全国总量的20.68％；拥有国家自然保护区和国家自然公园541处，占全国总量的18.34％。长城文旅资源呈现出资源丰富类型多样、文化特色鲜明吸引力大、生态资源多元组合良好、空间带状分布集聚性强等特征，长城文旅资源开发利用优势表现在具有文旅融合多业态开发的资源条件、具备构建文化与生态复合型遗产廊道的区位优势、具备跨区域协同发展的要素支撑、具备建设长城文化旅游产业带的发展基础等方面。

长城文化旅游经历了计划经济时期的萌芽期、改革开放时期的快速成长期、党的十八大以后新时代的转型升级期以及党的二十大以后现代化强国建设阶段的高质量发展期，旅游形式由初期单一的长城景区观光旅游逐

步发展为文旅融合多新业态协同发展的新格局。长城本体及沿线文化遗产与旅游融合，形成长城遗产旅游、红色旅游、博物馆旅游、研学旅游等新业态；长城沿线区域特色产业与旅游融合，形成乡村旅游、康养旅游、冰雪旅游、节庆演艺旅游等新业态；长城沿线自然生态资源与旅游融合，形成草原旅游、沙漠旅游、滨海旅游、山地旅游等新业态。长城文化旅游市场规模不断扩大，旅游收入呈持续增长态势，长城文化遗产保护和旅游经济发展同步推进，实现经济、文化、生态、社会等多元价值功能。

三、长城文化旅游发展绩效有待提升，要素资源配置需优化

旅游发展绩效是旅游业在一定市场环境条件下，投入相应生产要素所形成的经济成果，是评价旅游业市场运行效果和生产发展效率的重要指标。旅游发展绩效可由旅游业绩和旅游效率构成，旅游业绩是指旅游市场运行结果的表现，旅游效率是指旅游业生产效率，即旅游生产经营活动投入与产出的效果表现。长城文化旅游发展绩效由长城文化旅游业绩和效率构成，是对长城文化旅游市场运行结果以及长城文化旅游业生产过程组织效率的综合评价。提出长城文化旅游发展绩效形成机制，在区域经济环境支撑作用下，通过旅游生产要素投入，旅游产业系统有效运行，创造旅游市场收益和提高旅游生产效率，形成旅游发展绩效，促进长城文化旅游再生产过程不断发展与提高，实现长城文化旅游经济、文化、生态、社会等多元价值功能。构建长城文化旅游发展绩效评价指标体系，选取2009—2022年相关数据，测评结果显示：长城文化旅游发展绩效整体水平不高，增长提升缓慢，且省域间发展不平衡，长城文化旅游（河北段）发展绩效水平也是较低，且沿线各地市发展不平衡。障碍度测评显示：生态资源、文化资源对长城文化旅游发展绩效的阻碍作用逐渐增强，景区景点、接待设施的阻碍作用逐渐减弱。驱动因素测评结果显示，交通条件、信息技术、区域协调、环境规制、科技创新、人力资本等因素对长城文化旅游业绩和效率均具有显著正向影响，其中影响作用较强的因素为交通条件、人力资本、科技创新和区域协调。

合理的资源配置是推动旅游产业发展的重要途径。选取资源赋存、经

济资源、设施资源、社会资源、生态资源和科技资源6大要素资源，构建出长城文化旅游资源配置综合指数评价指标体系，要素资源空间配置效果测评结果显示：①2010—2022年长城文化旅游发展水平持续增长，时空波动大。长城文化旅游省域层面旅游发展水平重心由东北向西北转移，长城文化旅游（河北段）地市层面旅游发展重心由外围向省会石家庄转移。②2010—2022年长城文化旅游资源配置综合指数增长不明显，集中化特征明显，省域层面首都北京集中化特征明显，（河北段）地市层面省会石家庄集中化特征明显。③长城文化旅游整体要素资源错配程度较低，区域异质性强。无论是长城文化旅游省域层面还是（河北段）地市层面，长城文化旅游资源错配程度较低，基本处于协调状态；大部分地区处于中、低资源错配区，处于高资源错配区的地区较少，部分地区旅游资源错配程度较为严重。

四、长城文化旅游融合协调发展不足，新质生产力建设需加强

深化文旅融合，推进文化、生态、旅游协同发展是长城文化旅游高质量、可持续发展的内在要求。长城文化—旅游—生态共生体系是以生态为基础、文化为核心、旅游为载体的共生系统，文化、旅游、生态三个共生单元不仅受到共生环境（社会—经济—自然）中生产力水平、劳动者、科技创新、经济发展、生态治理等外部因素的影响，还受到共生界面中政策、市场、资源、产业、技术等要素的影响。长城文化—旅游—生态共生系统与外部环境相互联系、相互依存，长城文化—旅游—生态共生系统承载力代表着空间容量，是维系文化、旅游与生态三个共生单元和谐共生的基础。遵循系统性、全面性、科学性和数据可获取性原则，参考相关文献，构建了长城文化—旅游—生态共生耦合协调评价指标体系，选取2009—2022年的面板数据，借助Lotka-Volterra模型和TOPSIS模型分析了长城文化—旅游—生态共生耦合协调的时空演化过程，并运用障碍度和地理探测器模型探析了长城文化—旅游—生态耦合协调演化的影响机制。

评价结果显示：长城文化—旅游—生态的共生关系尚未达到良性互动，耦合协调度处于低水平状态。障碍度模型的结果表明，在共生单元子系统

层面，长城文化—旅游—生态耦合协调发展，北京主要受生态发展缓慢的制约，天津、辽宁、陕西和宁夏主要受文化发展缓慢的制约，河北、山西和甘肃3省主要受旅游发展缓慢的制约。地理探测器模型探测表明，长城文化—旅游—生态耦合协调发展主要受到全要素生产率、劳动者素质、产业结构转型水平、绿色投资水平和生态环境保护水平、数字化水平和科技创新水平的显著影响。

长城文化—旅游—生态耦合协调发展受到多种驱动因素的共同影响。首先，劳动者素质中普通高校在校生人数、教育财政支出和人均受教育年限是首要驱动因素，解释比例分别为62%、51%和31%；其次，反映生产力发展水平的全要素生产率解释比例为54%，劳动资料中反映能源利用水平的单位GDP能耗的解释比例为46%，反映科技创新水平的研究与试验发展（R&D）经费投入强度的解释比例为34%，反映数字化水平的移动电话年末用户数和互联网普及率的解释比例分别为24%和11%；最后，劳动对象中表征生态环境保护水平的节能环保财政支出占GDP比重，反映产业结构水平的第三产业占GDP比重以及反映绿色投资水平的环境污染治理投资占GDP比重，三者的解释比例分别为32%、22%和10%。可见，劳动者素质水平、生产力高质量发展水平、产业结构转型水平、绿色投资水平、生态环境保护水平和能源利用水平成为阻碍长城文化旅游生产力水平提升的主导因素。

五、发展长城文化旅游产业带，创新旅游发展模式新形态

在长城沿线地带，构建以长城文化景观为主轴线的文化遗产廊道和绿色生态廊道，发展长城文化旅游产业带，是大型线性文化遗产地整体性保护利用的一种产业组织安排和提高资源配置效率的一种制度创新，具有积极的政策含义和实践价值。长城文化旅游产业带是一种地域空间的产业布局形态，是长城文化旅游及关联产业在长城沿线地域上的动态组合分布，是指以长城大型文化遗产的整合串并能力为统领，以强化长城文化、旅游、生态协调发展能力建设和增强长城文化旅游资源优势与生产优势为基础，以实现旅游产业聚集并打造一二三产业融合发展的绿色产业体系为重点，最终以增强长城文化遗产保护传承、带动区域经济特别是乡村振兴发展为

目标的新型旅游经济形态。长城文化旅游产业带布局受自然环境、经济社会、科学技术等多重因素的影响，其总体目标是产业的合理布局和经济资源在空间上的有效配置。长城文化旅游产业带发展模式，以绿色产业体系发展为重点，注重产业关联与融合，突出产业链延伸、价值链提升和区域协同发展，有利于长城文化旅游由传统的旅游景区布局发展模式向绿色产业体系布局发展模式转型，促进长城沿线地区产业结构合理化和高度化升级发展。

运用点轴理论，构建长城文化旅游产业带"多极联动、多线连通、三区引领"空间布局结构。多极联动，即构建"2＋6＋58＋N"四级中心地现代旅游城市体系，2个核心增长极（北京、西安），6个二级增长点（天津、石家庄、太原、兰州、银川、沈阳），58个三级增长极点（长城沿线地级市），N个四级增长点（长城沿线县城及特色乡镇），打造长城文化旅游绿色产业带的增长极，通过空间规划和业态创新推动旅游产业聚集和一二三产融合发展。多线连通，即构建"公路＋高铁＋航空＋港口"高效旅游交通网，连接城市、乡镇、旅游区，全面提高旅游交通的可进入性和便捷性。三区引领，即发展三个特色产业片区，包括大兴安岭-燕山-太行山-张北坝上草原-渤海滨海一带构成的长城文化旅游东部片区，秦岭-黄土高原构成的长城文化旅游中部片区，贺兰山-六盘山-祁连山-河西走廊一带构成的长城文化旅游西部片区，发挥区段资源优势，优化要素配置，深化产业融合，坚持绿色低碳，增进区域合作，促进长城文化旅游产业带绿色发展特色发展，带动区域经济转型升级和乡村振兴。

第二节　发 展 建 议

一、加强科技创新, 发展长城文化旅游新质生产力

新质生产力是生产力发展的新质态，是创新起主导作用，摆脱传统经济增长方式、生产力发展路径，具有高科技、高效能、高质量特征，符合新发展理念的先进生产力质态。新质生产力由技术革命性突破、生产要素

创新性配置、产业深度转型升级而催生，以劳动者、劳动资料、劳动对象及其优化组合的跃升为基本内涵，以全要素生产率大幅提升为核心标志，特点是创新，关键在优质，本质是先进生产力。推动形成新质生产力，既要重视"从0到1"的科技创新原始突破，也要关注"从1到N"的科技成果产业化转化。发展长城文化旅游新质生产力，其着力点在于加强新型旅游劳动者培养和大数据、人工智能、5G通信等新技术的深度应用，促进长城文化旅游全面数智化转型升级，打造长城文化旅游人工智能新场景和文旅融合新业态。

加强培养旅游新质劳动者。旅游新质劳动力是发展旅游新质生产力的前提条件，培养长城文化旅游新型劳动者，是形成长城文化旅游新质生产力并进一步推动长城文化旅游高质量发展的条件。相对于传统劳动者，新型旅游劳动者通常应拥有更高的教育水平，能够更快地吸收新知识，掌握新技术，特别是数字化、智能化新技术的掌握与应用尤为重要。长城文化旅游高质量发展，对旅游劳动者提出更高的要求，需要有跨学科、跨领域的知识储备和新技术能力，能够将不同学科领域的知识技能进行整合，能够从多维度、多视角阐释和解读长城文化，创新旅游产品和服务，满足多样化、个性化的旅游消费需要。这种跨界融合的能力是旅游创新发展的重要驱动力。对于旅游学术共同体而言，围绕新质生产力理论，有许多重大现实问题亟须研究，如数字化时代旅游者的行为变迁、旅游算法、虚拟旅游与虚拟旅游企业、新技术降低旅游交易成本的机理、动态敏锐旅游企业—产业组织建造、城乡绿色旅游发展的技术效应、旅游产业政策调整优化等。对旅游院校来说，面向人工智能时代，重新理解旅游教育，重构人才培养体系，无疑是其首要的任务。积极应对人工智能给产业变革和人才培养带来的挑战，教育、科技、人才一体化推进，产教融合、科教结合，建立产学研一体化新型旅游人才培养模式，在课程知识体系、教学方式、实习形式等方面进行深化改革，向数字化、智能化转型发展，加强企业合作，建设密切联系行业企业的人才培养共同体，全面提高人才培养质量，增强社会需求适应度。同时，应制定高端人才引进政策，加快文旅行业新质生产力人才培养、评价、激励、流动和选育机制的多元创新。

加强旅游新质劳动资料的发展和应用。旅游新质劳动资料是发展旅游新质生产力的关键，通过科技创新发展长城文化旅游新质劳动资料是形成长城文化旅游新质生产力并进一步推进长城旅游高质量发展的基础。劳动资料是劳动者用于影响和改造劳动对象的物质资料，是反映生产力发展水平的重要标志，主要包括劳动工具和基础设施。加强长城文化旅游新质劳动资源的发展和应用主要体现在长城文化旅游劳动工具的改革创新和旅游基础设施条件的改善升级。首先，加强绿色环保工具的应用，改变整个长城沿线地区经济发展对传统能源的依赖，例如太阳能、风能等可再生资源的运用，降低环境污染，可以有效保护长城沿线生态环境，提高生态绿色发展水平。其次，加强数字技术工具的应用，推进长城文化旅游数智化转型发展，运用大数据、人工智能、5G通信等新一代数字技术，深化长城文化挖掘和阐释，创新长城文化旅游新产品、新业态、新模式，提高长城文化旅游生产技术水平，增强长城文化旅游产品科技内涵和市场吸引力，更好地适应旅游消费多样化、个性化升级发展的需求。最后，加强旅游交通、旅游接待设施、旅游信息服务等基础设施的建设，加强机器人、物联网、自动化设备等新技术工具在旅游基础设施建设上的应用，发展智慧交通、智慧酒店、智慧景区，赋能长城文化旅游新质生产力发展。

　　加强旅游新质劳动对象的拓展和延伸。旅游新质劳动对象是发展旅游新质生产力的基础，拓展长城文化旅游新质劳动对象是发展长城文化旅游新质生产力和推动长城文化旅游高质量发展的重要途径。劳动对象即劳动者在劳动过程中所加工、改造和服务的对象。在传统的长城文化旅游中，长城遗产景观、长城生态景观、长城景点景区及相关服务设施等物质形态的材料构成了长城文化旅游生产的主要劳动对象。与新质生产力相适应的劳动对象，则是在传统劳动对象基础上增加了因新科技注入而形成的新物质材料、文化资源以及数据等非物质形态的要素，科技进步将突破旅游生产过程中自然条件、人文环境等要素的有限性约束，拓展长城文化旅游生产的技术边界和空间广度。随着科技进步和大数据应用，旅游生产的劳动对象发生了很大变化，范围不断扩展，出现了更多虚实融合的产品，"黑神话：悟空"带动了山西省古建筑旅游、"数字敦煌""数字故宫"等项目的火爆，反映出旅游业从生产到消费各环节都在发生颠覆性的变化，融合发展成为趋势。发展长城新质生产力将促进长城文化与农业、科技、教育等多领域的深度融合，促进一二三产业融合，带动长城文化旅游产业带产业链、供应链、创新链"三链协同"高质量发展。

二、加强长城文化挖掘，提高长城文化传承利用效果

加强长城文化的研究和挖掘，充分挖掘长城的历史、文化和艺术价值。通过开展长城文化研究项目、建立长城文化研究机构、推广长城文化研究成果等方式，加强长城文化的研究和挖掘。实施"长城记忆"项目，抢救性发掘整理民间流传和文献资料上的长城文化故事，以情景再现的形式叙述发生在长城地区的重大历史事件及其对中华文化产生的影响。建立"长城家谱"。优化长城文化遗产的传承载体，增建、续建一批特色文化博物馆、遗址博物馆、陈列馆、展览馆，探索遗址类长城现场展示阐释手段、技术，建立规范、统一的长城价值和内涵展示标识及讲解导览体系，分级分类建设长城文化主题博物馆。

加强长城文化的传承和创新。通过开展长城文化传承项目、建立长城文化传承机构、推广长城文化传承成果等方式，加强长城文化的传承和创新。建立长城文化数字化数据库，建立长城文化数字展示平台。探索"互联网＋"、AR、VR等互联网、数字化展示手段，形成特色突出、互为补充的综合展示体系。加强数字化保护技术的研究和开发。例如，虚拟现实技术、三维扫描技术和无损检测技术可以用来保护和修复长城文化中的文物和遗迹。

深入挖掘长城精神，梳理长城文化脉络。深刻认识和理解、自觉传承和弘扬中华民族团结统一、众志成城的爱国主义精神，坚韧不屈、自强不息的民族精神和守望和平、开放包容的时代精神。梳理长城沿线的物质和非物质文化遗产，充分认识长城的文化体系，要公正完整地阐释长城的边塞攻防文化、军屯戍边文化、边贸互市文化、农牧交错文化等发生学核心文化，以及地理空间上相近，但无发生学关联的地质生态文化、古城古国文化、红色文化和民俗文化等，它们共同构成长城文化体系。

推动长城文旅融合。依托长城现有的文化资源优势，打造沉浸式体验项目。历史场景活化。依托考古成果与史料，复原长城沿线军事防御体系（如烽燧、关隘），设计互动体验项目（如古代军械操作、烽火传递模拟）。开发"长城戍边生活"沉浸式剧场，通过角色扮演让游客体验戍边士兵、商队通关等历史场景。非遗融合创新。联合当地非遗传承人，打造长城主

题手工艺工坊（如古法砖窑制作、长城砖雕技艺体验），推出限量版文创产品。策划"长城脚下的节日"，将庙会、戏曲、传统武术等与长城文化结合，形成季节性文化IP。

科技赋能，构建智慧文旅体系。数字化全景呈现。利用5G＋AR技术开发"虚实共生"游览模式：扫描残垣可触发全息投影还原原始形态，结合地理定位推送个性化历史故事。搭建元宇宙长城博物馆，实现全球用户在线虚拟登城、参与文物修复模拟。智能服务升级。部署AI导览机器人，支持多语种实时讲解及游客行为分析，自动优化导流路线。开发长城生态监测系统，实时显示各段客流、温湿度数据，保障游览安全与文物保护。

建设长城研学基地，开发长城研学旅游。随着社会经济的发展和人民生活水平的提高，传统的教育方式已无法满足人们日益增长的精神文化需要。打造长城文化研学基地，为人民群众提供多样化的文化产品和教育服务，能够激发人们潜在的学习动力，满足人们的文化需求，提升长城文化品牌效应。

三、加强长城生态保护，推进长城文化旅游绿色低碳发展

长城是由多种遗存及其所处的自然环境共同构成的具有独特审美价值的文化景观。加强长城生态保护是促进长城文化景观保护传承利用的重要保障。长城文化景观是"自然与人的共同作品"，是在不同历史时期社会、经济、政治、文化等因素共同影响下不断叠加的产物，陈同滨等（2018年）提出长城的文化遗产价值包括建筑遗产价值、文化景观价值和精神象征价值等3个方面[①]。长城文化景观在地势、地貌和气候区划等方面存在明显差异。长城沿线自东向西穿过了森林、山丘、草原、沙漠、绿洲等地，同时处在中国北方农牧交错的生态过渡地带，生态资源呈现多样化、脆弱性的特征。从气候和地理上看，长城沿线由东向西降雨量逐渐减少，植被由森林向草原荒漠化转变，东部基本与400 mm等降水量线基本一致，中部与200 mm等降水量线基本一致，西部地区则与沙漠和绿洲范围相关联。

长城自战国时期开始建造，经过两千多年的发展，已经与周边生态环

① 陈同滨,王琳峰,任洁,《长城的文化遗产价值研究》,2018。

243

第八章 结论与建议

境、社会、文化以及经济紧密联系在一起，蕴含丰富的文化景观价值和生态价值。有学者将长城文化景观划分为长城遗产文化景观、长城红色文化景观、长城特色产业文化景观和长城自然生态文化景观四种类型[①]。根据地理区位可将长城文化景观分为东区、中区和西区三个区段，东区主要包括：大兴安岭长城文化景观、辽河—大凌河流域长城文化景观、太行山—燕山长城文化景观；中区主要包括：桑干河流域长城文化景观、河套—阴山长城文化景观；西区主要包括：河西走廊—阿拉善长城文化景观、天山南北长城文化景观[②]。

经过历史的发展，长城自东向西跨越了多种生态环境，已经与沿线的山川、河流、森林、草原、沙漠等风光融为一体，呈现了独一无二的风景特征，同时与周边社会又紧密融合在一起，对长城内外两侧人们的生产生活产生了巨大影响，形成了独特的经济—社会—文化区域。长城文化景观在每一区域都具有唯一性，每个阶段都有其特殊性，是人类历史活动与自然环境相互影响、相互作用的结果，加强长城生态保护进而促进长城文化景观保护，发展长城文化旅游经济带有助于促进长城东部、中部、西部区域合作与协同发展，从而带动长城沿线地区经济发展和乡村振兴。

提高长城沿线整体生态水平。长城沿线既是生态过渡带和生态交错带，又是生态脆弱带，生态环境的多样性造就了多样的风景，对其有效保护，有助于推动长城沿线绿色低碳发展。首先，应加快推进长城沿线森林生态旅游和林下经济发展，加快产业转型，推动绿色生态发展；让人们到自然生态环境中享受自然，在不破坏生态资源的同时保护和改善生态环境。其次，将生态空间的生态产品按照生态系统支持服务、调节服务、供给服务、文化服务进行分类，推进生态系统高质量发展，解决目前存在的空间分布不均、生态承载力不强等问题，加快构建健康稳定、优质高效的生态系统，努力实现碳达峰、碳中和目标。

积极推进生态产品价值转化。在长城沿线生态资源丰富的地区，率先开展林业碳汇试点，充分发挥风光水"绿电"富集、碳足迹小的优势，推动"风光储氢"一体化发展，打造"中国绿氢谷"。重点发展风能和光伏产

---

① 肖涵，《文化景观视角的长城文化旅游竞争优势研究》，2024。
② 蔡超，《长城文化景观分区研究》，2024。

业，将绿色能源和农业发展紧密结合，实现土地科学化、智能化的利用。在长城整体沿线减少高耗能、高排放的产业，加快产业转型升级，利用生态资源，大力发展能耗低、排放少的战略性新兴产业，将新质生产力服务于能够实现当前利益与长远利益相协调，达到经济效益、社会效益和生态效益相统一的高质量发展。

四、加强营销宣传，提升长城文化旅游品牌影响力

长城沿线各省区市在长城文化旅游宣传推广方面，虽然运用新媒体、数字化宣传媒体等做出了一些创新尝试，但总的来看营销方式较为传统，宣传推广力度仍然有限，宣传形式较为单一，品牌营销缺乏核心吸引力，产品同质化现象严重，营销技术人才短缺，信息传播风险加剧和平台监管难度大等问题。

从长城文化网站宣传来看，各地对长城网站建设重视不够，网站的内容基本上都以介绍长城概况为主，侧重宣传和推介新的景点，缺乏区域文化特色和对长城文化的深度挖掘与阐释，展示形式以图片为主，缺乏立体化、可视化形象展示和线上互动环节，尚未体现出新媒体时代整合营销、大数据精准营销等营销新理念[①]。从短视频宣传来看，自然风景和景区推介是重点，涉及长城自然风光的视频占比在50%左右，涉及景区推介的视频占比约27%，拍摄内容及拍摄手法呈现出高度的相似性，忽略了对长城文化内涵和价值的表达与呈现。长城文化旅游营销，如何从简单信息的传播转化为有精神力量的爱国情怀的传播，实现长城文化的认同及集体记忆的构建成为目前亟须解决的问题[②]。

根据有关学者的调查研究，长城是外国人心目中最能代表中国的符号，也是他们最了解和最喜欢的中国文化符号。从符号学的角度分析，长城是代表中国的世界级符号，但对于长城的认知大多来源于间接途径，中国文化要想走出去，面临着不同国家不同的文化传播模式、传播路径，因此传

---

① 吴星，白翠玲，《新时代长城文化价值的网站展示现状与传播对策》，2022。

② 吴星，马持威，李啸寒，《长城文化旅游抖音短视频的传播特征与提升路径》，2024。

播内容都应发生相应变化[①②]。

根据《外国人对中国文化认知调查报告（2015）》，目前互联网成为外国青年认知中国文化的首要渠道，并且指出了中国文化对外传播主要是政府主导的文艺演出和现场节事，传播方式单一，线上文化活动相对偏少，与外国人的文化接触渠道错位。近年来 Tik Tok 的发展和中国免签政策的实施，为中国长城文化的宣传提供了良好的发展空间，未来可考虑借助新媒体技术，发展新的文化活动，增强文化活动的互动性和体验性。

加强主流网站建设，拓宽新媒体运营渠道。各个省份建设长城文化网站的水平不一，发展不均衡，应在政府宏观指导下进行统一建设。首先，官方网站建设时，应突出长城资源和周边相关的文化展示功能，将长城相关资料进行统一搜集和整理，并在相关网站上进行展示。以长城为主线，将长城两边人文、生态、历史、民俗、特色产业等资源根据地理位置进行分布、展示。其次，依托长城文化，加强国内外学者合作研究，将国内外长城研究者和研究资料进行统一整理，在研究学习国外长城文化的同时，不断提高国内长城文化的研究水平，扩大其影响力。最后，加强长城相关活动的挖掘，构建起丰富立体的长城形象，通过活动增强游客的体验感，更深层次地感受长城内涵。目前宣传长城的渠道较为单一，随着科技的发展和新媒体的运用，在对内和对外宣传上，都可以采用更灵活的方式和更先进的手段，例如，加强使用年轻人喜欢的软件，采用更符合年轻人的接受方式进行宣传，开发更适合年轻人认知习惯和思维习惯的活动，可参考"黑神话：悟空"和 TikTok 的运作模式，将中国传统文化采取更灵活的方式进行宣传，将被动接受信息变为人们的主动探索。

挖掘长城文化价值内涵。目前，人们对于长城的理解更多浮于表面，在进行长城旅游时，更多关注长城本体和周边自然风景，对于长城更深层次的历史文化和发展并不十分了解。长城从建筑学的角度理解，是世界上的壮举；从历史上分析，是中国历史发展的一个缩影；从战略角度，体现了古代中国远大的政治战略思想；从精神层面，是每一个中国人内心的精

---

① 王丽雅，《中国文化符号在海外传播现状初探》，2013。
② 关世杰，《五年间美国民众对中国文化符号喜爱度大幅提升——中华文化国际影响力问卷调查之一》，2018。

神支柱。作为全世界人类共同的遗产，是中华文明的核心部分，应首先从国内开始，做好国内宣传和教育，由内而外扩散，从而提高其在国际上的关注度，提高影响力。每一段长城都有自身的价值和历史文化，在发展过程中都同周边居民的生活紧密融合在一起，是一个文化的集合体。在历史上长城位置的变化，深刻影响着长城内外人民的生存状态和生活习惯，逐步形成了一个文化交融地带。同时，每一段长城的建设都同自然环境无法切割，在建设选址时就融入了古代人民的智慧，尤其本身处在地理过渡带上，按照分布来看，东部与400 mm等降水量线基本保持一致，西部与200 mm等降水量线基本一致，有少部分与绿洲相关，地理位置的特殊性造就了整个长城沿线独特的风景，是中国地理环境最为特殊的地区之一。整个长城沿线无论从社会历史、生态环境、特色产业等方面都具有独一无二的特殊性，未来大力发展这一区域，有助于促进国内东部—中部—西部经济社会的融合，有助于形成长城沿线绿色发展体系和乡村振兴。

建立以消费者行为分析为基础的网络营销模式。随着信息技术和人工智能的发展，旅游行业也进入了大数据时代，与此同时，精准营销也成为可能。充分利用国内外网站、短视频、社交软件等平台，搜集并分析消费者的需求、爱好及购买信息，将消费者的消费习惯与长城旅游产品相结合，根据不同的客户需求进行旅游产品策划，实现长城旅游产品的定制化。将长城相关内容进行分类、编辑和设计，针对不同客户的需求，进行定向推送，实施精准营销。例如，针对青少年可从研学科普旅游角度切入；针对青年群体可从长城自然生态休闲和冰雪文化体验等活动切入；针对老年人可从长城红色旅游角度切入。有效利用长城及其周边的资源，充分发挥长城文化内涵，提高旅游产品的质量，结合大数据营销，可促进长城沿线旅游高质量发展，实现区域经济、生态、文化产业的可持续发展。

五、加强区域协同，推进长城文化旅游高质量发展

长城是超大型的线性文化遗产，分布在我国北京、天津、河北等15个省（自治区、直辖市），所经过的地理环境复杂多样，长城文化遗产管理所面临的问题远远超越其他景区所面临的日常保护、运营管理和游客接待等方面的问题。在长城文化遗产实际管理中，由于长城所处地理位置偏远、

空间面积广大等，容易出现行政分割、管理不力等问题。面对如此超长跨度的遗产本体，要有超越传统旅游景区管理的方法。长城沿线的景点偏多，如果有破坏行为，保护人员不能及时制止非法行为，难以实现景区的有效管理。不同地区的管理能力和可调动的资源也不同，对于长城周边的违建和生态环境的破坏，无法实现统一的监督和管理。目前长城沿线比较知名的景点有八达岭长城、慕田峪长城、居庸关长城等，长城沿线客流量分布极不均匀。长城本体及其周边辐射的历史、文化、艺术、自然、服务等多领域资源未充分利用，无法有效解决非法攀登、非法建设、游客分流与引导等管理难题。长城文化旅游带的资源利用、统筹管理、各部门协同等效率均有待提高。

理顺长城管理体制，加大政策支持力度。一是建立高层级协调机构。由国家或省级层面牵头，成立专门的长城文化旅游管理协调委员会，成员包括各相关地方政府代表以及文物、旅游、财政、交通等部门负责人。该委员会负责制定长城文化旅游发展的总体战略和规划，统筹协调各方利益和资源，解决跨区域、跨部门的重大问题，如统一规划长城旅游线路、规范旅游服务标准、合理分配旅游开发资金等，确保长城文化旅游的整体发展方向明确、协调一致。二是明确各方职责与分工。通过立法或制定详细的管理办法，进一步明确各地方政府在长城保护与旅游开发中的具体责任和权力范围，避免出现责任推诿或过度开发的情况。同时，细化各部门在长城文化旅游管理中的职责分工，例如文物部门负责长城文物本体的保护和修缮技术指导，旅游部门负责旅游市场推广、景区运营监管等工作，各部门在各司其职的基础上加强协作配合，形成工作合力，共同推动长城文化旅游事业的发展。

加强国家层面的宏观调控，促进区域合作与协同发展。长城跨越了我国东部、中部和西部地区，横跨范围较大，涉及众多省份和地区，且各省份经济基础、文化环境、管理水平等差距较大，未来进一步缩小长城文化经济带沿线地区的差异，消除地区极化的趋势是未来发展的重中之重。建立有效的协同机制，加强长城统一保护管理，实现旅游资源共享、信息资源共享和人才合作；实施协同治理，在长城沿线加强生态环境协同治理规划，建立由政府、企业、社区、消费者共同参与的绿色治理模式，政府发挥政策引导作用，企业绿色生产，社区居民绿色生活，游客绿色消费，推动长城沿线地区绿色协同、差异化发展；加强执法和监督，长城文化遗产保护传承利用是一项复杂的系统工程，长城沿线地区协同发展又受到多方面的影响和制约，应采取法治建设、政策引导、社会监督等举措加强管理，建立健全长城法律法规，政府有效管理和市场机制有效调节相结合，促进长城文化遗产的保护传承利用和长城文化旅游产业带高质量发展。

加强长城保护、传承、利用信息共享与沟通平台建设。利用现代信息技术，建立长城文化旅游管理信息共享平台，各地方政府和部门将长城的保护状况、旅游开发项目进展、游客流量数据等信息实时上传至平台，实现信息的互通共享。通过定期召开线上线下联席会议、工作交流论坛等形式，加强各方面管理人员之间的沟通交流，及时通报情况、交流经验、协调解决问题，提高管理效率和决策科学性，促进长城文化旅游管理工作的精细化、科学化发展。

加强长城文化旅游数字化管理。随着人工智能、大数据、物联网、云计算等数字技术的飞速发展，通过对多种信息的综合分析，可以实现旅游要素的多维度互动，在景区管理、信息共享、游客服务、部门协同管理、艺术创作等方面提供帮助。在基础地理信息资源的基础上，融合大数据分析、卫星遥感等技术，实现景区精细化管理，保护长城本体的同时，融合周边可利用资源，结合旅游出行大数据的分析和引导，构建立体化的长城信息共享平台。推动数字长城技术的研发和应用，从最基础的文物展示数字化、科普宣传数字化，向文物管理、生态管理、环境管理、应急管理、研学教育、市场研发等方面发展，通过对长城物理实体及周边环境的优化调控，虚拟与现实的交互，实现长城文化旅游数智化发展。

参 考 文 献

[1] Aoki S. A Simple Accounting Framework for the Effect of Resource Misallocation on Aggregate Productivity[J]. Journal of the Japanese and International Economics, 2012, 26 (4) .

[2] Bian Y, Song K, Bai J. Market Segmentation, Resource Misallocation and Environmental Pollution[J]. Journal of Cleaner Production, 2019 (228) .

[3] Brandt L, Tombeb T , Zhu X.Factor Market Distortions across Time, Space and Sectors in China[J]. Review of Economic Dynamics, 2013, 16 (1) .

[4] Caullery M. Parasitism and Symbiosis[J]. Science Education, 2006, 38 (4) .

[5] Foster L, Haltiwanger J, Syverson C. Reallocation, Firm Turnover, and Efficiency: Selection on Productivity or Profitability? [J]. American Economic Review, 2008, 98 (1) .

[6] Greg R. Tourism Attraction Systems: Exploring Cultural Behavior[J]. Annals of Tourism Research, 2002, 29 (4) .

[7] Gui M, Kaiyong W, Fuyuan W, Yaojia D. Analysis of the Tourism-Economy-Ecology Coupling Coordination and High-Quality Development Path in Karst Guizhou Province, China[J]. Ecological Indicators, 2023 (154) .

[8] Hopenhayn H, Rogerson R. Job Turnover and Policy Evaluation: A General Equilibrium Analysis[J]. Journal of political Economy, 1993, 101 (5) .

[9] Hsieh C, Klenow P J.Misallocation and Manufacturing TFP in China and India[J].Quarterly Journal of Economics, 2009, 124 (4) .

[10] Hsieh, C T, Klenow P J. Misallocation and Manufacturing TFP in China and India[J].Quarterly Journal of Economics, 2009 (4) .

[11] Hughes H L. Culture as a Tourist Resource: A Theoretical Consideration [J]. Tourism Management, 1987, 8 (3).

[12] Jiangxue Z, Yuan C, Lixiao Z, et al. Do Technological Innovations Promote Urban Green Development? A Spatial Econometric Analysis of 105 Cities in China[J].Journal of Cleaner Production, 2018 (182).

[13] Kain J. Housing Segregation, Negro Unemployment and Metropolitan Segregation[J]. Quarterly Journal of Economics, 1968, 82.

[14] Liu G, Shi P F, Hai F, et al. Study on Measurement of Green Productivity of Tourism in the Yangtze River economic Zone, China[J].Sustainability, 2018, 10 (8).

[15] Mengdi L, Yifang D, Xiaoman W. Evaluation of the Coupling and Coordination Degree of Eco-Cultural Tourism System in the Jiangsu-Zhejiang-Shanghai-Anhui Region[J]. Ecological Indicators, 2023 (156).

[16] Restuccia D, Rogerson R. The Causes and Costs of Misallocation[J]. Journal of Economic Perspectives, 2017, 31 (3).

[17] Restuccia D, Rogerson R. Policy Distortions and Aggregate Productivity with Heterogeneous Establishments[J]. Review of Economic Dynamics, 2008, 11 (4).

[18] Yang Z. Research on the Coupling Coordination and Obstacles Analysis of Cultural-Tourism Economy and Ecological Environment in the Middle Reach of the Yellow River Basin, China[J].Research Square, 2024, 1-25.

[19] 白翠玲，雷欣，杨丽花，等.长城沿线县域 TES 系统耦合协调性时空格局与空间效应[J].生态经济，2024，40（5）.

[20] 蔡超.长城文化景观分区研究[J].中国文化遗产，2024（3）.

[21] 陈建垒，王纯.政策关注、测量与经济效益——基于区域协同发展政策文本的 LDA 建模[J].统计研究，2024，41（9）.

[22] 陈建垒，王纯.政策关注、测量与经济效益——基于区域协同发展政策文本的 LDA 建模[J].统计研究，2024，41（9）.

[23] 陈思玮，傅云新.旅游—文化—环境耦合协调发展分析和预测——以

广东省为例[J].全国流通经济，2020，（33）．

[24] 陈同滨，王琳峰，任洁.长城的文化遗产价值研究[J].中国文化遗产，2018，（3）．

[25] 程瑞芳，肖涵.河北段长城文化旅游竞争优势评价及提升策略研究[J].河北地质大学学报，2023，46（05）．

[26] 程瑞芳，徐灿灿.唐山长城文化旅游带建构及发展路径研究.河北经贸大学学报（综合版），2020.20（4）．

[27] 程瑞芳与徐灿灿，长城文化旅游带空间结构布局及发展策略研究.经济与管理，2022.36（1）．

[28] 戴斌.文旅融合时代:大数据、商业化与美好生活[J].人民论坛·学术前沿，2019，（11）．

[29] 邓祖涛，尹贻梅.我国旅游资源、区位和入境旅游收入的空间错位分析[J].旅游科学，2009，23（3）．

[30] 丁旭生，李永文，吕可文.基于空间错位理论的河南省旅游发展区域差异研究[J].地理与地理信息科学，2011，27（2）．

[31] 方叶林，黄震方，胡小海.安徽省旅游资源错位现象及相对效率评价[J].华东经济管理，2013，27（6）．

[32] 冯君丽.民族地区高等教育资源配置效率的影响因素及组态路径研究[D].大理大学，2024.

[33] 高维全，曹洪珍，王玉霞.海岛旅游绩效评价及驱动因子研究——以中国12个海岛县（区）为例[J].数学的实践与认识，2020，50（6）．

[34] 高维全.海岛旅游绩效时空特征与驱动机制研究——以中国12个海岛县（区）为例[D].沈阳：辽宁师范大学，2018.

[35] 龚箭，孔令哲，吴清.资源错配、财政压力与遗产类景区治理[J].中南财经政法大学学报，2015，212（5）．

[36] 关世杰.五年间美国民众对中国文化符号喜爱度大幅提升——中华文化国际影响力问卷调查之一[J].对外传播，2018（2）．

[37] 韩剑，郑秋玲.政府干预如何导致地区资源错配——基于行业内和行业间错配的分解[J].中国工业经济，2014（11）．

[38] 韩文静，梁永国与谢战军，秦皇岛长城文化旅游带空间结构设计研究.产业创新研究，2023（3）．

[39] 河北省地方志编纂委员会编.河北省志（第81卷 长城志）[M].北京：文物出版社，2011,

[40] 何甜，朱翔，黄拓夫，王坤.乡村振兴背景下花垣县生态农旅动态耦合过程及路径研究[J].湖南师范大学自然科学学报，2022（2）.

[41] 黄成林.中国主要旅游资源的省际比较研究[J].安徽师范大学学报（人文社会科学版），2001（1）.

[42] 霍红，白艺彩，詹帅.东北地区旅游资源与旅游经济空间错位分析[J].西北师范大学学报（自然科学版），2020，56（4）.

[43] 贾垚焱，胡静，刘大均，朱磊，李亚娟.中国省域生态－文化－旅游协调发展时空分异及影响因素研究[J].世界地理研究，2021，30（3）.

[44] 金海龙，章辉.我国文化产业与旅游产业融合研究综述[J].湖北理工学院学报(人文社会科学版)，2015，32（2）.

[45] 柯月嫦，吴映梅.双循环视角下旅游资源和国内旅游经济空间错位演变及优化——以云南省为例[J].云南师范大学学报(自然科学版)，2022，42（6）.

[46] 孔繁德，王连龙，谭海霞.长城沿线生态环境为何脆弱[J].中国林业，2006，（20）.

[47] 孔少华，李瀚尊，余子怡.西藏文旅融合特征测度与比较分析——基于投入产出理论与共生理论[J].西藏大学学报（社会科学版），2024，39（3）.

[48] 雷明，王钰晴.交融与共生:乡村农文旅产业融合的运营机制与模式—基于三个典型村庄的田野调查[J].中国农业大学学报（社会科学版），2022，39（6）.

[49] 李国兵.基于旅游丰度的旅游资源竞争力评价与市域差异——以珠三角为例[J].安徽师范大学学报（自然科学版），2021，44（2）.

[50] 李连璞，曹明明，杨新军."资源、规模和效益"同步错位关系及路径转化——31个省（区、直辖市）旅游发展比较研究[J].旅游学刊，2006（12）.

[51] 李凌雁，翁钢民.基于空间错位的我国西部地区旅游、文化与经济发展的演变分析[J].地理与地理信息科学，2016，32（2）.

[52] 李思迪，李姝萱，钟永德，等.基于DEA模型的区域旅游资源配置效率研究[J].控制与决策，2022，37（8）.

[53] 李星皓.资源配置的碳排放效应：理论模型与经验证据[D].成都：西南财经大学，2023.

[54] 李长远，张心怡.我国社区养老服务资源配置均等化的实证考察——基于泰尔指数测算及分解分析[J].地方财政研究，2023，（6）.

[55] 厉建梅，单梦琦，齐佳.大运河文化带沿线城市文化—生态—旅游耦合协调发展[J].经济地理，2022，42（10）.

[56] 廖重斌.环境与经济协调发展的定量评判及其分类体系——以珠江三角洲城市群为例[J].热带地理，1999（2）.

[57] 林存文，吕庆华.文化资源禀赋对文化产业发展的影响——基于资源异质的研究视角[J].山西财经大学学报，2020，42（8）.

[58] 刘鲁，郭秋琪，吴巧红.立足新时代，探索新路径——"国家文化公园建设与遗产活化"专题研讨会综述[J].旅游学刊，2022(8).

[59] 刘玮，张杰，线性文化遗产保护区沿线乡村旅游发展效应评估及发展路径选择——以北京长城文化带为例[J].城市发展研究，2022，29（10）.

[60] 刘洋，许继红，刘媛媛.黄河流域生态环境与文旅产业耦合协调关系研究[J].经济问题，2024（2）.

[61] 刘志林，王茂军，柴彦威.空间错位理论研究进展与方法论评述[J].人文地理，2010，25（1）.

[62] 罗浩，颜钰荛，杨旸.中国各省的旅游增长方式"因地制宜"吗?——中国省际旅游增长要素贡献与旅游资源比较优势研究[J].旅游学刊，2016，31（3）.

[63] 马燕，宋彩凤.伊犁旅游资源与旅游经济发展的空间错位分析[J].国土与自然资源研究，2020（5）.

[64] 马燕.新疆旅游资源与旅游经济发展的空间错位分析[J].宁夏师范学院学报，2019，40（7）.

[65] 闵庆文.更好认识农业文化遗产的价值和保护意义[N].人民政协报，2023-11-27(12).

[66] 牛淑萍.文化资源学[M].福州:福建人民出版社，2012.

[67] 裴星星，谢双玉，肖婉霜.山西省旅游业发展的空间错位分析[J].地理与地理信息科学，2014，30（2）.

[68] 邵明华，张兆友.特色文化产业发展的模式差异和共生逻辑[J].山东大学学报（哲学社会科学版），2020，（4）.

[69] 宋姗姗.创业生态系统的共生形成及演化研究[D].长春：吉林大学，2018.

[70] 宋小龙，米文宝，李陇堂，等.宁夏旅游经济与生态环境系统空间错位研究[J].干旱区地理，2022，45（2）.

[71] 宋子千.从国家政策看文化和旅游的关系[J].旅游学刊，2019，34（4）.

[72] 孙根年，刘璐.大西安旅游圈空间错位及边缘区战[J].陕西师范大学学报（自然科学版），2012，40（5）.

[73] 孙晓东，陈嘉玲.我国世界文化遗产旅游关注度时空特征及营销策略研究[J].华东师范大学学报（哲学社会科学版），2022，54（2）.

[74] 孙振杰.京津冀旅游共生体系统协调演化研究[J].商业研究，2020，（11）.

[75] 汤羽扬，刘昭祎与张曼，区域协同发展框架下的"北京长城文化带"建构初探.北京建筑大学学报，2016.32（3）.

[76] 田里，闫子豪，张鹏杨.基于共生理论的中国边境省域旅游生态安全评价[J].中国生态旅游，2024，14（2）.

[77] 王冠孝，李小丽，晋迪，等.供给侧改革视角下山西省旅游空间结构的合理性研究[J].地域研究与开发，2020，39（1）.

[78] 王劲峰，徐成东.地理探测器：原理与展望[J].地理学报，2017，72（1）.

[79] 王镜，邱爽，张又萍，等.基于要素、效应、环境的区域文旅融合发展评价与类型划分——以河南省为例[J].经济地理，2024，44（4）.

[80] 王凯.中国主要旅游资源赋存的省际差异分析[J].地理学与国土研究，1999（3）.

[81] 王凯.中国主要旅游资源赋存的省际差异分析[J].地理学与国土研究，1999（03）:69-74.

[82] 王坤，黄震方，曹芳东，等.泛长江三角洲城市旅游绩效空间格局演

変及其影响因素[J].自然资源学报，2016，31（7）.

[83] 王丽雅.中国文化符号在海外传播现状初探[J].国际新闻界，2013，35（5）.

[84] 王林辉，袁礼.资本错配会诱发全要素生产率损失吗[J].统计研究，2014（8）.

[85] 王美红，孙根年，康国栋.我国自然资本、人力资本与经济资本的空间错位分析[J].科学学研究，2009，27（1）.

[86] 王松茂，牛金兰.山东半岛城市群城市生态韧性的动态演化及障碍因子分析[J].经济地理，2022，42（8）.

[87] 王秀伟.从交互到共生：文旅融合的结构维度、演进逻辑和发展趋势[J].西南民族大学学报（人文社会科学版），2021，42（5）.

[88] 王雨婷，沈正平，李永乐.淮海经济区文化－生态－旅游耦合协调发展的时空演化及驱动因素[J].江苏师范大学学报（自然科学版），2024，42（1）.

[89] 王玉珍.旅游资源禀赋与区域旅游经济发展研究:基于山西的实证分析[J].生态经济，2010（8）.

[90] 王兆峰，刘庆芳.长江经济带旅游生态效率时空演变及其与旅游经济互动响应[J].自然资源学报，2019，34（9）.

[91] 威廉·配第.赋税论[M].北京：中国社会科学出版社，2010.

[92] 韦鑫，尹珂.重庆市主城都市区人口老龄化与养老服务资源配置空间错位研究[J].热带地理，2022，42（12）.

[93] 文物：2019年全国博物馆基本情况[M]//中华人民共和国文化和旅游部.中国文化文物和旅游统计年鉴（2020）.北京：国家图书馆出版社，2020.

[94] 吴必虎.旅游系统:对旅游活动与旅游科学的一种解释[J].旅游学刊，1998（1）.

[95] 吴星，白翠玲.新时代长城文化价值的网站展示现状与传播对策[J].河北地质大学学报，2022，45（4）.

[96] 吴星，马持威，李啸寒.长城文化旅游抖音短视频的传播特征与提升路径[J].河北地质大学学报，2024，47（3）.

[97] 习近平.在庆祝中国共产党成立100周年大会上的讲话[M].北京：人

民出版社，2021.

[98] 夏杰长，刘睿仪.数字经济、绿色发展与旅游业资源配置——基于我国省域面板数据的实证分析[J].广西社会科学，2023，（4）.

[99] 向勇.特色文化资源的价值评估与开发模式研究[J].北京联合大学学报（人文社会科学版），2015，13（2）.

[100] 肖光明，郭焕成.珠江三角洲地区旅游资源的基本特征与市域差异[J].资源科学，2009，31（8）.

[101] 肖涵.文化景观视角的长城文化旅游竞争优势研究[D].石家庄：河北经贸大学，2024.

[102] 肖忠东，我国旅游产品结构的转换[J].社会科学家，1999（6）.

[103] 肖忠东，我国文化旅游产品的系统开发[J].吉首大学学报（社会科学版），2000（1）.

[104] 熊海峰，祁吟墨.基于共生理论的文化和旅游融合发展策略研究——以大运河文化带建设为例[J].同济大学学报（社会科学版），2020，31（1）.

[105] 徐建华.计量地理学[M].北京：高等教育出版社，2014.

[106] 徐寿波.技术经济学（上、下册）[M].2版.中国科学学与科技政策研究会，1984.

[107] 鄢继尧，赵媛，郭宇，等.中国非物质文化遗产空间分异及与旅游融合发展研究[J].地理与地理信息科学，2023，39（4）.

[108] 闫静静，张满林.辽宁省旅游资源与旅游经济发展的空间错位分析[J].经济研究参考，2013（23）.

[109] 杨立勋，陈晶，程志富.西北五省区旅游产业绩效影响因素分析——基于面板数据分位数回归[J].旅游学刊，2013，28（8）.

[110] 杨新铭，刘洪愧.要素资源错配、供给效率与全国统一大市场建设[J].求是学刊，2022（6）.

[111] 杨宇民，焦胜，廖婧茹等.人口规模与交通环境影响的中国城市旅游资源—经济空间错位[J].经济地理，2021，41（1）.

[112] 姚旻，郑时友.基于DEA模型和Malmquist指数的贵州省旅游扶贫效率评价[J].贵州商学院学报，2019，32（3）.

[113] 叶鹏，王曙，陈培，等.中国八批5058处重点文物保护单位空间分布

数据集[J].全球变化数据学报（中英文），2023，7（4）.

[114] 伊凡，北京长城文化带人文遗迹资源与环境的保护利用研究[J].智能城市，2018，4（16）.

[115] 于光远.旅游与文化[J].瞭望周刊，1986（14）.

[116] 俞孔坚，奚雪松，李迪华，等.中国国家线性文化遗产网络构建[J].人文地理，2009，24（3）.

[117] 袁纯清.共生理论——兼论小型经济[M]，北京：经济科学出版社，1998.

[118] 袁宏瑞，王群.旅游与生态共生演进模式与生态安全判定——以国家重点生态功能区安徽省黄山区为例[J].旅游学刊，2022，37（12）.

[119] 张朝枝，陈华刚.旅游目的地管理[M].重庆：重庆大学出版社，2021.

[120] 张广海，董跃蕾.山东省旅游景区资源与旅游经济空间错位分析[J].泰山学院学报，2021，43（6）.

[121] 张建伟，窦攀烽，焦士兴.基于DEA－ESDA的河南省入境旅游效率区域差异研究[J].世界地理研究，2019，28（1）.

[122] 张晓丹.文旅融合视域下文化资源的再认识[J].中国文化产业评论，2023，32（1）.

[123] 张星星，陈国生.农业文化产的基本特征、旅游价值及其逻辑结构研究[J].湖南社会科学.2024，（3）.

[124] 张舟，王仲智，林柄全，等.中国国家级非物质文化遗产空间分布特征与影响因素[J].资源开发与市场，2023，39（8）.

[125] 章采烈.论旅游文化是旅游业发展的灵魂[J].上海大学学报（社会科学版），1994（1）.

[126] 赵静，郭佩云，汪辉.黄河流域文化产业—旅游产业—生态环境耦合协调研究[J].人文地理，2024，39（5）.

[127] 赵俊远，梁静波，高翔.黄河流域旅游发展绩效的时空格局与影响因素[J].统计与决策，2023，39（23）.

[128] 中国博物馆协会.长城沿线博物馆建设与长城文化传播[M].南京：江苏凤凰文艺出版社，2024.

[129] 中国文化遗产研究院.爱我中华 护我长城（长城保护2006－2016）[M].北京：文物出版社，2017.

[130] 钟林生."双碳"目标下中国旅游业绿色转型要求与路径[J].旅游学刊,2023,38(11).

[131] 周成,冯学钢,唐睿.区域经济—生态环境—旅游产业耦合协调发展分析与预测——以长江经济带沿线各省市为例[J].经济地理,2016,36(3).

[132] 周慧玲.旅游共生的研究述评[J].资源开发与市场,2014,30(9).

[133] 周盼,李明德.旅游文化是旅游理论研究的重要课题——旅游文化座谈会纪要[J].旅游学刊,1991(1).

[134] 周永博,沈敏,吴建,等.迈向优质旅游:全域旅游供需错配及其治理——苏州吴江案例研究[J].旅游学刊,2018,33(6).

[135] 邹广文,李晓白.人与自然和谐共生:马克思生态文化观的时代回响[J].求是学刊,2024,51(5).